Lesepredigten

Er ist unser Friede

Herausgegeben von Helmut Schwier

In Verbindung mit

Alexander Deeg, Wilfried Engemann,

Bischof i. R. Christoph Kähler,

Sebastian Kuhlmann, Jörg Neijenhuis,

Kathrin Oxen und Traugott Schächtele

Er ist unser Friede

Lesepredigten

1. Advent 2017 bis Pfingstmontag 2018

Textreihe IV/1

EVANGELISCHE VERLAGSANSTALT
Leipzig

Bibliografische Information der Deutschen Nationalbibliothek

Die Deutsche Nationalbibliothek verzeichnet diese Publikation in der Deutschen Nationalbibliografie; detaillierte bibliografische Daten sind im Internet über http://dnb.dnb.de abrufbar.

Printed in Germany

Das Buch wurde auf alterungsbeständigem Papier gedruckt.

Cover: behnelux gestaltung, Halle/Saale
Gesamtherstellung: Druckerei Böhlau, Leipzig

ISBN 978-3-374-05020-8
www.eva-leipzig.de

ZU DIESEM BAND

Liebe Leserinnen und Leser, liebe Predigende,
soweit ich sehen konnte, brachte es eine Fülle von Veranstaltungen in unterschiedlichen Formaten, dazu den Kirchentag und die Gedenkgottesdienste Ende Oktober. Vieles geschah in ökumenischer Verbundenheit und in neuer, gemeinsamer Orientierung an Jesus Christus. Dass man im Blick auf die *ecclesia semper reformanda* auch streitet, ist unter Protestanten kein Drama, zumal wenn es uns neu darauf aufmerksam macht, wie nah und wie fern Luther und die Reformation uns sind, wo Verbindendes, wo Trennendes erkennbar wird. Möge das Solus Christus weiter als verlässliche Orientierung erfahren werden!

Die Predigten des neuen Kirchenjahres folgen voraussichtlich zum letzten Mal der alten Perikopenordnung, in diesem Jahr mit Predigttexten aus dem AT und den Episteln, wozu, wie uns die Advents-, Weihnachts- und Epiphaniaszeit, aber auch das Himmelfahrtsfest zeigen, auch die Offenbarung des Johannes zählt. Am 2. Advent und in Christvesper und Christnacht begegnen wir den Verheißungen desPropheten Jesaja; sein Weinberglied wird zu Beginn der Passionszeit bedacht. Amos, Jeremia und das Lied der Hannah sind weitere alttestamentliche Bereicherungen. Die Episteltexte im engeren Sinn bieten eine gute Auswahl aus den Paulusbriefen, dem 1. Johannes- und dem 1. Petrusbrief, dem Kolosser- und dem Epheserbrief.

Klaus Eulenberger bedenkt in der besonderen Predigt die Osterbotschaft mit Szenen und Bildern: eine theologische Meditation, die uns in das Zentrum christlichen Glaubens und christlicher Hoffnung führt!

Im Namen der Herausgebenden danke ich allen Autorinnen und Autoren für ihre anregenden Predigten, für Gebete und Liedvorschläge, Herrn Dr. Sebastian Kuhlmann für sein bewährtes und umsichtiges Wirken als Geschäftsführer, Redakteur und nicht zuletzt als kreativen Autor, der meist einspringt, wenn uns kurzfristig Absagen erreichen. Den Mitarbeitenden der Evangelischen Verlagsanstalt danken wir für das gute und konstruktive Zusammenwirken.

Heidelberg, im Juni 2017 *Helmut Schwier*

Inhaltsverzeichnis

1. Sonntag im Advent

Offenbarung 5,1–5

[Lesung des Predigttextes]

I

Liebe Gemeinde!

Was *ein* Siegel ist, wissen wir. Es beglaubigt eine alte Urkunde oder verschließt sie manchmal auch vor allzu neugierigen Augen. Die Älteren unter uns werden sich noch an Behördenbüros erinnern, die versiegelt waren, damit nur ja niemand „Unbefugtes“ dort eindringen konnte. Aber was sind sieben Siegel? Und was ist ein Buch mit sieben Siegeln?

Vielen Menschen – selbst solche, die die Bibel nicht mehr kennen – ist wenigstens noch die Redensart geläufig: Ein „Buch mit sieben Siegeln“ ist für sie ein großes Geheimnis. Das kann man nicht so ohne weiteres lüften. Möglicherweise kann man es überhaupt nicht auflösen! Wenn einem die Mathematik wie ein Buch mit sieben Siegeln vorkommt, dann meint der meistens: Das kapiere ich nie! Denn, nur wenn alle sieben Siegel gelöst sind, wenn alle auch noch so schwierigen Bedingungen erfüllt sind, kann man sich dem Geheimnis nähern. Das kann dauern und dauern. Wichtig wäre es aber schon, das Geheimnis zu wissen, oftmals lebenswichtig. So viel wissen häufig sogar die, die noch nie etwas von der Offenbarung des Johannes gehört haben, die auch noch nie unseren Predigttext gelesen oder gehört haben, also nicht wissen, wo die Redensart und die Vorstellung herkommen. Ein Buch mit sieben Siegeln jedoch, das lohnt sich zu öffnen, wenn man es denn vermag.

II

Eine moderne Form des Siegels ist ein Zettel mit einem großen roten Punkt – Sie haben das sicherlich schon oft auf Baustellen gesehen. Es ist die behördliche Genehmigung, Bauarbeiten durchführen zu dürfen. Diese roten Punkte finden sich auch an Kirchen, die renovierungsbedürftig sind, und es könnten genauso gut sieben rote Punkte sein, die ein tiefes Geheimnis um diese Kirchen umschließen: Wer könnte denn die Rettung und Renovierung dieser Gotteshäuser schaffen?

Eine Pfarrerin, der Pfarrer? Wohl kaum; auch ein wirklich tüchtiger Seelsorger kann bei neun Kirchengebäuden im Kirchspiel nie im Leben so einen Bau bewältigen. Dann die Landeskirche, kann die es? Wohl kaum; denn sie besitzt tausende Kirchen und Kapellen, aber sie hat nur wenig Geld und fast noch weniger Menschen, die sich um alle einzelnen Bauten kümmern könnten.

Wer dann? Andere außerhalb der Kirche, die Denkmalpflege womöglich? Die haben doch gerade auch sehr große Einschnitte in ihren Haushalt erlebt, sind aber für eine Unzahl großer Kirchen und riesiger Schlösser mit verantwortlich. Wie sollte die Denkmalpflege das schaffen, selbst wenn sie nicht mehr so stiefmütterlich behandelt würde wie im Augenblick?

Die Fragen ließen sich fortsetzen, mindestens bis wir sieben Mal ein „Unmöglich" gehört hätten. Sieben Siegel hingen wie sieben Schlösser vor der Lösung.

Ich will Ihnen heute von einer Gemeinde erzählen, die den entscheidenden Schlüssel zur Lüftung des Geheimnisses fand. Die Schließung ihrer Kirche drohte, und dann waren vor Ort Kirchenälteste und Gemeindeglieder, freiwillige Helfer und Unterstützer, Christen und Nichtchristen da, die wussten: Wenn *wir* die Kirche nicht renovieren, dann wird das auch kein anderer für uns tun. Wir sind die Kirche, wir sind die Gemeinde hier, das ist unser Kirchgebäude. Die Verantwortung dafür wird uns niemand abnehmen, ja sie darf uns niemand abnehmen, wer weiß, was dann aus unserer Kirche würde.

Doch als sie so weit waren, da konnten dann auch die Helfer von außen unterstützen, da fanden sich die Stiftungen und ein Kirchbauverein und gaben die Hilfe zur Selbsthilfe. Da konnte dann die Landeskirche auch ihren Teil beitragen. Das Geheimnis hier hat ein Siegel, das alle die öffnen können, die ihre Verantwortung nicht anderen aufladen, sondern selbst übernehmen und dann Rückenstärkung erfahren. Nicht immer gleich, nicht immer so reichlich wie gewünscht, aber immerhin. Das gilt für das Öffnen eines Buches genauso wie für das Öffnen einer Kirchentür.

III

Auch nach der Fertigstellung: Sieben Siegel verschließen für viele immer noch und immer wieder, wozu Kirchen da sind, wenn sie nicht nur durch ein intaktes Dach und durch einen schön beschieferten Turm weit ins Land grüßen. Das gehört sicher zu jedem Abschied und zu jeder Heimkehr dazu, dass die beiden als erstes grüßen, bevor dann der eigene Hof, das eigene Elternhaus sichtbar werden. Aber wozu dient das renovierte Innere?

Hier geht es um die Geheimnisse des Lebens, auch jedes einzelnen Lebens, das hier vorkommt und umschrieben werden kann: Das Geheimnis der Geburt und des Todes? Was wird das Leben bringen – für die, die hier getauft werden? Was hat das Leben derer ausgemacht, die hier betrauert und aus der Gemeinschaft verabschiedet werden? Was können sich Jugendliche, also Konfirmanden, für ihr Leben vornehmen, wenn sie allmählich in der Gemeinschaft der Christinnen und Christen selbständig werden dürfen? Was nehmen sie mit hinaus ins eigene Leben? Was versprechen sich hier eigentlich Männer und Frauen mit dem schwerwiegenden Satz: „bis dass der Tod uns scheidet!"? Kein Fest, das hier gefeiert wird, ist genau dasselbe wie die anderen, denn jeder Mensch, um den es hier geht, ist anders, hat sein eigenes Geheimnis, ein Geheimnis, das letztlich nur einer kennt, Gott.

Wenn die Nachbarn, die Freunde, die Verwandten, die Enkel oder Schwiegerkinder fragen, was treibt ihr da eigentlich in der Kirche, dann – spätestens dann – ist die herzhafte Antwort gefragt: In der Kirche geht es um die Geheimnisse des Lebens, geht es um mich und um dich; geht es um die Frage, wofür ich eigentlich lebe; geht es um die Sehnsucht, etwas von mir möge bleiben, wenn ich nicht mehr bin! In dieser guten Stube des Dorfes darf mehr gefragt werden, darf mehr gesagt werden, als man sich für gewöhnlich im Wohnzimmer erzählt, wenn vielleicht noch nebenbei der Fernseher läuft. Hier kann man die Kanäle nicht schnell wechseln, um eine angenehmere Sendung zu sehen. Hier geht es ums Leben – life, allerdings geht es um das Geheimnis des Lebens, das auch durch sieben Siegel verschlossen ist. Und nicht jeder vermag diese Siegel zu öffnen.

IV

Wer aber öffnet uns die sieben Siegel, das Buch mit den sieben Siegeln, wenn wir es nicht vermögen? Wer eröffnet uns das Geheimnis des Lebens, wenn doch jedes Leben so verschieden sein kann, dass es kein Rezept und keine sichere Vorausschau für ein Leben geben kann?

Darauf geht der Bibeltext ein, den wir heute in unseren Kirchen lesen und verstehen wollen. Ich möchte nur einen, aber den für mich wichtigsten Punkt, zugleich das rätselhafteste Bild herausgreifen, das den Schlüssel zu diesem Text bietet. Auf die drängende Frage: *Wer ist würdig, das Buch aufzutun und seine Siegel zu brechen?* Also auf die Frage: Wem erschließen sich die Geheimnisse des Lebens? Auf diese Frage gibt es eine doppelte, ziemlich merkwürdige Antwort. Die erste: *Siehe, es hat überwunden der Löwe aus dem Stamm Juda, die Wurzel Davids, aufzutun das Buch und seine sieben Siegel.*

Das kann man gut deuten: Der Löwe aus dem Stamm Juda, das meint den König der Tiere, das Sinnbild für den König unter den Menschen. Hier ist nicht irgendein beliebiger König gemeint, sondern der König aus dem Haus Davids, der König aus der guten alten Zeit.

So weit so gut. Wir wissen, dass Könige tief in andere Leben eingreifen können. Wir wissen, dass manchmal sogar ein König wie David klug und weise regieren kann. Wenn er seine Macht sinnvoll einsetzt, wenn unsere neue Regierung ihre Macht sinnvoll gebraucht, dann ist das ein Segen – für viele. So weit so gut. Aber wir wissen auch, dass die Macht der Könige, die Macht unserer Regierung begrenzt ist. Sie kann uns bestenfalls das Leben leichter machen oder mächtig erschweren. Wie unser Leben aber wirklich aussieht, was uns wirklich glücklich macht und was traurig, das schafft kein König und keine Kanzlerin.

Doch das Bild vom König der Tiere, vom Löwen, wird plötzlich in unserem Text so stark verändert, dass man das nie in ein Gemälde umsetzen könnte. Plötzlich wird aus dem Löwen, dem mächtigen Raubtier etwas ganz anderes, das sein Opfer sein könnte: ein Lamm. *„Und ich sah“*, hatten wir gelesen, *„ein Lamm stehen, wie geschlachtet“*. Wie bringt man das in einer Figur unter, in eine Zeichnung hinein? Sowohl das friedliche Lamm, das Schlachtopfer, wie den kriegerischen Löwen, das reißende Raubtier? Kann das wirklich ein und dieselbe Gestalt sein? Ein Maler könnte das nicht wirklich malen. Alle Darstellungen, die ich von diesem Mischwesen kenne, sind eher peinlich und ungelenk. Aber wenn wir überlegen, worauf dieses Doppelbild hinweisen soll, dann ergibt sich eine eindeutige Antwort. Das Lamm wie geschlachtet, weist auf Jesus hin, der sich, als man ihn abführte und hinrichtete, nicht gewehrt, jede bewaffnete Hilfe abgelehnt hat. Seine Macht und seine Überzeugungskraft bezog er nicht von den Soldaten und Polizisten, die ihm gehorchten, nicht aus den Gewehren. Seine Macht war eine ganz andere, es war die Macht der bedingungslosen Liebe.

Wir nähern uns in der Adventszeit wieder diesem Geheimnis, wenn wir auf die Krippe zugehen, auf das Kind, das verletzliche, machtlose Kind, ein Kind, dessen Leben sich zwischen Krippe und Kreuz spannt. Das Geheimnis der bedingungslosen Liebe ist kein Rätsel, das man einmal gelöst dann zur Seite legen kann, sondern es ist ein Geheimnis, das uns immer wieder ergreifen kann, dem wir immer wieder nachsinnen können – hier in dieser Kirche und zu den Zeiten, in denen wir eine Kerze anzünden und uns den Moment Zeit nehmen, still zu sitzen und in uns zu gehen.

Mag sein, dass dazu noch sieben Siegel gelöst werden müssen, weil wir noch durch Sorgen und Schwierigkeiten befangen sind. Die werden uns in der Offenbarung des Johannes immer wieder deutlich vor Augen geführt. Aber es bleibt eine Hoffnung: Einer kann die Siegel lösen, das ist der, der die bedingungslose Liebe gelebt hat und unser Leben damit anstecken kann, wie man eine Kerze an der anderen ansteckt. Amen.

Vorschläge für das Predigtlied

EG 14,2–5	O mächt'ger Herrscher ohne Heere
EG 2	Er ist die rechte Freudensonn

Fürbittengebet

Barmherziger Gott,

im Advent bereiten wir uns auf dein Kommen vor. Wir danken dir für deine Nähe und Zuwendung und bitten dich um eine Welt, in der wir gut leben können: eine Kirche, die das Licht in

die dunkle Welt trägt; lebendiges Wasser aus deiner Hand für die Mühseligen und Beladenen; ein Ort der Stille für die Gestressten und Gehetzten, ein Ort des lauten Protests für die Entrechteten und Vertriebenen.
Wir warten auf dich und dein Geheimnis bis du uns erlöst durch Jesus Christus, unseren Herrn. Amen.

Christoph Kähler

2. Sonntag im Advent

Jesaja 63,15–16 (17–19a) 19b; 64 1–3

Der Predigttext wird erst im Verlauf der Predigt verlesen.

I

Liebe Gemeinde!

„Hättest du doch schon den Himmel zerrissen“, so heißt es bei Jesaja. „O Heiland, reiß die Himmel auf!“, singen wir in dem bekannten Adventslied. Seit tausenden von Jahren der Wunsch, dass Gott sich zeigen möge, ein Machtwort sprechen. Darum geht es heute am 2. Advent. Der größere Rahmen der Adventszeit ist die Vorfreude, er beginnt am 1. Advent mit dem „Macht hoch die Tür!“ und gipfelt am 4. Advent mit dem „Freuet euch in dem Herrn allewege, der Herr ist nahe“. Dazwischen liegen zwei eher ernste Adventssonntage: Der 3. Advent ist der Sonntag Johannes des Täufers, der die Buße predigt, und der heutige 2. Advent hat den verzagten Menschen zum Thema.

So haben wir es im Evangelium gehört, das in der Aufforderung gipfelte: „Seht auf und erhebt eure Häupter!“ Offenbar sind die Häupter gesenkt, der Blick zum Himmel ist schwer geworden. Es braucht die Ermutigung, doch das Haupt zu erheben und aufzuschauen.

„O Heiland, reiß die Himmel auf!“ singen wir heute gemeinsam mit dem Propheten Jesaja. Der Predigttext heute ist aus dessen drittem Teil, der Kapitel 55–66. Dieser Teil ist entstanden, nachdem das Volk Israel in Babylonien im Exil gewesen ist. Es ist zwar nach der Gefangenschaft, nach dem Exil zurück im eigenen Land, aber alles ist zerstört. Ihre Rückkehr hatten sie sich anders vorgestellt. In diesem Zusammenhang steht diese Klage, die das Volk vor Gott trägt. Das Gebet eines entmutigten Volkes zu seinem verborgenen und ersehnten Gott. Er zeigt sich nicht so, wie es wünschenswert wäre, und die Menschen haben die Orientierung verloren – bei Jesaja ist der Advent alles andere als besinnlich. Dafür ist er aber von existentieller Bedeutung. Das Volk Israel glaubt und lebt die Beziehung zu seinem Gott in einer Situation, in dem dessen Handeln nicht wahrnehmbar ist.

[Lesung des Predigttextes]

Es ist ein Gebet, aus dem unsere Verse für den 2. Advent stammen. Ein Gebet, das von Gott viel erbittet und erwartet. Ein Gebet, das von sich selbst und den anderen eine schonungslose Bilanz zieht. Auch in gewisser Weise ein mutiges, ein sehr direktes Gebet. „Wo sind dein Eifer und deine Kraft? Das Aufwallen deiner Gefühle und dein Erbarmen – mir hast du es nicht gezeigt." Gott wird direkt angegangen, regelrecht provoziert. Wenn du so mächtig bist und so voller Erbarmen, dann zeig mal, was du kannst. Mir hast du es nämlich nicht gezeigt.

II

Und der Beter setzt noch eins drauf. Er ruft: „Warum, Herr, lässt du uns umherirren, fern von deinen Wegen, verhärtest du unser Herz, so dass wir dich nicht fürchten?" Sie sind orientierungslos und hart geworden, nicht nur wegen ihrer Feinde, nicht nur, weil sie selber schwach sind, sondern weil Gott es zugelassen hat. Er macht Gott mitverantwortlich. Damit ist die große Frage der Theologie und oft auch des Glaubens auf dem Tisch. Die Frage nach dem Warum im Leben, nach dem Warum des Leidens.

Das Gebet des Jesaja verändert diese Frage. Das Gebet spricht nicht von Gott, sondern es spricht mit Gott. Es belehrt nicht, sondern es lebt – und das ist ja wohl auch anderswo im Leben so, dass wir unser Leben nicht logisch leben. Wir leben und wir glauben oftmals entgegen der Logik, und das ist gut so. Advent ist auch eine Zeit der Anfechtung, der Schwäche, vor allem des Warten-Müssens. Warum das alles? Gott ist doch unser Schöpfer, er hat das Dunkle hell werden lassen durch Christus. Warum immer noch das Dunkel, das Unverständliche, ja, manchmal Unfassbare? Für einen gläubigen Menschen ist es eine schmerzhafte Frage.

Der Beter trägt diese Frage direkt Gott vor und er benutzt dazu eine Vokabel, die eigentlich ausschließlich für Menschen benutzt wird: Kehr um! „Kehr zurück" – Kehr um. Du Gott, brauchst eine Umkehr. Das ist eben der Clou, Gott so ernst zu nehmen und die Beziehung für so tragfähig zu halten, dass man diese Anklage formulieren kann. So mit Gott zu reden und zu rechten, ist Advent. Da erwartet jemand wirklich etwas von Gott.

III

Diese Art von Rede hat eine Basis. Gottes Vatersein ist das, was unserer Geschichte mit Gott die Basis gibt. Die Rede von Gott als Vater ist uns so geläufig, dass wir das Besondere, die Vertrautheit, die sie ausdrücken will, nicht mehr recht heraushören. Die Rede von Gott als Vater hat hier noch einen anderen Hintergrund. Gut sind Abraham und Israel, aber sie sind nicht Gott. Gut sind die Apostel und die Lehrer unserer Kirche, gut sind unsere Adventslieder und die weihnachtlichen Bräuche – doch, wenn es hart auf hart kommt, dann zählt nur dieses Eine: „Du, Herr, bist unser Vater, Unser-Erlöser-seit-uralten-Zeiten ist dein Name."

Christinnen und Christen sehen in Jesus Christus genau dies erfüllt. Gott zeigt sich als Vater Jesu Christi und in der Folge als unser Vater. Und er zeigt sich als Erlöser. Christen haben die prophetischen Texte Israels von alters her im Licht des in Jesus erschienenen Heils gelesen, Gottes heilvolles Handeln im Wirken Jesu entdeckt, die Kraft der Erlösung in seiner Person erfahren. Was kein Auge gesehen und kein Ohr gehört hat – in der Geburt Jesu Christi und seinem heilvollen Wirken ist es offenbar geworden.

Aber Gott handelt ganz anders als erwartet! Da zittern keine Berge, kein Himmel zerreißt, sondern es kommt ein Kind zur Welt, nicht dort, wo sich die großen Ereignisse der Zeitgeschichte abspielen, sondern am Rande. Jesus wird vor allem in Galiläa leben und wirken, in kleinen Dörfern, bei den einfachen Menschen. Die Veränderung der Welt beginnt im Kleinen und Unscheinbaren, bei den Mühseligen und Beladenen. Der Wunsch des Beters, dass Gott erscheint und die Berge beben und die Nationen zittern, ist nicht erfüllt worden.

Und doch stimmen die Worte aus Jesaja: „Nie zuvor hat man davon gehört, nie haben wir davon gehört: Kein Auge hat je einen Gott außer dir gesehen, der solches tut für die, die auf ihn warten." Er sendet seinen Sohn. Das ist die eigentliche Hoffnung des Advent: Gott kommt, und er ist nirgends so anschaulich und so konkret sichtbar wie in Jesus Christus. Aber die Gegenwart Gottes bleibt dennoch geheimnisvoll. Es sind nicht einfach alle Probleme und Dunkelheiten unseres Lebens weggewischt. Aber die Verzweiflung hat nicht das letzte Wort, die Hoffnung ist stärker als die Angst. Immer wieder beziehen wir uns und unser Leben auf die Gegenwart Gottes, erhoffen und erbitten wir alles von ihm.

Es hatte lange nicht geregnet. Die Ernte der Bauern des kleinen Dorfes drohte zu verdorren. Die Gemeinde versammelte sich zu einem Bittgottesdienst um Regen. Tatsächlich trieb die Not viele Gemeindemitglieder zum Beten und die Kirche füllte sich nachmittags um zwei Uhr, während die Sonne vom Himmel brannte. Auch ein kleiner Junge kam zum Bittgottesdienst, und er hatte als Einziger einen Regenschirm dabei. „Was willst du denn mit dem Schirm?“, fragte ihn die Küsterin etwas belustigt. „Es ist doch ein Bittgottesdienst für den Regen“, sagte der Junge, „und wenn es auf dem Heimweg regnet, habe ich einen Schirm.“ Amen.

Vorschläge für das Predigtlied

EG 7,1–5	O Heiland, reiß die Himmel auf
EG 153	Der Himmel, der ist

Fürbittengebet[1]

Herr, du bist bei uns, dafür danken wir dir. Hüte uns davor, dich auf bestimmte Erwartungen festzulegen. Du allein bist heilige und souverän, deine Liebe ist so weit ist wie der Himmel. In dir zu ruhen, in deiner Nähe zu sein, Herr, das ist Gnade. Gib uns dazu Gelassenheit in hektischer Zeit und grauem Alltag. Schenke uns ein Zuhause in deiner Gegenwart, in der Unruhe unserer Tage. Du bist voller Geheimnisse und Wunder, die Erfahrung deiner Gegenwart un-

1 Frei nach Paul Toaspern, gefunden bei www.treklang.de

erschöpflich. Du bist mir willkommen, mein Heil, dass ich in dieser Adventszeit auch in meinem Herzen eine Bahn für dich bereite. Amen.

Helke Döls

3. Sonntag im Advent

Römer 15,4–13

[Lesung des Predigttextes]

Liebe Gemeinde!
Haben sie schon einen Wunschzettel geschrieben? Ihre Kinder, Ihre Enkel? Sie selbst? Meistens geht es um Gegenstände, die man hübsch in Geschenkpapier hüllen kann. Ganz sicher aber haben wir auch Wünsche, die wir im Herzen tragen. Ich wünsche mir Harmonie. Dass es freundlich und friedvoll zugehen möge. In der Welt. Und zu Hause auch. Zu Weihnachten. Und immer.

Was Paulus im Brief an die Gemeinde in Rom schreibt, das spricht mir aus dem Herzen: „dass ihr einträchtig gesinnt seid, einmütig mit einem Munde Gott loben und: nehmt einander an." Ja, das steht ganz oben auf meinem Wunschzettel: Gut miteinander auskommen! Freilich: Einfach ist es nicht. Sonst müsste ja diese Mahnung nicht in der Bibel stehen. *Nehmt einander an!* Nee, einfach ist es noch nie gewesen. Auch zu biblischen Zeiten nicht, als der Glaube noch neu und die Gläubigen noch glühend bei der Sache waren. Ach, bei der Sache, nein, als sie noch glühend bei Jesus waren. Einfach ist es nicht. Die anderen, die ich annehmen soll, die sind ja eben so anders. Ganz anders. Manche jedenfalls.

Ja doch, mit den meisten komme ich ganz gut zurecht. Ob die auch mit mir zurecht kommen? Das erfahre ich nicht immer. Wenige sind bereit, es mir offen ins Gesicht zu sagen. Wäre ich bereit, es zu hören? Manchmal merke ich schnell, ob die Chemie stimmt. Sympathie ist einfach da. Oder eben nicht. Begründung? Wissenschaftler haben ansatzweise einiges ermittelt. Manche Leute können wir einfach nicht riechen. Ganz wörtlich. Mit der Nase. Auch die Augen spielen eine Rolle. Jemandem etwas offen ins Gesicht sagen. Manchmal fällt es schwer, dem anderen in die Augen zu schauen. Die Augen niederschlagen. Das spricht eine deutliche Sprache: Vorurteile. Schlechte Erfahrungen, Schuld, offenkundige oder verborgene, verdrängte, geleugnete. Mit manchem geht es einfach gar nicht.

Wenn ich mir für Weihnachten etwas wünschen sollte, dann dies: Dass ich etwas geduldiger und etwas barmherziger mit diesen Menschen umgehen kann, die mir unbequem sind. *Nehmt einander an!* Nein, einfach ist es nicht.

Paulus, der diese Mahnung an die Gemeinde in Rom gerichtet hat, der hatte ja auch seine Erfahrungen. Gewiss, gute Erfahrungen auch. Relativ schnell waren die theologischen Differenzen mit der Jerusalemer Urgemeinde ausgeräumt worden. Nachzulesen in der Apostelgeschichte. Was dürfen Christen essen? Welche jüdischen Sitten und Gebräuche müssen übernommen werden? Jeder darf bleiben, wie er ist. Darauf hatte man sich geeinigt. Doch es schwelte weiter. Auch im fernen Rom. Juden und Heiden... Christen und Juden... Wo sind heute bei uns die Menschen, mit denen wir uns so schnell nicht einigen können? Menschen, von denen wir uns wünschen, es wäre das Beste, sie wären so wie wir. Nicht anders. Nicht fremd. Gut integriert eben.

Nehmt einander an! Fangt nicht immer wieder von vorne an mit dem Nachdenken über längst geklärte Dinge. Wo die Gefühle immer aufs Neue ein Fragezeichen schreiben, da setzt Paulus Argumente dagegen. Die Frage bleibt: Kann denn die rein gefühlsmäßige Ablehnung anderer Menschen mit klugen Gedanken überwunden werden? Wenn die anderen anders bleiben wollen. Wenn sie sich gar nicht ändern wollen. Die Frage bleibt offen.

Paulus schreibt über Juden und Heiden, Christen und Juden. Was wohl hätte Paulus zum Thema Christen und Muslime geschrieben? Hätte er auch drei Kapitel Theologie aufgewendet wie im Brief an die Römer? Ich würde ihn gerne danach fragen. Und was würde die Antwort bewirken? Bei mir, bei anderen?

Aus der Geschichte, aus der Kirchen-Geschichte, lernen wir: Die ausgefeilte Theologie des Römerbriefes zum Thema „Juden und Christen" im Römerbrief hat die sogenannten Deutschen Christen damals nicht daran gehindert, die Judenverfolgung der Nationalsozialisten zu dulden und zu unterstützen. Und sie fühlten sich durch Martin Luthers Schriften gegen die Juden durchaus bestätigt. Die anderen sind so sehr anders, dass sie einfach zu uns nicht passen. Es wäre besser, es gäbe sie nicht.

Nehmt einander an! Es ist ein weiter und durchaus beschwerlicher Weg: Fremde annehmen. Leute, die anders aussehen, anders leben, anders glauben. Da ist zunächst ein dumpfes Bauchgefühl, ein Unwohlsein. Dann Misstrauen. Erst dann womöglich Ablehnung. Selten – Gott sei Dank selten – richtige Feindschaft. Manchmal freilich wächst aus Misstrauen sogar abgrundtiefer Hass. Ja, es scheint ein unendlich langer Weg zu sein hin zu einer klaren, nüchternen Beurteilung unseres Verhältnisses zu fremden Menschen. Zu einer christlichen, einer Jesus gemäßen Beurteilung.

Wenn ich mir Weihnachten etwas wünschen sollte, dann dies, dass wir in der Begegnung mit fremden Menschen fragen: Wie würde Jesus ihnen begegnen? *Nehmt einander an!* Diese Aufforderung zielt ja aber zunächst auf das Verhalten der Christen untereinander. Wir haben das Reformationsjubiläum gefeiert. Gott sei Dank sind wir evangelischen Christen den Katholiken ein Stück näher gekommen in den letzten Jahrzehnten. Ja, wir Christen hier vor Ort haben kein großes Problem mehr miteinander. Ich bin sicher, dass es auch künftig ernsthafte Bemühungen geben wird, Schritte aufeinander zu zu gehen. In der Praxis unserer Gemeinden sowieso. Da ließe sich manches aufzählen an ökumenischen Aktionen. Gute Erfahrungen haben wir mittlerweile gesammelt. Es gibt kaum noch Vorbehalte gegen die anderen.

Fast könnte man meinen, die Spannungen innerhalb unserer eigenen Kirche sind viel schlimmer. Ja, Menschen, die man besser kennt, die sieht man mit kritischeren Augen. Mit der Verwandtschaft hat man oft mehr Probleme als mit fremden Leuten. Das gilt auch für die Glaubensgeschwister. Die einen sind bemüht, den Lobpreis Gottes mit Freude zu pflegen, die anderen legen großen Wert darauf, den Glauben logisch zu erklären, theo-logisch. Ich weiß, woran ich glaube. Manche wollen es ganz genau wissen! Wie manches gemeint ist. Im Glaubensbekenntnis zum Beispiel. Und dann die Frage, ob manche Sätze der Bibel wörtlich zu nehmen sind, ob manche Kapitel wichtiger sind als andere. Und wie man sie heutzutage verstehen sollte und wie man sie anderen erklären könnte.

Ein Beispiel: Da haben sich in den letzten Jahren immer mehr Schwule und Lesben zu erkennen gegeben. Geoutet. Nun wird gefragt: Gehören die auch zu Gottes guter Schöpfung? Ja. Das sagen die einen. Oder muss man sie zu heilen versuchen?

Das sagen die anderen. Der Streit ist noch immer nicht überall ausgefochten. Vielleicht muss es ja auch gar nicht dazu kommen, dass die einen die anderen überzeugen. Oder die anderen die einen. Vielleicht genügt es ja, dass die einen und auch die anderen dem Bibelwort folgen: *Nehmt einander an!*

Warum erwarte ich eigentlich, dass die anderen ihre Einstellung ändern – warum erwarten die anderen das Gleiche von mir? Ich will mich doch gar nicht ändern. Hier stehe ich, ich kann nicht anders. Die anderen stehen auch. Gestehe ich ihnen das zu? Halte ich das aus? Wir nennen es Toleranz. Wenn ich mir für Weihnachten etwas wünschen sollte, dann dies: Dass wir bereit sind zu tolerieren, dass andere angesichts der gleichen Frage zu anderen Antworten kommen und dann auch zu anderen Entscheidungen.

Das aber liegt mir auf der Zunge, das unüberhörbare aber: Aber gibt es nicht Grenzen der Toleranz? Ja, in der Tat: Die Intoleranz. Nein, Intoleranz ist nicht tolerierbar. Mit anderen Worten: Es muss auf Gegenseitigkeit beruhen. Wer mich nicht toleriert und andere Menschen auch nicht, den kann ich nicht tolerieren. Ich spüre die Sackgasse. Wie sollen wir umgehen mit intoleranten Leuten? Mit der eigenen Intoleranz? Hilft uns der Römerbrief zu einer Antwort? Nehmt einander an, wie Christus uns angenommen hat zu Gottes Lob.

„Wie Christus uns angenommen hat", also nicht: Ich nehme dich an, weil du mich annimmst und weil du die annimmst, die ich annehme. Sondern: Ich nehme dich an, weil du angenommen bist. Von Christus. Von Gott angenommen. Deine Meinung mag noch so verquer sein, mir unverständlich, unerklärlich oder ganz und gar schlimm. Du aber, du bist ein von Gott angenommener, geliebter Mensch. Es mag sein, dass deine Ansichten mich ärgern, dass deine Meinung mich ratlos macht, dass ich deine Absichten für gefährlich halte. Ich werde mich dennoch nicht von dir abwenden, ich werde versuchen mit dir im Gespräch zu bleiben, ich werde dir nicht den Rücken zukehren.

Habt mit allen Menschen Frieden. So schreibt Paulus wenige Kapitel zuvor im Römerbrief. Und der Satz beginnt mit den Worten: Ist's möglich, soviel an euch liegt, so habt mit allen Menschen Frieden. Christen sind nicht diejenigen, die als erste den Kontakt zu anderen abbrechen. Wenn andere es tun, dann ist es schlimm genug. Wenn ich mir für Weihnachten etwas wünschen sollte, dann dies: Dass mein

Ärger über Ansichten und Meinungen und Handlungen nicht dazu führt, dass ich diese Menschen verachte, mich von ihnen abwende, sie innerlich abschreibe.

Noch einmal: Der Brief, den der Apostel Paulus nach Rom schreibt, das ist ein Brief an die Gemeinde. Für den innerkirchlichen Gebrauch. Nehmt einander an, wie Christus uns angenommen hat. Versucht es erst einmal untereinander, ihr Christen in Rom. Und anderswo auch. Wenn euch das gelingt, dann tut ihr etwas zu Gottes Lob. Einander annehmen, das heißt nicht: Einander loben. Da ist ja wirklich nicht nur Lobenswertes an den lieben Mitchristen. An mir ja auch nicht.

Einander annehmen, das heißt Gott loben. Gott ehren. Im griechischen Text heißt es *doxa.* Wir kennen das Wort: ortho-dox. Gott auf rechte Weise loben. Orthodox sind wir nicht, wenn wir altehrwürdige Lehrsätze für wahr halten und nachsprechen. Jeder die seinen, die eigenen Lehrsätze. Orthodox sind wir nicht, wenn wir alle unseren Glauben auf gleiche Weise leben. Orthodox sind wir, wenn wir den Menschen neben uns als einen von Gott geliebten Menschen verstehen. Menschen neben uns sind ein Geschenk Gottes an uns. Gottes Weihnachtsgeschenk … Gott Lob gibt es ihn, diesen Menschen neben mir!

An manchen werden wir uns reiben. Das ist sicher. Nein, einfach ist es nicht. Darf ich mir also noch etwas auf den Wunschzettel schreiben für das Weihnachtsfest? Dass diese Reibung Wärme erzeugt. Nur wenn wir auf Abstand gehen, entsteht Kälte. Und davor bewahre uns Gott. Ganz zum Schluss noch etwas ganz Entscheidendes. Der Abschnitt aus dem Römerbrief hat einen Rahmen. Paulus schreibt – so beginnt der Briefabschnitt – *damit wir durch Geduld und den Trost der Schrift Hoffnung haben.* Hoffnung! Und der Abschnitt endet: „dass ihr immer reicher werdet an Hoffnung." Hoffnung!

Es ist nicht nur nicht ganz einfach mit dem Annehmen der anderen, der fremden, der unsympathischen Mitchristen und Mitmenschen. Nein, es wird auch nicht so schnell gehen. Gemeinsam Weihnachten feiern, das mag gelingen. Aber danach. Wie weiter? Die Hoffnung nicht aufgeben! Nie. Das ist der Rat. Und das ist der christliche Weg. Paulus rät uns, der Kraft des Heiligen Geistes zu vertrauen. So mag es gelingen, mit unserem Wunschzettel über den Weihnachtshorizont hinauszuschauen. Amen.

Vorschläge für das Predigtlied

EG 265	Nun singe Lob, du Christenheit
EG 268	Strahlen brechen viele

Fürbittengebet

Barmherziger Gott,
uns begegnen ganz unterschiedliche Menschen. Manche lieben wir, manche ertragen wir, um manche machen wir gern einen Bogen. Lass uns den Glauben daran nicht verlieren, dass sie alle deine Geschöpfe sind. Zeige uns Wege aufeinander zu. Gib uns Verständnis und die Bereitschaft, einander zuzuhören.
Barmherziger Gott, auch in dieser Woche haben wir wieder Nachrichten gehört. Manches macht uns betroffen. Manches macht uns richtig ratlos. Lass uns den Mut nicht verlieren. Gib uns Geduld und Zuversicht.
Barmherziger Gott, neben uns gibt es so viele verschiedene Christen. Andere Kirchen, andere Frömmigkeit, anderes Verstehen der Bibel, andere Lebensentscheidungen. Lass uns die Gemeinschaft bewahren und an der Hoffnung festhalten, dass wir in dir alle eins sind. Amen.

Manfred Bauer

Christvesper

Jesaja 9,1–6

Der Predigttext wird erst im Verlauf der Predigt verlesen

I

Liebe Gemeinde!

Es ist wieder Weihnachten geworden. – Für viele Menschen ist es das schönste Fest im Jahr. Warum das so ist, liegt vielleicht auch an den Lichtern, die wir in der Dunkelheit anzünden. Sie erzählen uns auf geheimnisvolle Weise von Gott. Er hat es so eingerichtet, dass immer für Licht gesorgt ist. Sei das Licht auch noch so klein. Das löst dieses unbeschreibliche Weihnachtsgefühl in vielen aus.

Ehe wir uns gleich in die geschmückten Häuser und Weihnachtsstuben entlassen, zu Familienfeiern und zur Bescherung möchte ich Sie gedanklich mitnehmen auf eine Reise. Begeben Sie sich mit mir in die Schreibstube des Propheten Jesaja vor etwa 2700 Jahren. Jesaja, ein Mann in mittleren Jahren, sitzt am Tisch und grübelt. Wie es draußen dunkel geworden ist, weil ein abendliches Gewitter aufgezogen ist, haben auch finstere Gedanken von Jesaja Besitz ergriffen. Er ahnt nichts Gutes, denn er hat wieder dieses Gespür für drohende Gefahr. Das Land steht kurz vor einem Krieg.

In dieser Ahnung fühlt er sich allein. Die meisten schauen weg. Wollen nicht sehen, was er sieht. Jesaja hat Angst. Um seine Frau und um seine Kinder. Die sollen aufwachsen können und in ihrem Glauben an Gott nicht schon jetzt erschüttert sein. Er fürchtet um sein eigenes Leben. Er lebt gern mit den Menschen um ihn in diesem wundervollen Land. Es war wirklich Gottes Erde. Die Berge und Ebenen mit ihren Flüssen. Die Wüste wie die fruchtbaren grünen Täler. Die Weinberge. Menschen, die auf Märkten handelten. Die Dispute in den Synagogen. Die großen Gottesfeste in Jerusalem, zu denen Menschen aus aller Herren Länder pilgerten.

Dieses Leben – es war ein Gottesgeschenk. Gott selbst legte es den Menschen Tag für Tag vor die Türen und in die Herzen.

Das alles sollte nun bedroht sein? Jesaja sah durch das Fenster, wie seine Frau nach Hause kam. Wie schön sie ist. Besonders jetzt, da sie wieder ein Kind erwartet. Dankbar erinnerte er sich daran, wie seine anderen Kinder geboren wurden. Strampelnd lagen sie in seinen Armen und suchten mit den kleinen Händchen alles zu greifen – seinen Daumen, die Haare, den Bart. War das nicht das größte Wunder von allen? Als würde in jedem Säugling Gott selbst zur Welt kommen und den Menschen sagen: Schaut her, da bin ich. Wer konnte es wagen, diesen Frieden zu stören? Zu zerstören.

Jesaja zündete ein Licht an und stellte es vor sich auf den Tisch. Seine Frau begrüßte ihn mit einem Kuss und war schon wieder draußen. Jesaja schaute in das Licht. Seine Gedanken verlieren sich in dem hellen Schein. Worte kommen ihm in den Sinn. Leise spricht er: „Das Volk, das im Finstern wandelt, sieht ein großes Licht. Denn es ist uns ein Kind geboren, ein Sohn ist uns gegeben, und die Herrschaft ruht auf seiner Schulter." In dieses helle Licht schauend bekommt Jesaja wieder eines dieser Phantasiebilder. Nein, es waren keine Träume oder Spinnereien, die ihn heimsuchten. Ganz real sah er Menschen und Situationen vor sich. Bilder wie dieses:

II

Jesaja sieht eine Frau in ihrer Wohnung sitzen und Geschenke für das Fest in buntes Papier einschlagen. Gerade streicht sie liebevoll über den Stoff eines Hemdes. Sicher für ihren Mann. Der geht mit den beiden erwachsenen Kindern in der Stadt spazieren. Das macht er jedes Jahr so, kurz vor der Christvesper. Die Frau schlägt das Hemd in feines Seidenpapier ein und seufzt. Sie sieht bekümmert aus. Sie setzt sich in einen Sessel und sieht sich um. Ja, sie hat die Wohnung wieder einmal schön geschmückt. Trotzdem fühlt sie sich wie eingesperrt, weil sie selbst kaum in dieser Schönheit vorkommt. Zusammen mit ihrem Mann haben sie sich alles geschaffen, was die Familie zum Leben braucht. Den Kindern haben sie eine Ausbildung und einen guten Start ermöglicht. Eigentlich müsste sie doch zufrieden sein. Woher kommt in ihr dieses Gefühl der Leere?

Sie denkt zurück an den Anfang ihrer Liebe. Im Rückblick war dies die schönste Zeit ihres Lebens. Als frisch Verliebte mussten sie sich heimlich treffen. Ihre Eltern erlaubten es nicht, dass sie mit diesem „Hallodri“ ging. Sie erinnerte sich, wie sie in einer Sommernacht unter freiem Himmel lagen. Damals schworen sie einander, sich immer alles zu erzählen. Sie glaubten, dadurch ihre Liebe immer jung halten zu können. Als die Kinder kurz nacheinander kamen, zogen Müdigkeit, Ärger und Streit in die kleine Wohnung der jungen Familie. Sie machte ihm Vorhaltungen, dass er immer später nach Hause kam. Sie fühlte sich überfordert von Kindern und Haushalt. Er wich aus. Wenn es wieder zum Streit kam, ging er spazieren.

Schön war es immer im Urlaub, zu Ostern und am schönsten zu Weihnachten. Natürlich ging es vor dem Fest hoch her. Fast jedes Jahr. Wie in den meisten Familien. Die Aufregung lohnte sich auch jedes Jahr. Die Kinder liebten das Fest auch noch als sie größer wurden. Und sie kommen auch immer noch zu Heiligabend nach Hause. Heute sitzt die Frau in ihrem Sessel und ist betrübt. Sie ist kurz vorm Weinen, kann es aber nicht. Unstillbar ist ihre Sehnsucht nach Liebe. Sie sehnt sich nach ihrem Mann. Wie damals. Sie hat Sehnsucht danach, sich selbst wieder zu spüren.

Wie oft hat sie schon daran gedacht, den Koffer zu packen und weg zu laufen. Einfach weg. Vielleicht zu ihrer Freundin Heidrun. Heute Abend denkt sie wieder daran. Hat sie den Mut dazu, alles hinter sich zu lassen und neu anzufangen? „Was soll's“, denkt sie. Steht auf und geht in die Küche und nimmt den Braten vom Herd. Dann stellt sie sich in die Tür zum Wohnzimmer. Irgendetwas fehlt. Da fällt es ihr ein und kramt aus einem Schrank den Karton mit der Krippe aus Olivenholz. Fein säuberlich ordnet sie die Figuren unter dem Tannenbaum. Sie nimmt einen Leuchter, zündet die Kerze an, stellt ihn neben das Christkind. Sie kniet sich daneben. Sie schaut in das Licht. Erinnerungen steigen mit warmem Gefühl auf. Wieder spricht die Sehnsucht. Sie weiß noch nicht, wie ihr Leben weitergehen wird. Sie spürt dennoch, wie es noch werden kann. „Es ist nicht zu spät“, denkt sie, „Gott, steh mir bei. Bitte.“ Vor ihr die heilige Familie aus Holz eingehüllt ins Licht. Es ist das gleiche Licht, aus dem Jesaja seine Gedanken löst. Sturm zieht auf. Jesaja eilt nach draußen und sichert die Tür und die Läden vor den Fenstern. Er setzt sich wieder. Vor ihm das Licht. Wie gebannt versinkt sein Blick darin.

III

Vor Jesajas innerem Auge erscheint ein junger Mann. Der sitzt in seiner sparsam eingerichteten Wohnung im siebten Stock eines Hochhauses. Vor ihm ein Pott Kaffee. Der Aschenbecher quillt über. Um ihn herum feiern alle. Er kann sich nicht vor der Weihnachtsmusik und dem ganzen Drum und Dran abschotten. Innerlich sieht es anders aus als Weihnachten. Seit Monaten hat er die schlimmen Bilder. Sie lassen sich nicht abschütteln. Nachts sind sie besonders stark. Schweißgebadet erwacht er aus Träumen. Die Bilder sind so in sein Leben gekommen:

Vor vier Jahren ging er zur Truppe. Nach der Ausbildung meldete er sich freiwillig zum Einsatz im Kriegsgebiet. Anfangs war das gut. Er war erstaunt darüber, wie viele Menschen sie die Soldaten auf der Straße freudig begrüßten. Schnell hatte er sich an diese fremde Kultur gewöhnt. Die Kameraden waren ihm Familie geworden. Sie hielten in der Truppe zusammen. Wenn sie abends zusammensaßen, sprachen sie von ihren Liebsten zu Hause. Nicht selten erzählte jemand seine Lebensgeschichte. Dann kam die Nachricht aus der Heimat, dass Marcel Vater geworden war. Meine Güte, was haben sie für ein Fest gefeiert. Ein Mädchen. Das Bild ging von Hand zu Hand.

Weihnachten war ganz besonders. Mitten in der Wüste im Camp hatten sie gemeinsam einen Baum geschmückt und sangen die alten Weihnachtslieder. Fast alle kamen zum Gottesdienst – egal, ob jemand was mit Gott anfangen konnte oder nicht. Noch nie hat er so viele junge Männer weinen sehen, wie zu Weihnachten bei der Truppe. Dann kam der bewusste Tag. Ein Anschlag. Furchtbar. Drei seiner Freunde waren sofort tot und ein Soldatin. Die Bilder haben sich ihm eingebrannt.

Seine Freundin trennte sich von ihm, als er das nächste Mal auf Heimaturlaub war. Sie konnte seine Stimmungsschwankungen nicht aushalten. Dabei war sie die Frau, mit der er sich ein gemeinsames Leben vorstellen konnte. Wieder ist es Weihnachten geworden. Er sitzt allein in seiner Wohnung und denkt an seine Freundin. Er schaut seine Hände an und fragt sich, ob das die Hände eines Vaters sein könnten. Eine tiefe Sehnsucht beschleicht ihn. Nach Leben.

Gerade will er sich eine Zigarette anzünden, als sein Blick am Licht der Flamme verharrt, die aus dem Feuerzeug zischt. ‚Es ist Weihnachten' – denkt er. Er holt eine Haushaltkerze und zündet sie an. Drei Gedanken kreisen in ihm. Der eine dreht sich um seine mögliche Entlassung. Ja, er hat die Möglichkeit, sich dem Schrecken des Krieges zu entziehen. Der zweite Gedanke eröffnet ihm die Möglichkeit, trotzdem wieder ins Kriegsgebiet zu gehen und mit seiner Kraft für gerechtere Zustände zu sorgen. Der dritte Gedanke rührt ihn an. – Er betrachtet seine Hände und denkt: „Ja, das können die Hände eines Vaters sein. Irgendwann möchte ich Vater sein."

Er hört Glockengeläut. ‚Ach, es ist ja Weihnachten' – denkt er und sieht ins Licht seiner Kerze. Als würde es aus einer anderen Welt zu ihm herüber leuchten. Es war das gleiche Licht, aus dem Jesaja soeben seinen Blick löst. Das Gewitter hatte sich verzogen. Jesajas Kinder waren endlich eingeschlafen. Es war still. Vor dem einzigen Licht, das noch brannte saß Jesaja und hatte an diesem Abend noch ein drittes Phantasiebild.

IV

Es war das Bild einer jungen Frau. Sie wirkt nachdenklich fast verzweifelt. Sie muss eine schwere Entscheidung treffen. In der achten Woche ist sie schwanger und sie weiß nicht, ob sie das Kind behalten soll oder nicht. Als sie ihrem Partner die Neuigkeit überbrachte, hat der erst einmal erschrocken geguckt und später dann gesagt: „Wir schaffen das." Immer wieder stellt sie sich die Frage: Weiß er, was er da sagt? Ahnt er auch nur, wie viel Verantwortung auf ihn und uns beide zukommt?

Das Problem sind aber nicht ihr Partner und seine Blauäugigkeit. In ihrer eigenen Lebensplanung ist für ein Kind kein Platz. Bisher hat sie es im Leben gut getroffen. Sie hat einen guten Job und der nimmt sie in Anspruch. Abends ist sie erschöpft und zu nichts mehr in der Lage. Für Haushalt, Wäsche und Unternehmungen ist am Wochenende Zeit. Ihr Partner lebt den gleichen Rhythmus. Sie können sich nicht leisten, dass einer zu arbeiten aufhört – nicht mit zwei Wohnungen.

Man muss sich heutzutage entscheiden, ob man eine gutes Leben haben möchte *oder* Kinder. Beim Einstellungsgespräch fragte der Chef sofort nach ihrer Familienplanung. Da schwante ihr bereits, dass die Firma eine Frau ohne Kind lieber hätte. Das würde natürlich niemand so deutlich aussprechen. Wer aber genau hinhört, erkennt die Botschaft. Nun ist es passiert. Sie ist schwanger. Sie steht am Fenster und sieht über die festlich geschmückte Stadt. „Warum haben wir nicht aufgepasst, Herrgott nochmal."

Anfang Januar hat sie einen Termin bei der Beratungsstelle. Am liebsten möchte sie das Kind wegmachen lassen. Wiederum plagen sie Gewissensbisse, wenn sie abtreiben ließe. Dass da in ihr ein kleiner Mensch Formen annimmt und seinen eigenen kleinen Charakter entwickelt, zaubert ab und zu ein Lächeln in ihr Gesicht. In solchen Augenblicken nimmt sie Kontakt zu dem kleinen Wesen in sich auf. „Wenn ich mich für dich entscheide, bringt das mein Leben total durcheinander", hört sie sich sprechen. „Ich habe doch kaum Zeit zum Leben. Wie soll das erst werden, wenn Du da bist?"

René, ihr Partner, redet immer von Vertrauen. Nur, worauf soll sie vertrauen? Dass ihnen finanziell jemand unter die Arme greift? Dass sie nach der Elternzeit ihre Firma wieder aufnimmt? „Ach Kleines, du passt einfach nicht in meinen Plan. Nicht in diese Welt", sagt sie mit leiser Stimme. Es war schon vier geworden. Sie musste sich beeilen, denn Viertel vor fünf wollte sie sich mit René, seinen und ihren Eltern vor der Kirche treffen.

Die junge Frau wird heute Abend von Maria hören, einer anderen jungen Frau mit großem Mut. Sie wird darüber nachdenken, wie das Christkind die Pläne der Menschen durchkreuzte. Die von Maria und Josef, von Hirten und Weisen. Von Mächtigen und Ohnmächtigen. Die junge Frau wird sich heute erinnern, wie wichtig die Entscheidung von Maria war, das Christkind zu bekommen. Wie sich durch das Leben eines Kindes die Welt veränderte. Wie wichtig, dass es Christus gibt. Die junge Frau wird nach dem Gottesdienst nach vorn gehen zur Krippe und eine Kerze anzünden für das Christkind. Und eine Kerze für alle Kinder. Und eine dritte für sich selbst und für ihre Entscheidung. Sie wird diesmal nicht ausgelassen feiern wie die vorherigen Weihnachten. Sie wird in ein Licht schauen und nachdenken. Ihr Leben wird sich verändern so oder so. Jesaja streckt sich. Er steht auf und sucht sein Schreibzeug. Noch in dieser Nacht schreibt er auf das feinste Pergament folgende Worte:

[Lesung des Predigttextes]

IV

Liebe Gemeinde, wie gut dass es Propheten gibt – Menschen wie Jesaja. Die uns in dunklen Zeiten des Lebens auf das Licht aufmerken lassen. Es leuchtet auf geheimnisvolle Weise. So viel Finsternis es gibt, so viel Licht gibt es auch. Zwischen Licht und Schatten, Winter und Frühjahr bringen wir unsere Tage zu. Von Gott ist es so gegeben. Es wird nicht nur Licht geben. Aber auch nicht nur Finsternis. Vielmehr dürfen wir uns nach dem Licht sehnen, uns danach ausstrecken. Einen Strahl mitnehmen in die problematischen und dunklen Stunden unseres Lebens. Wir kennen das Licht, von dem Jesaja erzählt.

Manchmal müssen wir es sogar selbst entfachen und weitergeben. Wie gut, dass es auch heute viele Propheten gibt. Sie lassen sich nicht blenden von vielen künstlichen Lichtern. Sie erkennen die Realität und stellen Fragen. Sie übernehmen Verantwortung und laden zur Hoffnung ein. Wie gut dass es sie gibt, die Mütter und Väter, Soldatinnen und Soldaten, Partner und Partnerinnen, Mächtige und Ohnmächtige, Sie und mich. Angesteckt vom Licht der Weihnacht werden wir es selbst heller werden lassen. Amen.

Vorschläge für das Predigtlied

EG 30	Es ist ein Ros entsprungen
EG 56	Weil Gott in tiefster Nacht erschienen

Fürbittengebet

Guter Gott, barmherziger Vater,
wir danken dir für diese Nacht, in der uns das Licht deiner Weihnacht aufgeht. Durchdringe unser Leben mit diesem Licht.
Wir bitten dich um deine wärmende Nähe für Menschen, die in kalter Welt frieren, und um deine wärmende Nähe für uns selbst.
Wir bitten dich um Klarheit für Menschen, die Verantwortung tragen und Macht haben, und um Klarheit für uns selbst.
Wir bitten dich um Hoffnungszeichen für Menschen, die schwarz sehen, und um Hoffnungszeichen für uns selbst.

Wir bitten dich um Ausblicke für Menschen, die ihren Blick bei sich haben, und um Ausblicke für uns selbst.
Wir bitten dich um deinen Frieden, wie du ihn zu Weihnachten versprochen hast, Frieden, wie wir ihn nicht selbst tun können, um Frieden für ferne und nahe Menschen und um Frieden in uns selbst.
In der Stille vertrauen wir dir an, was uns am Herzen liegt:

[Stille]

Guter Gott, erhöre unser Gebet. Amen.

Christian Schoberth

Christnacht
Der müde König und das Kind

Jesaja 7,10–14

Der Predigttext wird erst im Verlauf der Predigt verlesen.

Liebe Gemeinde!
Der Predigttext stammt aus dem Buch des Propheten Jesaja und kann einem konkreten geschichtlichen Ereignis zugeordnet werden. Der König von Israel, Ahas, ist in einer politischen Zwickmühle, er wird von den Königen der Nachbarstaaten aufgefordert, sich mit ihnen gegen die feindliche Großmacht Assur zu verbünden. Der Prophet Jesaja warnt Ahas vor diesem Bündnis und fordert ihn auf, sein Vertrauen auch angesichts der schwierigen äußeren Situation auf Gott zu setzen. Ich lese aus dem 7. Kapitel:

[Lesung des Predigttextes]

Liebe Gemeinde!
Die Geburt eines Kindes als Zeichen. Ein Kind als Zeichen. Wer von Ihnen eigene Kinder hat oder die Ankunft von Kindern aus der Nähe erlebt hat, weiß, welche verändernde Kraft ein Kind mit sich bringt. Schon Monate vor der Geburt, zunächst ganz unbemerkt von der Umgebung, gibt es kleine, aber unmissverständliche Zeichen, dass bald nichts mehr sein wird, wie es einmal gewesen ist. Jede Schwangerschaft ist voller Zeichen: Was gewohnt, vertraut, die Regel ist, bleibt aus. Später gibt das Kind mit seinen ersten Bewegungen selbst deutliche Zeichen seiner Gegenwart. Die Zeichen der Schwangerschaft werden deutlicher, für alle sichtbar. Und dann wartet die Schwangere auf Zeichen. Wann ist es endlich soweit? Wann kommt das Kind zur Welt?

Die größte Veränderung aber ist die Geburt des Kindes. Nichts ist danach mehr, wie es vorher war. Mit meinem Kind ist jemand in der Welt angekommen, der unendlich klein und verletzlich, aber gleichzeitlich von überwältigender Kraft ist. Ein Kind, das absolut auf mich angewiesen ist, dem ich mich hingeben muss in einer Weise, die ich vorher nicht gekannt habe, dessen Forderungen ich mich nicht entziehen kann.

Ein Kind, durch das ich aber auch Anteil bekommen habe an einer Freude und Dankbarkeit, wie ich sie vorher nicht kannte. Ein Kind, das die Zukunft im Sinne des Wortes „verkörpert", mit dessen Wachsen und Großwerden ich spüre, dass das Leben weitergeht und nicht bei mir stehen geblieben ist. Ein Kind, mit dem ich neu erfahren kann, was ich selbst schon fast vergessen hatte. Was für mich selbstverständlich ist, bringt mein Kind zum Staunen, was ich schon nicht mehr wahrnehme, sehe ich in seinen Augen leuchtend gespiegelt.

Ein Kind, jedes Kind ist ein Zeichen und gerade zu Weihnachten wird uns das bewusst, an der Freude der Erwachsenen über die Freude der Kinder. „Weihnachten ist mit Kindern doch am schönsten", das habe ich in der Vorweihnachtszeit oft gehört. Fast immer klang darin eine leise Wehmut mit: Die Kinder werden schnell groß und dann fehlen sie uns als Zeichen für Erwartung und Leben, Hoffnung und Zukunft, Dankbarkeit und Freude, Geheimnis und Wunder. Sie fehlen uns nicht nur zu Weihnachten.

Ein Kind als Zeichen. Ein Zeichen für Ahas, den König von Juda, der mitten in einem schwierigen politischen Konflikt steckt. Ahas sieht die Bedrohung, die von zwei Seiten auf ihn zukommt, sie droht ihm alle Hoffnung auf die Zukunft zu nehmen. Wenn ich mir Ahas ansehe, dann ist er mir über die Jahrtausende hinweg unangenehm vertraut: Ahas, der König, ist unzweifelhaft erwachsen, eingespannt in die Anforderungen des Lebens. Er steht unter dem Zwang, sich entscheiden zu müssen. Worauf soll er setzen? Auf die unmissverständlichen Anforderungen, die die Wirklichkeit in Gestalt der möglichen politischen Verbündeten an ihn stellt? Oder soll er sich an Gott wenden? Worauf soll ich setzen, woran soll ich mich halten, an Tatsachen, an die Realität, an das, was schon immer so gewesen ist, an das ewige „alles bleibt beim Alten"? Oder kann ich an eine Wirklichkeit hinter der Wirklichkeit glauben?

Ahas hat den Vorschlag, von Gott ein Zeichen zu fordern, abgelehnt. Er will Gott nicht versuchen. Das soll man ja auch nicht, aber in seinem Fall ist das nichts als eine Ausrede. Auch das kenne ich aus meiner eigenen Erfahrung: Wie müde man werden kann in einer Beziehung, in der Beziehung zu anderen Menschen, aber auch in der Beziehung zu Gott. So müde, so hoffnungslos, so realistisch, das man es nicht mehr für möglich hält, dass da noch etwas anderes sein könnte, etwas, das ich nicht erwarte. So müde, dass man den anderen Menschen oder eben auch Gott nicht einmal mehr ansprechen mag. „Der ändert sich ja doch nicht!", „Glaubst du denn, dass da plötzlich ein Wunder passiert?"

Von dieser großen Müdigkeit habe ich schon viel gesehen, auch bei mir selbst. Die Spuren dieser großen Müdigkeit zeichnen sich in unseren Gesichtern ab, in den angestrengten Gesichtern der Erwachsenen, in den Augen, in die auch viele Weihnachtskerzen keinen Glanz mehr bringen können. Wir spüren sie vielleicht gerade heute Abend wieder, aber wir müssen sie nicht als gegeben hinnehmen.

Denn der erwachsene Ahas, der müde König, der sich und andere müde gemacht hat, der nicht einmal mehr bitten mag, bekommt ein Zeichen. „Siehe, eine Jungfrau ist schwanger und wird einen Sohn gebären, den wird sie nennen Immanuel." Das Zeichen, das von Gott kommt, ist ein Kind. Es ist das Zeichen der größten Lebendigkeit, die wir uns vorstellen können, das Zeichen von Erwartung und Leben, Hoffnung und Zukunft, Dankbarkeit und Freude, Geheimnis und Wunder. Dieses Kind hat einen Namen: Immanuel, der bedeutet: „Gott mit uns".

Für Ahas, den erwachsenen, müden König heißt das: Du bist nicht alleine, Ahas, Gott kommt zu dir und ist mit dir. Zu dir kommt in diesem Kind alles, was dir fehlt. Erwartung und Leben in deine Hoffnungslosigkeit und tödliche Müdigkeit, Hoffnung wider den Augenschein und Zukunft in einer schwer zu überblickenden Wirklichkeit, Dankbarkeit und Freude anstatt Verbitterung und Resignation, Geheimnis und Wunder gegen alle Alltäglichkeit und Vorhersehbarkeit.

Dieses Kind kommt, die Jungfrau ist schwanger, das Kind ist schon verborgen da im Leib seiner Mutter. So verborgen, aber an untrüglichen Zeichen erkennbar, kommt Gott in unsere Welt. So wie zu Ahas kommt Gott mit diesem Kind zu uns erwachsenen, oft so müden und einsamen Menschen. Obwohl wir vielleicht von Gott gar nichts mehr erwarten oder noch nie erwartet haben, kommt er zu uns, hinein in den Alltag mit seinen schwierigen Entscheidungen. Unsere Wirklichkeit und Gottes Wirklichkeit sind miteinander verbunden. Wer sich das vorstellen kann, der glaubt.

Oft verbauen wir uns selbst den Zugang zu der Wirklichkeit hinter der Wirklichkeit, indem wir uns zum Beispiel mit der Frage müde machen, was es mit der Jungfrau auf sich hat und ob man das glauben kann oder nicht. Auf Hebräisch ist eindeutig von einer jungen Frau die Rede und erst die griechische Übersetzung des Alten Testaments hat daraus eine Jungfrau im biologischen Sinne gemacht. Aber an diesem Kind sollen uns nicht die Umstände seiner Geburt interessieren, die Frage, ob seine Mutter eine Jungfrau oder eine junge Frau ist. Das soll uns nicht davon abhalten, das Zeichen Gottes zu sehen. Das Zeichen ist das Kind, dessen Name Immanuel ist, Gott mit uns. Auch in der Weihnachtsgeschichte des Lukas ist von einem Kind als Zeichen die Rede: „Und das habt zum Zeichen: ihr werdet finden das Kind in Windeln gewickelt und in einer Krippe liegen“.

Als Christinnen und Christen glauben wir, dass an dem Menschen Jesus aus Nazareth noch einmal deutlich geworden ist, was es heißt, dass Gott mit uns ist. An Jesus können wir sehen, wie Gott ist und wo wir ihn suchen sollen. Gott kommt als Kind in unsere Welt, klein und verletzlich, geboren in Dürftigkeit in einem entlegenen Winkel der Welt. Eine Geburt, die alle Vorstellungen davon, wie Gott in die Welt kommen könnte, über den Haufen wirft. Auch das Kind in der Krippe wird erwachsen, aber es wird nie müde. Jesus von Nazareth behält auch als Erwachsener alle Zeichen des Kindes: Jesus hat andauernd getan, was „man“ nicht tut, er hat Gott einfach Vater genannt, er hat sich mit Prostituierten und Kleinganoven an einen Tisch gesetzt, er hat die Armen glücklich gepriesen und den Reichen gedroht, er hat Kranke geheilt und Hungrige satt gemacht und damit die Wirklichkeit seiner Welt so verändert, dass sie Gottes Wirklichkeit ähnlicher geworden ist.

Jesus hat alles infrage gestellt, was wichtig für uns ist, Beziehungen, Besitz, Macht, all die Wirklichkeiten, die unser Leben bestimmen wollen. Er fordert, dass sich unser Leben verändert, er fordert bedingungslose Hingabe, wie ein Kind sie von uns fordert. Jesus von Nazareth hat sein Leben lang bestehende Ordnungen außer Kraft gesetzt, wie Kinder das tun. Nichts ist so geblieben wie es vorher war. Auch die eine große Ordnung, der wir uns so bedingungslos unterwerfen, nämlich die vermeintliche Ordnung, dass mit dem Tod alles vorbei sei, hat er in der Auferstehung außer Kraft gesetzt.

An Jesus sehen wir, wie Gott uns erwachsene Menschen haben will. Gott will uns nicht als müde Könige, die sich abmühen, ihr Reich zusammenzuhalten, die sich bedingungslos unterwerfen, die tun, was man tut, die nichts infrage stellen und die Ordnungen, die sie selbst gemacht haben, einhalten. Gott fordert uns auf, nicht müde Erwachsene zu bleiben, sondern wie die Kinder zu werden, die Erwartung und Leben, Hoffnung und Zukunft, Dankbarkeit und Freude, Geheimnis und Wunder noch spüren und weitergeben können. Deswegen kommt er selbst als Kind.

Ein Kind als Zeichen für uns. Wer noch keine Kinder hat, wessen Kinder groß sind, wer keine Kinder haben kann, wer vergessen hat, was es heißt, ein Kind zu haben, wer auch mit Kindern müde geworden ist in der Welt der Erwachsenen, der darf heute kommen.

Wir dürfen kommen. In dieser Nacht stehen wir um die Krippe. Wir sehen das Kind und sehen, mit welcher Liebe Gott uns liebt, wie er zu uns kommt und mit uns ist. Wie er sich uns zeigt in Zartheit und überwältigender Kraft, die alles von uns haben will und uns zugleich alles schenkt. Weihnachten haben wir alle ein Kind und können selbst wieder Kinder werden: Kinder, die lieben und hoffen und glauben können. Amen.

Vorschläge für das Predigtlied

EG 52	Wisst ihr noch, wie es geschehen
EG 23	Gelobet seist du, Jesu Christ

Fürbittengebet

„Das Volk, das im Finstern wandelt, sieht ein großes Licht, und über denen, die da wohnen im finstern Lande, scheint es hell." Das hast du, unser Gott, uns verheißen, und wir danken dir dafür. Lass es hell werden, wo unsere müden Augen nur Dunkelheit erkennen:

bei Kranken, Trauernden, Hoffnungslosen, die das Licht der Heiligen Nacht brauchen; bei denen, die zu viele Lasten aufgebürdet bekommen: im Privaten, im Beruf oder durch sich selbst; bei den Menschen auf dem Weg, die einen Neuanfang suchen wollen oder müssen: Sei ihres Fußes Leuchte.

Uns allen schenke den Frieden der Weihnacht und die kindliche Ungeduld nach einer besseren Welt, durch deinen Sohn Jesus Christus, Amen.

Kathrin Oxen

Christfest I

1. Johannes 3,1–6

Der Predigttext wird erst im Verlauf der Predigt in der hier angegebenen Übersetzung (Luther 2017) verlesen. Die Zwischenüberschriften gliedern den Text, werden aber nicht vorgelesen.

[1. Schöne Bescherung]

Liebe Gemeinde!

Weihnachten, Fest der Familie, meist schön, heiß erwartet und gelegentlich kann es auch anstrengend werden. Viele Erwartungen werden erfüllt, andere nicht, und vielleicht haben Sie gleich beim Predigttext aus dem 1. Johannesbrief ein kleines déjà-vu: Erst gibt es Geschenke, dann Pläne und Vorschläge zur Lebensgestaltung, schließlich wird aus leichtem Meckern deutliches Schimpfen. Ich hoffe sehr, bei Ihnen war es gestern Abend friedlicher, aber wenn nicht: Wahrscheinlich haben wir alle früher irgendwann auch schon mal anstrengende Weihnachten gehabt. Wo so viele Gefühle und Erwartungen aufeinandertreffen, kann das schon mal passieren. Ich lese aus dem 3. Kapitel des 1. Johannesbriefes:

> Seht, welch eine Liebe hat uns der Vater erwiesen, dass wir Gottes Kinder heißen sollen – und wir sind es auch! Darum erkennt uns die Welt nicht; denn sie hat ihn nicht erkannt. Meine Lieben, wir sind schon Gottes Kinder; es ist aber noch nicht offenbar geworden, was wir sein werden. Wir wissen: Wenn es offenbar wird, werden wir ihm gleich sein; denn wir werden ihn sehen, wie er ist. Und jeder, der solche Hoffnung auf ihn hat, der reinigt sich, wie auch jener rein ist. Wer Sünde tut, der tut auch Unrecht, und die Sünde ist das Unrecht. Und ihr wisst, dass er erschienen ist, damit er die Sünden wegnehme, und in ihm ist keine Sünde. Wer in ihm bleibt, der sündigt nicht; wer sündigt, der hat ihn nicht gesehen noch erkannt.

[2. Das Rosie-Projekt]

Vielleicht hatten Sie unter dem Baum einen der charmantesten und erfolgreichsten Romane der letzten Jahre: Das Rosie-Projekt. Falls ja, hören Sie jetzt besser weg, es folgen Spoiler. Zwei Geschichten gleichzeitig werden erzählt. Da ist einmal Don, genialer, leicht autistischer Assistenzprofessor für Genetik. Er stellt klinisch kühl fest, dass in seinem Leben eine Frau fehlt, obwohl er attraktiv, intelligent usw. ist. Das möchte er beheben, und zwar so, wie er auch sonst sein Leben gestaltet: sachlich und präzise durchgeplant. Also entwirft er einen Fragebogen, um mögliche Kandidatinnen zu filtern, damit er keine erwischt, die raucht, trinkt, unpünktlich oder Veganerin ist. Frage 35 zum Beispiel lautet: „Essen sie Niere?" Die Reaktionen der ausgehorchten Kandidatinnen sind erwartungsgemäß wenig begeistert. Dons Freund Gene stellt ihm dann Rosie vor, was Don nur für einen seltsamen Witz halten kann, denn Rosie ist Barkeeperin, raucht wie ein Schlot und isst kein Fleisch.

Rosies Geschichte ist eine ganz andere und kreuzt sich doch mit Dons. Sie sucht ihren leiblichen Vater. Das Verhältnis zu ihrem Stiefvater ist angespannt. Ihre Mutter ist tot, so dass Rosies einzige Spur zu ihrem Vater die Bemerkung ihrer Mutter ist, dass sie damals auf einer Party mit ihm etwas hatte. Sie ahnen, wie es weitergeht: Der Genetiker und die Barkeeperin machen sich gemeinsam auf die Suche, wobei Don feststellt, dass er sich zu Rosie, die so ziemlich das Gegenteil von dem ist, was er per Fragebogen suchte, hingezogen fühlt (und auf dem Weg dahin so gar nicht zu einer Frau, die alle seine Fragen perfekt beantwortet hatte), und Rosie ist nicht weniger überrascht, dass es ihr ähnlich geht. Doch bevor sie sich auf eine Beziehung einlassen kann, muss sie erst ihr Vaterproblem lösen. Die Jagdszenen nach DNA-Proben sind sehr unterhaltsam und lesenswert, und das Ende – verrate ich doch noch nicht. Es ist überraschend, ich hatte nicht damit gerechnet.

Das Motiv „junge Frau sucht ihren leiblichen Vater" hat gerade Konjunktur, es begegnet relativ häufig in Romanen und im TV, z. B. im Münstertatort. Daran kann man erkennen: Ein Tabuthema ist es nicht, sondern eines, an dem sich Persönlichkeitsentwicklung (von Tochter und Vater), Träume, Lebensentwürfe und die Sinnfrage erzählerisch gut entfalten lassen.

[3. Gottes Kinder, die Herdmanns]

„Wir sind schon Gottes Kinder; es ist aber noch nicht offenbar geworden, was wir sein werden." So haben wir eben aus dem 1. Johannesbrief gehört. Ich sehe da Parallelen zu Menschen, die sich aufmachen, ihren Vater zu suchen: Ich bin schon das Kind von xy, aber was das heißt, das weiß ich noch nicht. Muss ich mich vielleicht für meinen Vater schämen? Oder vor ihm? Habe ich Geschwister, und wenn ja, sind die nett oder peinlich? Nehmen die mich an oder begegnen sie mir feindlich?

Das lässt sich relativ ungebrochen sowohl auf die Gemeinde als auch auf das Leben als einzelne Christin übertragen. Gott als Vater: Was das heißt, was das bedeutet, ein ganzes Leben ist wahrscheinlich zu kurz, das durchzubuchstabieren, und es wird sich je nach Lebensphase auch immer wieder ändern. Mal ist die Beziehung enger, dann wieder nicht so wichtig und an den Rand gedrängt. Und wie jedes anständige, normale, gesunde Kind wird der Mensch sich auch immer wieder auflehnen und seine Grenzen testen. Sünde heißt das dann. Und wie ein perfektes Elternteil besteht Gott darauf, dass es nicht das ist, was die Beziehung ausmacht. Schön, wenn die Sünde, die Ferne gar nicht da sind, aber wenn doch, hält das die Familie aus und Gott lässt nichts unversucht, den Missstand von sich aus zu beseitigen.

Wer das ganz nüchtern von außen betrachtet, wird Schwierigkeiten haben, das zu verstehen. Ein allmächtiger Gott und alles andere als perfekte Menschen in ständiger Beziehungsarbeit. Warum sollten die sich das auch gegenseitig antun, wenn es nicht eine Eltern-Kind-Beziehung wäre? Wer eine dieser Grundannahmen, Gott als gütiger Vater, Gott als barmherzige Mutter, Gott als guter Hirte, sich nicht zu eigen machen kann, dem wird vieles märchenhaft oder sogar theatralisch anmuten: Gott, der in der Krippe zum Mensch unter Menschen wird; dem kein menschliches Leid fremd ist; der wundersam wirkt und niemanden verloren gibt.

Weil gute Eltern immer auch ein Vorbild sind, versuchen Christinnen und Christen dem selber nah zu kommen. Mal mit mehr, mal mit weniger Erfolg. Wir lernen und verlernen, was es heißt, Gottes Kinder zu sein. Auch das sieht von außen betrachtet oftmals komisch oder nach Doppelmoral aus. „Alles wird gut" gehört zu den Versprechen des Christentums, spätestens, wenn wir eines Tages wieder auferstehen und ganz bei Gott sind. „Alles läuft glatt und wir sind perfekt" gehörte nie zu den Versprechen, auch, wenn das einige manchmal unterjubeln wollen. Spätestens an Weihnachten sollten die sich erinnern, wie es damals war, als Patchwork-Vater Joseph seiner minderjährigen Verlobten Maria keine gescheite Unterkunft besorgen konnte und der Stall zum Kreißsaal wurde.

Wenn ich Ihnen also jetzt den Frieden der Weihnacht wünsche, dann ist das nicht die Sorte, die mit Freude und Eierkuchen kommt, sondern Gottes Friede, dessen Kinder wir sind:

[Lesung des Predigttextes]

Amen.

Vorschläge für das Predigtlied

EG 52	Wisst ihr noch, wie es geschehen
EG 25	Vom Himmel kam der Engel Schar

Fürbittengebet

Gott, unser Vater im Himmel,
in deinem Sohn Jesus Christus bist du zu uns auf die Erde gekommen, ganz nah, um als Mensch unter Menschen zu sein, als Zeichen deiner ewigen Liebe. Dafür danken wir dir und bitten dich für Christinnen und Christen überall, dass sie ohne Angst ihren Glauben bekennen können und von Verfolgung verschont bleiben;
für alle Religionen, dass sie einen Weg finden, friedlich miteinander zu reden und zu leben;
für alle Enttäuschten, dass ihnen das Licht der Weihnacht neue Hoffnung spende.
Und alles, was uns sonst auf dem Herzen liegt, fassen wir in dem Gebet zusammen, das Jesus Christus uns gelehrt hat:
Vater unser

Sebastian Kuhlmann

Christfest II

Offenbarung 7,9–12 (13–17)

Der Predigttext wird erst im Verlauf der Predigt in der hier angegebenen Übersetzung verlesen.[1]

I

Zu einem neugeborenen Kind kommt Besuch. Manchmal steht er sogar Schlange. Er überfordert die Eltern, aber das geht schon. Die Freude will ja geteilt sein. Es ist ja alles gut gegangen, sollen sie nur kommen. Zu einem neugeborenen Kind kommt Besuch. Gleich an den ersten Tagen am liebsten, wenn noch alles ganz frisch ist. Ganz zart und verletzlich, schutzbefohlen und trotzdem erhaben, irgendwie. Man will es sehen, es vergeht so schnell, dieses Reine und das Ursprüngliche.

Das kleine Wesen wird älter und größer Tag um Tag, und der Besuch wird wieder weniger. Das Leben wird normal; bald ist es nicht mehr so wichtig, wie viele Zentimeter das Würmchen misst und wie viele Gramm es trägt. Alltagsgeschäft kehrt ein, auch für das schutzbefohlene und irgendwie erhabene Wesen. „Wie hieß das Kleine gleich noch mal? Hattest du Bilder gemacht?" Der Anfang ist vorbei, der Zauber ist verflogen. Glücklich, wer es geschafft hat und dabei sein konnte, bei dem Neugeborenen, gleich an den ersten Tagen.

> Danach sah ich, und siehe, eine große Schar, die niemand zählen konnte, aus allen Nationen und Stämmen und Völkern und Sprachen; die standen vor dem Thron und vor dem Lamm, angetan mit weißen Kleidern und mit Palmzweigen in ihren Händen, und riefen mit großer Stimme: Das Heil ist bei dem, der auf dem Thron sitzt, unserm Gott, und dem Lamm!

---

1 Wenn möglich durch eine weitere Person.

II

Zum Christkind kam Besuch. Von nahe und von fern. Vom Felde vor der Stadt und vom Lande hinter dem Gebirge. Sie scheuten keine Mühen, das Kind zu finden. Sie nahmen Strapazen auf sich, um den Heiland zu sehen. Endlich der Retter. Der Gerechte. Der Friedefürst. Der Wunder-Rat, Gott-Held! Ein Kind? Natürlich, es muss ein Kind sein, ein neugeborenes, ganz rein und unverhohlen, das ist der Sohn Gottes, sogar. Glücklich, wer dabei sein konnte; glücklich, auf den es abgefärbt ist das Reine, Göttliche, als trüge er ein weißes Gewand.

Die drei Weisen aus dem Morgenland erlebten es und taten ihre Schätze auf und brachten ihm Gold, Weihrauch und Myrrhen. Aber es ist nie und nimmer aufzuwiegen, was sie sahen. Auf dass ihr Sinn ein Abgrund wär' und ihre Seel ein weites Meer, dass sie dieses Kind möchten fassen.

Und die Hirten? Staunen über Staunen. Ungläubig erst und bisweilen erschrocken. Zögernd und dann fest entschlossen – der Weg von den weiß strahlenden Engeln auf dem Feld bis zum Stall war gar nicht weit! Das Glück dieser Welt in einem Stall wie unserem – Ehre sei Gott in der Höhe und Friede auf Erden, den Menschen ein Wohlgefallen.

> Und alle Engel standen rings um den Thron und um die Ältesten und um die vier Gestalten und fielen nieder vor dem Thron auf ihr Angesicht und beteten Gott an und sprachen: Amen, Lob und Ehre und Weisheit und Dank und Preis und Kraft und Stärke sei unserm Gott von Ewigkeit zu Ewigkeit! Amen.

III

Amen, sie haben es gesehen. Die Hirten, die drei Weisen, Maria und Joseph. Sie haben es gesehen, das Wunder auf zwei Beinen, Gott auf nacktem Stroh. Augenzeugen aus der ersten Reihe. Sie waren dabei als Erste, als alles noch ganz frisch war und unberührt, rein wie am Anfang. Glücklich, selig, die den Heiland dieser Welt kennenlernen durften, sie sind zu beneiden.

> Und einer der Ältesten fing an und sprach zu mir: Wer sind diese, die mit den weißen Kleidern angetan sind, und woher sind sie gekommen?

IV

Ja, wer ist das eigentlich und woher sind sie gekommen? Die sind doch nicht zufällig alle da. Ganz im Gegenteil, sie sind einen exakten Weg geführt worden dorthin zu dem Stall, sie konnten ihn nicht verfehlen. Der Stern, tausende Kilometer weit; und die Engel am richtigen Ort zur richtigen Zeit. Aber warum ist es gerade ihnen passiert? Warum diese Hirten von Bethlehem und warum diese drei Weisen aus dem Morgenland?

Warum wurde denen dieses Gute zuteil? Warum nicht Herodes, der hätte es doch viel dringender gebraucht? Oder die abweisenden Wirte, die der hochschwangeren Frau keinen Einlass gewährten. Sollten die nicht einmal einen Gottessohn zu Augen bekommen? Haben die Pech gehabt zu Weihnachten, sind sie die Buhmänner, die es immer braucht, damit es funktioniert?

V

Zu einem neugeborenen Kind kommt Besuch. Gleich an den ersten Tagen am liebsten, wenn noch alles ganz frisch ist. Ganz zart und verletzlich, schutzbefohlen und trotzdem erhaben, irgendwie. Man will es sehen, es vergeht so schnell, dieses Reine und das Ursprüngliche. Wer kommt zu dem Kind? Wer will es sehen, so schnell wie möglich? Und wen blockt der fürsorgende Vater lieber ab, zum Schutze der Mutter und der gesamten Familie? „Kommt lieber etwas später, das Kleine ist noch recht schwach, gebt ihm noch einige Tage. Vielleicht klappt es zu Ostern, da wird er aus dem Gröbsten raus sein, der Kleine, ja, – fragt doch besser noch mal zu Ostern!“

> Und ich sprach zu ihm: Mein Herr, du weißt es. Und er sprach zu mir: Diese sind's, die gekommen sind aus der großen Trübsal und haben ihre Kleider gewaschen und haben ihre Kleider hell gemacht im Blut des Lammes. Darum sind sie vor dem Thron Gottes und dienen ihm Tag und Nacht in seinem Tempel; und der auf dem Thron sitzt, wird über ihnen wohnen. Sie werden nicht mehr hungern noch dürsten; es wird auch nicht auf ihnen lasten die Sonne oder irgendeine Hitze; denn das Lamm mitten auf dem Thron wird sie weiden und leiten zu den Quellen des lebendigen Wassers, und Gott wird abwischen alle Tränen von ihren Augen.

VI

Wir sind nicht zu spät, wir haben Weihnachten nicht verpasst. Wir haben uns auf dieses Fest vorbereitet. Wir haben etwas Großes erwartet, seitdem die Namen der Toten noch einmal verlesen wurden. Wir haben Musik gespielt und von bis unters Segel geladener Sehnsucht gesungen. Wir haben wochenlang gewartet und hoffnungsvoll erwartet. Und wir haben das Kind gesehen. Weil in den Augen der sehnsuchtsvollen Erwartung dieses Leben nicht alles ist.

Dieses Leben treibt seine Blüte nicht im mächtigen Palast von Herodes und auch nicht im aufdringlichen Sensationsheischen. Sondern dieses Leben treibt seine Blüte im Stall von Bethlehem. Die Hirten haben es gesehen und die drei Weisen, und wir werden es wieder sehen. Wir werden das Lamm sehen, dessen Blut unsere Gewänder weiß macht. Blut macht weiß. Gott wird Mensch. Leben und Sterben werden ewiges Leben.

Gott sei Dank durch diese Welt. Jeder wird das Kind sehen und das Lamm auf dem Thron. Jeder, wer sich zu den Glücklichen zählen kann, die sich auf die Suche machen, ohne aufdringlich zu sein. Jeder wird Gott schauen – auch schon in diesem Leben, – wer etwas will vom Leben. Wer erwartet, dass da noch mehr ist.

Ein neugeborenes Kind bekommt Besuch, und ich werde dabei sein. Rein wie am Anfang wird das sein, alles noch ganz frisch. Was für eine Freude und noch mehr: was für eine Vorfreude. Große Vorfreude, denn, – weil Gott in tiefster Nacht erschienen, kann unsre Nacht auf dieser Welt nicht endlos sein. Amen.

Vorschläge für das Predigtlied

EG 37,1–4	Ich steh an deiner Krippen hier
EG 56,1–5	Weil Gott in tiefster Nacht erschienen

Fürbittengebet

Herr, unser Gott,

dein helles Licht ist im Stall von Bethlehem sichtbar geworden für alle Menschen. Wir dürfen davon leben, was du uns in deinem Sohn geschenkt hat: Deine Nähe, deine Liebe und deine

Freundlichkeit. Dafür danken wir dir. Wir bitten dich: *Öffne uns mit deiner Geburt in der Krippe Augen und Herzen!*

Mach uns Hoffnung, lass uns deine Freude erfahren und sie zu anderen weitertragen. Wir denken an Menschen, die in Armut leben, die hungern müssen, die ohne Obdach sind, die allein gelassen werden. Menschen, die Not leiden, und die viel mehr auf jeden Schimmer von Hoffnung angewiesen sind als wir. Wir bitten dich: *Öffne uns mit deiner Geburt in der Krippe Augen und Herzen!*

Mach uns Hoffnung, lass uns Not in der Nähe und in der Ferne erkennen und gegen sie angehen. Wir bitten dich für den Frieden auf dieser Erde, wir bitten dich für alle Menschen, die miteinander im Streit stehen, für alle, die durch kulturelle Gegensätze voneinander getrennt sind. Schenk ihnen einen weiten Horizont, lass sie teilhaben an deiner göttlichen Gerechtigkeit. Mach uns demütig vor deiner Krippe und vor dem Thron deines Lammes. Wir bitten dich: *Öffne uns mit deiner Geburt in der Krippe Augen und Herzen!*

Alles, was uns auf der Seele liegt und was auf das Erscheinen des Kindes in der Krippe baut, bringen wir vor dich in der Stille.

[Stille]

Vater unser

Kornelius Werner

Erster Sonntag nach dem Christfest

1. Johannes 2,21–25

Der Predigttext wird erst im Verlauf der Predigt verlesen.

Liebe Gemeinde!
Willkommen und Abschied. Mit diesen Worten eines der berühmtesten Liebesgedichte der sogenannten Sturm- und Drangzeit können wir den heutigen Tag überschreiben. Wir haben uns zum Gottesdienst versammelt, am ersten Tag einer neuen Woche. Am ersten Sonntag nach dem Christfest kommen wir zusammen, singen und beten im Angesicht von Krippe und Weihnachtglanz und erwarten die kommenden Stunden. Wir haben vom Warten der beiden hochbetagten Menschen Simeon und Hanna in der Schriftlesung gehört. Und von ihrem Glück, das Licht der Welt in einem Kind zu finden. Eine wunderschöne Willkommensgeschichte wird uns da immer wieder neu erzählt.

Und dann ist heute auch Silvester. Der letzte Tag eines Jahres. Manchmal wird er auch mit dem geheimnisvollen Wort Altjahresabend bezeichnet. Wir nehmen Abschied von vergangenen 365 Tagen. Unsere geltende Kalenderzählung ist so eingerichtet. Als Christenmenschen legen wir die Zeit zurück in Gottes Hände und singen vielleicht auch davon ein Lied. Sonntag und Silvester. Weihnachten und Jahreswechsel. Christbaum und Feuerwerk. Ein Tag. Willkommen und Abschied.

Was ist Wahrheit? Mit dieser Frage können wir den Predigttext für den heutigen Sonntag überschreiben. Im ersten Johannesbrief lesen wir:

[Lesung des Predigttextes]

Im Johannesevangelium, dem der erste Johannesbrief theologisch nahesteht, stellt Pilatus die Frage nach der Wahrheit. Fragt und handelt. Er, der römische Machthaber, verurteilt Jesus zum Tode und lässt seine Hinrichtung nach römischem Recht vollziehen. Das ist die Tatsache. Aber ist es auch die Wahrheit? Bewahrheiten wird sich etwas ganz anderes. Etwas ganz Neues. Menschenkinder werden dem Handeln Gottes neu vertrauen. Menschenkinder werden in die Welt gehen und von der Auferstehung erzählen und ihren Glauben in alle Himmelsrichtungen tragen.

Dieser Jesus ist Gottes Kind. Er ist der Christus. Christ der Retter ist da. Von dieser Wahrheit, die auch in der Heiligen Nacht besungen wird, erzählt der Schreiber unseres Predigttextes. Er wirbt mit sehr deutlichen Worten für seine Glaubenserkenntnis von der unbedingten Zusammengehörigkeit des Menschenkindes Jesus und des Gotteskindes Christus. Sein Werben geschieht in Abgrenzung gegen die Vorstellung, Nachfolge Christi sei Ansichtssache und von der Tagesform abhängig. Und er gebraucht in diesem Zusammenhang ein Wort, das Geschichte machen wird. Es ist das Wort „Antichrist".

Vielleicht sind die Tage der sogenannten Alten Kirche auch so etwas wie eine Sturm- und Drangzeit. Eine Zeit, in der leidenschaftlich gerungen und gestritten wurde um die richtigen Worte und um präzise Formulierungen. Eine Zeit, in der Glaubensfragen auch innerhalb einer Gemeinde diskutiert wurden, um sich gegenüber einer Welt, die ohne den Gottesgedanken auskommt, zu positionieren.

Im Anfang war das Wort. Mit diesem Satz beschreibt der Evangelist Johannes alles Beginnen. Immer wieder neu gedacht, gedeutet, interpretiert, ist er ein Satz der Geschichte geworden. Vom Sturm der gesellschaftlichen Veränderungen mitgerissen, die Umwälzungen eines Zeitalters, das wir das Mittelalter nennen, aufnehmend, zurück zu den Quellen der Worte findend, haben Martin Luther und die Reformatoren diesen Satz gelebt. Und wir haben uns in diesem zu Ende gehenden Jahr ganz gewiss in unterschiedlichsten Situationen und bei verschiedensten Gelegenheiten gefragt, wie alles angefangen hat.

Damals vor fünfhundert Jahren. Reformationsjubiläum haben wir gefeiert, landauf, landab, in Europa, in der Welt. Was legen wir davon zurück in Gottes Hände? Unser Suchen nach der Wahrheit? Unser Ringen um gute Informationsverarbeitung? Unser erschrockenes Erkennen, dass am Ende dieses Jahres ein neuer Begriff in der Welt ist, der da „Alternative Fakten" heißt? Leid und Elend in der Welt. Hassbotschaften in einer real existierenden virtuellen Gegenwart. Martin Luther hat für sein Leben eine ihn gänzlich verändernde Wahrheit gefunden.

Der gnädige Gott muss nicht erkämpft werden, die Wahrheit von der Liebe Gottes ist schon da. Von Beginn an. Von Ewigkeit zu Ewigkeit. Diese Erkenntnis hat Luther in die Welt getragen. Und sie verteidigt, bis in heftige Polemik hinein. Luther wird den Begriff Antichrist verwenden, um seine Überzeugung durchzusetzen. Und Menschen, die meinten, seine Leidenschaft für eigene Machtinteressen brauchen zu können, werden schuldig werden und den Wortgefechten brutale Taten folgen lassen.

Dennoch: Ecclesia semper reformanda – Die Kirche ist immer zu reformieren! Wunderbare Worte des immerwährenden Neubeginns. Großartige reformatorische Erkenntnis von der Möglichkeit, in der Nachfolge Christi immer wieder zu den Anfängen zurückzukehren und zurückzufinden. Reformation heißt Neubeginn, heißt alles zu prüfen und das Gute, das Leben erhaltende und Leben schaffende zu bewahren. Weil Gottes Wort am Anfang steht. Und weil wir in der Schrift lesen können, dass auf Gottes Wort hin die Welt hell wurde. Es werde Licht. Von diesem Licht dürfen wir erzählen mit unseren Worten, mit den Weihnachtslichtern und den bunten Sternen am Himmel der Silvesternacht. Wort und Licht.

Von guten Mächten wunderbar geborgen. Mit dieser Zeile aus Dietrich Bonhoeffers Gedicht für seine Verlobte wollen wir das Bleiben in Gottes Welt beschreiben. Heute, an diesem Tag von Willkommen und Abschied, beim Nachdenken über den Wahrheitsbegriff, beim Finden aller Anfänge, dürfen sie nicht fehlen, die Worte vom Bleiben. Was bleibt? Jede und jeder von uns hat schon so gefragt. Am Ende eines Tages, am Ende eines Jahres, vielleicht sogar zum Ende eines Lebens. Und die Antworten werden ganz verschieden klingen.

Manchmal werden wir sagen, dass es ein gebrauchter Tag war. Manchmal werden wir sagen, dass es ein gutes Jahr war. Manchmal werden wir lachen, manchmal weinen. Manchmal wird ein Wort bleiben, das wir mitnehmen in den neuen Tag, ins neue Jahr. „Was ihr gehört habt von Anfang an, das bleibe in euch." So bittet der Verfasser, den wir Johannes nennen, in seinem Schreiben. Es ist die große Hoffnung, dass das Hören der befreienden Botschaft von Gottes Neuanfang mit seinen geliebten Menschenkindern bleiben möge und zum Leben befähigen kann. Zu einem Leben, das weiterführt, in den Frieden Gottes, in seine Ewigkeit.

Das ewige Leben ist das große Versprechen, dass der Ewige, der Herr der Zeit, der Schöpfer des Wortes, uns gibt. Bei ihm sind wir willkommen, weil er uns liebt.

Bei ihm dürfen wir wahrhaftig sein, weil er die Wahrheit ist. Bei ihm ist aller Worte Anfang, weil er die Melodie unseres Lebens schreibt. Und so dürfen wir bleiben an diesem Tag. Mit Simeon und Hanna, mit den Suchenden und mit den Wartenden. Wir dürfen getrost gehen und getröstet bleiben. Gott wird mit uns gehen. In eine neue Woche, in ein neues Jahr. Wir bleiben in Seiner Ewigkeit. Amen.

Vorschläge für das Predigtlied

EG 347	Ach bleib mit deiner Gnade
EG 65	Von guten Mächten

Fürbittengebet

Herr, unser Gott,

du Anfang allen Lebens, du Vollender allen Seins. Wir danken dir, dass du uns immer neu willkommen heißt. Wir bitten dich: Lass uns dein sein und bleiben. Hilf uns, immer wieder neu nach der Wahrheit deines Wortes zu fragen, und lass dir unsere Leidenschaft zur Ehre gereichen. In dir sind wir geborgen am Abend und am Morgen und ganz gewiss an jedem neuen Tag. Amen.

Barbara Gorgas

Altjahresabend 2017

1. Mose 3,1–24

Der Predigttext wird erst im Verlauf der Predigt verlesen. Die Überschriften werden mitgelesen.

Liebe Gemeinde!
„GZSZ – Gute Zeiten, schlechte Zeiten." Wenigstens der Titel einer ebenso bekannten wie nicht immer besonders lebensnahen TV-Serie könnte heute Abend zu naheliegenden Ehren kommen. „Gute Zeiten … schlechte Zeiten" – damit könnte vielleicht der eine oder die andere unter Ihnen die Wechselfälle des Lebens im vergangenen Jahr trefflich zusammenfassen. Einige könnten also über ein „durchwachsenes" Jahr berichten, helle und dunkle Tage in der Summe bilanzieren. Muss es immer so ausgewogen zugehen? Ob andere unter Ihnen andere Akzente setzen könnten? Manche könnten ein von Glück und Gnade hell beschienenes Jahr beschreiben. Manche aber hätten gewiss von den unterschiedlichsten Düsternissen zu berichten, die in den vergangenen 365 Tagen nie so richtig weichen wollten; und es könnte wohl auch außerhalb der medialen Jahresrückblicke die Rede sein von politischen Irritationen und Verdunkelungen. Das Jahr 2017 hat hier auf kaum zu erwartende Weise sein besonderes Gepräge erhalten.

So oder so! Am 31.12.2017 ist Zurückblicken und Bilanzieren die eine Sache! Vorausblick, Orientierung gewinnen für das Neue Jahr eine andere! Dabei nun über die Problematik von guten Vorsätzen am Jahreswechsel zu grübeln oder zu spotten wäre wohl nicht besonders hilfreich und auch kaum der Rede wert. Wohl aber lohnt es sich, über eine Orientierungsgeschichte der besonderen Art nachzudenken, wie sie uns im zweiten Buch Mose erzählt wird. Der Übergang, der dabei eine Rolle spielt, hat allerdings wenig mit einem Datumswechsel zu tun. Vielmehr geht es um einen Übergang von der Unfreiheit in die Freiheit und um die Frage, wie es nach diesem Übergang eigentlich weitergehen soll. Blicken wir zunächst zurück: Das Volk Israel, in einem dramatischen Geschehen aus der ägyptischen Sklaverei geführt, in einer spektakulären Rettungsaktion am Schilfmeer endgültig befreit, befindet sich auf dem Weg in eine bessere Zukunft. Gott hat es versprochen, Mose hat es gesagt. Reden wir also vom Ausblick: Ein Land ist versprochen, dazu Würde und Frieden. Zu sehen ist freilich im Augenblick etwas anderes. Da ist eine Wüste, ein karges und nicht ungefährliches Terrain. Und die Frage ist: Wie sollen wir uns angesichts dieser Lage orientieren? Dazu findet sich im 2. Buch Mose Kapitel 13 ein knapper aber sprechender Hinweis:

[Lesung des Predigttextes]

Orientierung gewinnen – so?

In Übergangssituationen, bei Wegen ins Ungewisse und Unbestimmte, sucht man nach Orientierungsmarken. Menschen halten Ausschau nach Fixpunkten am Horizont. Oder es geht auch nach bewährten Muster. Bereits erprobte Verhaltensregeln drängen sich auf: Sie lauten etwa so: „Damit sind wir eigentlich immer gut gefahren." Oder auch so: „Daran haben wir uns immer gehalten – und so wollen wir es weiter halten." Israels Weg durch die Wüste ins Land der Freiheit aber macht naheliegende Lebensregeln eigentümlich unbrauchbar. Das Volk braucht nun Gottes Gegenwart abseits und jenseits der üblichen Markierungsgewohnheiten. Wolkensäule und Feuersäule haben ein anderes Format als alle guten Vorsätze und Pläne zum erfolgreichen Wandern in den offenen Raum hinein. Wolkensäule und Feuersäule bringen die Gegenwart Gottes nahe an die Leute heran; und sie sind doch jenseits all dessen, was wir an Zukunftsahnung und Zukunftsplanung aufbringen können. Wolkensäule und Feuersäule passen nicht in die Szenarien von Horoskopen oder Zukunftsforschungen. Den Leuten am Übergang in die Freiheit wird kein detaillierter „Masterplan" über die näheren und ferneren Geschehnisse vorgelegt. Es gibt keine Checklisten für die nächsten 365 Tage, die man nur noch abzuhaken braucht, damit alles gut wird. Zu sehen sind Wolken am Tage und Feuer in der Nacht. Das mag enttäuschend sein angesichts der Herausforderungen der Wanderung, die ab jetzt bevorstehen. Aber die Bibel erzählt: So ist Gott bei euch. Darauf könnt ihr euch verlassen. Diese scheinbare Ungewissheit, dieses irritierend Schwebende aber ist es, was Gottes Gegenwart unterscheidet von dem Machtgeprotze anderer Götter, die sich am Ende nur als massive, aber wacklige Betonköpfe herausstellen. Gottes Gegenwart auf dem Weg ist keineswegs direkt zu haben. Denn das Geheimnis der Gegenwart Gottes liegt letztlich gar nicht einmal in den dramatischen Gestalten von Wolken und Feuer. Es liegt im Namen Gottes selbst. Die Bibel erzählt: Moses hat ihn gehört bei seiner Berufung und er wird weitergegeben, in ganz vielfältigen Geschichten von Rettung und Freiheit. Der Name Gottes ist ein Satz: „Ich werde bei euch sein." Dieser Name macht die Würde und die Kraft der Wolken- und der Feuersäule aus. „Ich werde bei euch sein." Das klingt zugleich nach Zukunft und Nähe. Und die Gegenwart dieses Namens schafft ab jetzt die nötige Orientierung auf den steinigen und keineswegs immer grade und eben gebahnten Weg in die Zukunft. Wie aber kann das sein?

Gottes bewegliche Gegenwart als Orientierung

Wenn wir nun nach einer Antwort auf diese Frage suchen, ist es sinnvoll, sich die Szene in der Wüste ganz plastisch vor Augen zu führen. Die Wolkensäule und die Feuersäule sind ja keine Leuchttürme, die fest und fix in der Landschaft stehen; so fest betoniert also ist der Gott nicht, dessen Name ist: „Ich werde bei euch sein." Gott ist beweglich und seine Gegenwart wandert vor den Leuten her durch Zeiten und Wüsten, in Oasen und durch Städte hindurch. Es geht durch finstere Täler und auf die höchsten Höhen. Mehr als einmal wird in der Bibel berichtet, dass diese bewegliche Gegenwart die Menschen irritiert und verstört. Wir hätten es gerne fixer, eindeutiger. Immer wieder wird unter den Leuten der Wunsch laut: Gottes Gegenwart möge sich zeigen. Aber doch bitte nicht immer so durchmischt mit Wüstenstaub und all dem anderen Schmutz und Erdendreck, durch den wir hindurch müssen! Und doch: Gottes Heiligkeit und Macht scheut gerade auch diese Wege nicht. Diese biblisch bezeugte Beweglichkeit Gottes sollte gerade heute Abend nicht schrecken, sondern Mut machen und trösten. Der Weg ins neue Jahr muss uns ja nicht als Wüstenweg entgegenkommen. Aber wie immer er sich ausmachen mag, in welches Terrain er auch führen mag, eines ist gewiss: Der Name Gottes, der nichts anderes als seine Gegenwart ist, geht mit. Dies gilt nicht nur für die Zukunft der nächsten 365 Tage, sondern auch weit darüber hinaus.

Allerdings, und auch dies erzählt die Bibel in wandlungsfähiger, aber wachsender Klarheit: Es ist für Gottes Gegenwart zwar fast gleichgültig, wie das Gelände aussieht, das wir von heute von jetzt ab beschreiten werden, es ist aber nicht gleichgültig, wie wir uns in diesem Gelände bewegen. Umwege, Sackgassen mag es geben, Durststrecken und manchmal auch langweilige Ödnis. Aber es gibt für Menschen gute und lebensförderliche Bewegungsmuster. Es sind die Gebote, die dieser Gott gibt. Die zentralen Gebote, zehn an der Zahl, bieten gute Orientierung in den unterschiedlichsten Raum- und Lebensverhältnissen. Sie sind beweglich und stabil zugleich. Eine Gemeinschaft, die zukunftsfähig sein will, tut gut daran, diese Gebote als Maßstab ernst zu nehmen. Sie gelten dabei nicht nur irgendwie allgemein und im schlimmsten Falle als Moralkeule gegen all die anderen, die nicht so sind wie wir. Die zehn Gebote, die dieser bewegliche Gott als Weg zum Leben vorgibt, bieten eine echte und große Alternative zu unseren ureigensten, meist kleinteiligen „persönlichen Vorsätzen" am Altjahresabend. Wer diese Gebote in Ruhe bedenkt, entdeckt beispielsweise Perspektiven für den guten Umgang mit der Zeit, die über das persönliche Zeitmanagement hinausgehen. Wer einen Wochentag frei hält, macht eine Gesellschaft menschlicher. Wir gewinnen durch die Gebote aber auch einen Blick für den Unterschied zwischen der Wahrheit und dem Gerangel um „alternative Fakten" oder „fake news"; gewiss erinnern Sie sich an diese Worte, die im Jahr 2017 traurige Berühmtheit erlangten. Wir lernen in den Geboten insgesamt etwas über das, was die Würde von Menschen ausmacht und schützt. Und wir ahnen, was geschehen könnte, wenn diese Würde weggelogen, weggemordet wird. Vielleicht erscheinen uns jetzt die kleinen persönlichen Vorsätze bequemer und handlicher. Wir würden vielleicht gerne zu ihnen zurückkehren, wohl wissend, dass wir sie kaum einhalten können. Aber es entspricht dem Ernst, der Vielfalt und der letztlichen Unwägbarkeit unseres Weges durch die Zeit eher, wenn wir der Orientierungskraft der großen zehn Gebote weiterhin viel zutrauen.

Dunkel und Hell

Denn Wolken- und Feuersäule stehen für ein Versprechen: Der Name Gottes, seine Gegenwart, bleibt bei den Leuten, die in den unterschiedlichsten Gefilden, auch auf den steinigsten und steilsten Wegen gehen. Genau hier aber mag sich Widerspruch melden. Wir könnten auf unsere tausende und abertausende Unzulänglichkeiten hinweisen. Wir könnten unsere Schwächen aufzählen, unsere Verführbarkeiten und unsere Blindheiten, von denen es auch im Jahr 2018 genügend zu beklagen geben wird. Wir könnten darauf verweisen, dass uns oft genug der Überblick fehlt, dass Menschen überhaupt die Umgebung falsch einschätzen oder dass sie Fata Morganas hinterherlaufen. Wir könnten uns am Ende dieses Reformationsjahres noch einmal an Luther erinnern und in Abwandlung eines Lutherzitats feststellen: Wir sind Menschen und nicht Gott. Es wird doch nicht anders. Aber an genau dieser Stelle ist es notwendig, noch einmal auf die Zeiträume zu schauen, die der Predigttext für diesen Altjahresabend darstellt. Die Gegenwart Gottes umgreift demnach Hell und Dunkel, Tag und Nacht, Abend und Morgen. Ein Psalmwort sagt es so: Unsere Zeit, genauer: unsere Zeiten, stehen in Gottes Händen. Und auch die Dunkelheit ist nicht dunkel vor Gott. „Gute Zeiten – schlechte Zeiten"?! Dieser Ausdruck ist nur eine Möglichkeit, die Rhythmen des Lebens zu fassen. Wir können auch von hellen und dunklen Zeiten, von Tag und Nacht sprechen. Der kurze Text aus dem 2. Mosebuch sagt: In allem geht Gottes Gegenwart nicht verloren. Dabei ist es wohl möglich, dass wir irgendwann sagen: Um uns ist nur die Nacht und sonst nichts. Auch in Israel war solche Klage nichts Ungewöhnliches. In dunklen Lagen, an dunklen Tagen aber möge uns ein Wort erreichen, eine Geste, ein Hinweis, ein Mensch, der sagt: „Sieh, dort ist Licht. Wende dich um! Sieh doch!"

Sagen wir jetzt nicht: Das ist zu vage! Sagen wir nicht: Das ist zu wenig! Denn die Geschichte rund um den knappen Hinweis auf die Wolken- und Feuersäule schildert uns keine idealen Menschen. Wir sehen im zweiten Buch Mose: Israel, das sind auch die Zweifler, die Unzulänglichen, die Ängstlichen. Aber erfreulicherweise lesen wir auch: gerade ihnen gehört die Gegenwart jenes Gottes, der sich den Namen gibt: „Ich werde für euch da sein."

Leben im Übergang. Leben in der Gegenwart Gottes

Wir stehen am Übergang in ein neues Jahr. In Übergangssituationen, bei Wegen ins Ungewisse und Unbestimmte, sucht man nach Orientierungsmarken, nach Fixpunkten am Horizont. Oder man sucht nach bewährten Mustern, nach einem ausgewiesenen Rezept, das alle Probleme meistert. Vielleicht entgehen wir diesem Wunsch auch heute Abend nicht. Wenn dem so sein sollte, dann mahnt uns die kurze Passage aus dem 2. Mosebuch: Rechnet doch – um Gottes willen! – auch einmal mit neuen, ungeahnten Orientierungsmarken. Diese Marken bewegen sich und sind doch verlässlich, weil hinter ihnen der Name des lebendigen Gottes steht.

Vielleicht werden wir im neuen Jahr irgendwo und irgendwann eine Haltung ändern müssen, von der wir dachten: Das ist doch felsenfest. Vielleicht werden wir etwas beenden müssen, von dem wir dachten: Das bleibt. Und vielleicht werden wir spüren: Es ist gut, dass etwas zu Ende gegangen ist. Vielleicht wird es einen Neuanfang geben, den wir nie für möglich gehalten hätten. Gerade in diesen Wendungen und Kehren zum Leben aber sollen wir erkennen, dass Gott uns nahe ist.

Das Versprechen seines Namens kann man nicht oft genug hören: „Ich werde für euch da sein." Und vielleicht hören wir jetzt noch etwas anderes heraus. Etwas, das einmal in der Taufe über uns gesagt wurde: „Siehe, ich bin bei euch alle Tage, bis an der Welt Ende." Dies ist das Versprechen der Gegenwart Gottes, das *uns* in Jesus Christus erreicht; er nannte diesen Gott mit einem alten Wort: Vater.

Von daher wollen wir es denn wagen, diese kleine und doch so große Szene von der Wolken- und Feuersäule auch für uns zu hören. Vergessen wir aber gerade jetzt nicht: Die kleine-große Geschichte wurde zuerst dem Volk Israel und im Volk Israel erzählt. Es ist die Geschichte eines Volkes, das geübt ist im Unterwegssein. Im Dunklen wie im Hellen erzählt diese Geschichte immer wieder eine gute Nachricht: Wo immer, und wie immer du unterwegs bist: Geh jetzt davon aus, dass Gottes Gegenwart dir auch auf den staubigsten Wüstenstraßenstraßen nahe ist. Und dann vertraue darauf, dass auch die schwierigsten Übergänge keine gottvergessenen Orte sind. Amen.

Vorschläge für das Predigtlied

EG 65,1–4	Von guten Mächten wunderbar geborgen
EG 395,1–3	Vertraut den neuen Wegen

Fürbittengebet

Ewiger Gott,

mache deinen alten Namen wahr im alten und im neuen Jahr. Geleite Menschen auf dem Weg in die Freiheit. Führe Menschen aus allen falschen Sicherheiten. Sei vor Ort, wenn auf dieser Erde für Recht und Frieden gebetet und gearbeitet wird. Erleuchte und stärke alle Bemühungen um menschenwürdige Arbeit, um gerechten Lohn. Erhelle die Nacht derer, die im Schatten des Todes sitzen: in Folterkellern und Kriegsgefangenenlagern, in den vielen Stätten des Elends. Sei bei denen, die nicht weiterwissen. Sei bei denen, die sich verrannt haben in Bitterkeit, Sorge oder Angst. Sende dein Licht und deine Wahrheit zu denen, die politisch entscheiden, hier in diesem Land und auf dem ganzen Erdkreis. Stärke alle Kräfte, die das Evangelium im Frieden bezeugen. Gib allen, die sich um die Einheit der Kirchen bemühen, Kraft, Mut und Gelassenheit. Am Ende bitten wir für uns selbst: dass wir Tritt fassen können in der Zeit, die vor uns liegt. Dass wir den Weg ins neue Jahr getrost gehen können, es komme, was kommt. „Ich werde für euch da sein", so ist dein Name. Auf diesen Namen lass uns trauen. Dies bitten wir um Jesu Christi willen. In sein Gebet legen wir unser Beten und sprechen:

Vater unser

Ulrich Löffler

Jahreslosung

Gott spricht: „Ich will dem Durstigen geben von der Quelle des lebendigen Wassers umsonst.“

I

Liebe Gemeinde!

Das Paradies! Lebendiges Wasser strömt. Fröhliche Menschen, glückliche Tiere, einträchtiges Leben bei- und miteinander. Alle Tränen abgewischt, Engel sitzen auf Wolken und klimpern auf ihren Harfen. Wenn nicht gerade jemand den Rasen mäht im Garten Eden, könnte es gar nicht schöner sein. Außer an jedem dritten Dienstag im Monat. Da trifft sich immer die traurigste Skatrunde aller Zeiten. Drei Männer aus unterschiedlichen Epochen, die nach unten blickten, als die Pforten des Paradieses mal wieder besonders weit offen standen. Sie sahen das Jahr 2017 und waren entsetzt, was aus ihrer Sache geworden war. Max Diekmann wollte die Feierlichkeiten zu 111 Jahren Fernsehen genießen. Und sah das Dschungelcamp, RTL2 und Sarah und Pietro Lombardi. Karl Marx war gespannt auf die Ehrungen zum 150. Jahrestag seines Buches „Das Kapital“. Er sah real existierenden Sozialismus, Putin und die Agenda 2010. Und Martin Luther? 500 Jahre Thesenanschlag – worüber freut er sich, worüber ist er entsetzt?

Auch das vergangene Lutherjahr hat nicht für mich klären können, *warum das wichtig wäre.* Ich weiß nicht, ob die Investmentbroker bei der Deutschen Bank 2018 ein ganzes Jahr lang „500 Jahre Fugger“ feiern, um Jakob Fugger, dem bedeutendsten Kaufherrn, Montanunternehmer und Bankier Europas zu huldigen. Der Urahn, ohne den die Bank heute nicht wäre, was sie ist. Die nach 500 Jahren zwar eigentlich gar nicht mehr mit vielen seiner zentralen Ideen zu tun hat, aber was soll’s. Ich bin mir allerdings sicher: Wenn die Deutsche Bank ein Jahr lang „500 Jahre Fugger“ feiert, dann macht sie das nicht mit Vorträgen wie „Liquiditätssicherung, Vermögensbildung und Risikoabsicherung in Jakob Fuggers Tagebüchern“ oder „Zins und Equity Swaps in Augsburg 1518“ oder „Hedgefonds und Venture Kapital: Fuggers Finanzierung des Papsttums“. Weil nämlich absolut auf der Hand liegt, dass man weder den heutigen Problemen noch der damaligen Welt gerecht wird, wenn man beide vermischt. Luther hat nicht so viel Glück. Er soll Antworten geben, wie man vernünftig mit Internet und Computer umgeht, und er muss sich dafür verantworten, was er über Frauen, Juden, Türken und den Cousin des Kutschfahrers seines Kurfürsten gesagt hat. Warum???

II

Denkmalpflege ist wichtig. Lebendiges Wasser ist sie selten, eher ein sehr alter, optimal gereifter Wein – nichts zum Durst löschen. Sicher: Nichts ist schlimmer als Geschichtsvergessenheit. Aber Denkmalpflege nervt und ist vielleicht sogar ruinös, wenn Sie in einem denkmalgeschützten Gebäude wohnen. Dann können Sie selbst einfachste Reparaturen nicht einfach so durchführen. Wenn ein Fenstergriff oder eine Türklinke erst klappert und dann kaputt geht, können Sie nicht in den nächsten Baumarkt und Ersatz besorgen. Es muss alles passen, authentisch sein und vom Kirchenamt, pardon: von der Denkmalschutzbehörde genehmigt werden. Definitiv nur was für Liebhaber. Das gleiche bei Menschen, die einen Oldtimer hegen, pflegen und fahren. Um an das beliebte, weil stark steuervergünstigte H-Kennzeichen zu kommen und um auf Oldtimertreffen etwas zu gelten, dürfen nur historische Teile in und an die Karre. Auch hier gilt: muss man mögen, muss man wollen.

Ich verstehe die Faszination. Ich gucke mir solche Häuser und Autos gerne an und staune. Vor allem aber bin ich froh, dass ich mich nicht selber aktiv darum kümmern muss. Anders als um das Lutherjahr und das Reformationsjubiläum. 500 Jahre alte Bausubstanz. mindestens renovierungs-, vielleicht sogar sanierungsbedürftig. Sage nicht nur ich, sondern hat sich die Kirche selbst auf die Fahnen geschrieben: ecclesia semper reformanda: Die Kirche ist immer zu reformieren, denn sie ist *lebendig.*

500 Jahre alte Bausubstanz. Steht noch. Hat Kriege überstanden, Staaten, Zeitalter. Imposant, ehrfurchtsgebietend, voller Schönheit. Mit ein paar wirklich abgrundtief hässlichen Ecken.

Wie mit denen umzugehen ist, da gibt es auch unter den Zeremonienmeistern in den Kirchenleitungen ganz unterschiedliche Ansätze. Die einen stellen wie im

Museum Schildchen auf, auf denen erklärt wird, woher die Hässlichkeit kam, warum man das damals schön fand, auch, wenn es heute untragbar ist. Die andere Strategie: Einfach ein neues Teil aus dem Baumarkt holen, den Schandfleck dahinter verstecken und dann sagen: „Seht her! Hätte es vor 500 Jahren einen OBI in Erfurt gegeben, Luther wäre hingefahren und hätte das gekauft und montiert." So bekommt man es hin, ihn heute als Vorbild – und meine Güte war er das alles nicht! – für Toleranz, Freiheit, Gleichheit, Brüderlichkeit zu verkaufen. *Aus*verkaufen, würden diejenigen sagen, die den dritten Weg gehen und die alte Bausubstanz nicht nur als Denkmal erhalten wollen, sondern zur Blaupause für Kirche überhaupt machen. Da wird das Hässliche und die Schande auch noch zum Durststiller und zu Gottes Willen verklärt.

III

Luthers Problem damals ist nicht unser Problem heute. Zu Beginn seines Lebens hatte er eine Heidenangst vor Gott, wie viele seiner Zeitgenossen auch. Verdurstende in der Wüste, die Gott als Wächter wahrnahmen, der nur die Würdigsten in die Oase lässt. Das kann ich heute nicht mehr so oft beobachten, eher etwas anderes: Viele haben eine Heidenangst vor ihren Mitmenschen. Je fremder, desto mehr. Nehmen Sie diese, in zivilisierten Kreisen eher unterschwellige Angst mal 100 und Sie bekommen eine erste Idee, wie sich Luther und seine Zeitgenossen fühlten, wenn sie an Gott dachten.

Diese Angst machte die damalige Katholische Kirche zu barer Münze. Sie sagte: Ja, du hast ein riesiges Problem mit Gott, denn Gott hat ein Problem mit dir. Aber du hast Glück, denn wir haben Fachleute, die sich gegen eine angemessene Gebühr darum kümmern. Außerdem haben *wir* noch was gut bei Gott, und Anteile davon verkaufen wir dir gerne. Ablasshandel hieß das Produkt, und das gab es in jeder Preisklasse, um die Zeit im Fegefeuer ein wenig oder auch deutlich zu verkürzen. Zahlt und trinkt, ihr Verdurstenden!

Luther machte sich davon frei. Nach ausgiebigem Bibelstudium, Gebeten, Gesprächen mit Seelsorgern und blitzeblank polierten Gemeinschaftstoiletten machte er die nachvollziehbare, faire und transparente Preisstruktur der Katholischen Kirche kaputt. Seine neue Kalkulation inklusive 95 Begründungen nagelte er an die Schlosskirchentür zu Wittenberg. Dort stand unter dem Strich: Eine gute

Gottesbeziehung ist gratis. Sola gratia, wie er es später auf Latein formulierte. Oder etwas deutscher: allein aus Gnade.

Gott spricht: „Ich will dem Durstigen geben von der Quelle des lebendigen Wassers *umsonst.*" So lautet die Jahreslosung 2018. Wir könnten jetzt darüber reden, wer Durst hat, nach Gerechtigkeit, Frieden oder ganz buchstäblich Wasser in den spirituellen und real existierenden Wüsten unserer Welt. Wir könnten darüber reden, wer die Quelle ist und auf welche Weise Gott uns das lebendige Wasser zukommen lässt. Sie wissen es oder ahnen es vielleicht. Es ist bei jedem und jeder etwas anderes, und es ist heute etwas anderes als morgen. Was aber bleibt, und was alles andere als selbstverständlich ist: Es ist gratis.

IV

„Alles gratis" ist kein Geschäftsmodell, mit dem man reich werden oder bleiben kann. Es ist auch nichts, womit man Menschen oder ganze Gesellschaften kontrollieren kann. Entsprechend groß war und ist der Widerstand gegen diese Idee. Die wurde entweder gleich ganz verworfen, oder aber, was noch viel gemeiner und schlimmer ist, verdünnt, gestreckt und unauffällig ins Gegenteil verkehrt. Da ist die Liebe Gottes und das Wasser aus der lebendigen Quelle zwar erst mal gratis, aber dann soll und muss man sich im Nachhinein doch irgendwie bewähren und als würdig erweisen. Das ist dann natürlich keine Gnade mehr, nicht gratis, sondern Gott wird zum Kredit-Hai, Inkasso-Jerusalem. Gratis heißt aber tatsächlich: gratis. Keine Gegenleistung, keine Bedingung, keine Voraussetzungen, weder vorher noch hinterher. Gnädig, das ist nicht einfach eine Eigenschaft, die Gott auch irgendwie hat, sondern das Wesen Gottes.

Der vielleicht beliebteste Einwand, der bis heute vorgebracht wird, ist folgender: Was nichts kostet, ist auch nichts. Darin liegen gleich zwei riesige Irrtümer. Erstens: Die mit Abstand allerbesten Sachen im Leben kosten nicht nur nichts, man kann sie auch mit allem Geld der Welt nicht kaufen. Zweitens: Es ist nicht so, dass bei „gratis" niemand einen Preis zahlt. Es ist bloß nicht der, dem es zu Gute kommt.

V

Gratis, aus Gnade, heißt: Ich tue etwas freiwillig, nicht, weil ich es muss. Und ich tue es ohne Gegenleistung. Dann wäre es nämlich nicht Gnade, sondern ein Deal. Ein

Deal sorgt für eine Geschäftsbeziehung. Gnade für eine Liebesbeziehung. Ich will das an einem Beispiel verdeutlichen:

Stellen Sie sich vor, ein Mensch, den Sie lieben, hat Ihnen schweres Unrecht getan. Damit es wieder so ist wie früher, damit wieder alles gut ist, muss dieses Unrecht aus der Welt geschafft werden. Sie können sich auf den Kopf stellen: Es wird nicht funktionieren. Das Unrecht ist geschehen. Niemand kann die Zeit zurückdrehen und es *wirklich ungeschehen* machen.

Sie sind das Opfer, was machen Sie mit dem Täter, den Sie lieben oder zumindest einmal geliebt haben? Möglichkeit Eins: Sie lassen ihn bluten, büßen, bezahlen. Niemand wird es Ihnen verdenken. Wenn eine Wiederholung des Unrechts droht, ist das vielleicht sogar die beste, wenn nicht sogar einzig richtige Möglichkeit. Der untreue Ehemann, die diebische Nichte, Ihr ältester Freund, der Sie widerlich ausgenutzt und hintergangen hat: Sie wollen sie nicht wiedersehen. Beziehung beendet. Das ist ok.

Auch ok ist es, wenn Sie sagen: Die Beziehung ist mir so wichtig, dass ich bereit bin, einen Neuanfang zu wagen. Aus purer Gnade. Weil Sie es *wollen*, nicht, weil es klug wäre, weil Sie jemand zwingt, überredet oder überrumpelt. Rein freiwillig. Wenn Sie sich dafür entscheiden, zahlen Sie einen hohen Preis. Sie können das Unrecht nicht einfach vergessen – die Erinnerung bleibt. Sie müssen das Unrecht in Ihre Geschichte *integrieren*, zu einem Teil Ihres Lebens machen, statt es abzuhaken – und das tut weh. Sie nehmen diesen Schmerz auf sich, weil Ihnen die Beziehung wichtiger ist als das geschehene Unrecht. Niemand nimmt Ihnen diesen Schmerz, niemand kann ihn kleiner machen. Schon gar nicht und als letztes diejenigen, die ihn verursacht haben.

Aus reiner Gnade hat Gott die Welt geschaffen. Heißt: Hätte er nicht tun müssen, er hätte auch allein bleiben können. Es gab weder innere noch äußere Zwänge, die Erde und alles, was auf ihr lebt, zu schaffen. Glaubt man der Bibel, so hatte er mindestens einmal nicht übel Lust, das alles zu beenden. So die Sintflutgeschichte. Konnte und wollte er aber nicht, denn Gnade ist sein Wesen. Weil Gott die Beziehung zu den Menschen wichtiger war als das, was vielleicht nicht so optimal lief, hat er den Schmerz auf sich genommen, auf Golgatha, am Kreuz. Pure Gnade. Kein Mensch kann sich das erkaufen, weder durch Geld mit Ablässen, noch mit guten

Taten für das Karma-Konto. Gottes Beziehung zu uns ist gratis, sola gratia, er gibt uns Durstigen von der Quelle des lebendigen Wassers umsonst. Allein aus Gnade. Gott sei Dank! Amen.

Vorschläge für das Predigtlied

EG 347	Ach bleib mit deiner Gnade
EG 64	Der du die Zeit in Händen hast
Wortlaute 114	Geh unter der Gnade

Fürbittengebet

Herr, unser Gott,
du bist unter uns in Brot und Wein, damit wir deine Nähe erfahren. Dafür danken wir dir. Dir sind deine Geschöpfe nicht gleichgültig, deswegen versorgst du sie mit dem, was sie zum Leben brauchen, und gibst ihnen deinen Atem. Darum bitten wir dich:
für die an Leib und Leben bedrohten: Verschaffe ihnen nicht Mitleid, sondern Recht;
für die, die Hunger und Durst leiden: Hilf uns, die Schätze deiner Schöpfung gerechter zu verteilen;
für die, die es satt haben: öffne ihr Herz. Amen.

Sebastian Kuhlmann

Epiphanias

Kolosser 1,24–27

Der Predigttext wird erst im Verlauf der Predigt in der hier angegebenen Übersetzung (Luther 2017) verlesen. Die Zwischenüberschriften gliedern den Text, werden aber nicht vorgelesen.

[1. Lieferung am Erscheinungstag]

Liebe Gemeinde!

Lieferung am Erscheinungstag, das sollte selbstverständlich sein. Wer morgen erst bekommt, was es seit heute gibt, ist von gestern. Lesen Sie mal Kundenbewertungen bei einem großen Internetversandhandel. Sterne werden verteilt für Qualität, Güte und Brauchbarkeit der verkauften Produkte. Vorsicht ist geboten, wenn viele Käufer nur einen von fünf möglichen Sternen geben: Oft ist das ein Hinweis auf mangelhafte Ware. Man muss aber genau hinschauen, denn manches Mal finden sich Sätze wie „kam zwei Tage später, deswegen vier Sterne Abzug“ oder „Postbote wieder besoffen und spät dran. Produkt toll, Lieferung mies, deswegen nur ein Stern.“ Das nervt und verstellt den Blick auf wesentliche Informationen wie „nach 3x Schleudern schon kaputt“ im Fall von Waschmaschine, Vorschlaghämmern und Autos.

Lieferung am Erscheinungstag, das wird versprochen, das wird erwartet. Wer ganz sicher gehen will, campiert in der Nacht vor dem Laden, um das iPhone, den Harry-Potter-Band oder die Spielkonsole wirklich sofort in den Händen zu halten. Am Erscheinungstag des Christentums standen die Heiligen Drei Könige nur kurz Schlange, hatten aber immerhin große Strapazen auf sich genommen, um zur Krippe zu gelangen. Größtenteils war ihre Verspätung selbstverschuldet: Sie hatten bei den Mächtigen in den Palästen nach dem Sohn Gottes gesucht. Dass er dort geboren wurde, wo er am nötigsten gebraucht wurde, bei den Außenseitern, am Rande der Gesellschaft, darauf waren sie erst nicht gekommen.

Ist es da nicht ungerecht, dass *heute* der Erscheinungstag des Christentums ist? So steht es jedenfalls in den kirchlichen Kalendern. Da haben Sie die Wahl zwischen einem Zungenbrecher, „Epiphanias", und der Übersetzung, „Fest der Erscheinung des Herrn". Freunde kirchenpolitischer Auseinandersetzungen des zweiten Jahrhunderts können Ihnen dazu stundenlang wahre Krimis erzählen, wie es dazu kam. Es geht aber auch schneller: Epiphanias ist das ältere Fest; die ersten Christinnen und Christen, die es feierten, packten gleich mehrere Anlässe zusammen: Geburt Jesu, Verehrung der Hirten (man hatte sie also doch nicht vergessen), Anbetung der Weisen bzw. Könige, Jesu Taufe im Jordan und Jesu erstes Wunder, das Verwandeln von Wasser zu Wein bei der Hochzeit zu Kana. So viele Anlässe auf einmal an einem einzigen Feiertag: Kein Wunder, dass irgendwann der Wunsch aufkam, das zu entzerren. Sonst würden wir heute Weihnachten feiern, und das auch noch deutlich kürzer. Der Anlass „Geburt Jesu" ging, der Name „Fest der Erscheinung des Herrn" blieb, und *wirklich* haften blieb vor allem die Sache mit den Weisen aus dem Morgenland, weswegen der Tag heute umgangssprachlich und auch inhaltlich vor allem als „Heilige Drei Könige" bekannt ist.

[2. Unvollständige Lieferung]

Den Feiertag heute so voll zu packen mit unterschiedlichsten Anlässen war nicht Faulheit oder mangelnde Kreativität, sondern ziemlich klug. Wann ist denn Erscheinungstag des Christentums? Wie beim Start von Kinofilmen oder Erstverkaufstag von Bestsellern heute gab es damals auch diverse Vorankündigungen. Die Propheten des Alten Testaments haben verheißen, dass Großes passieren wird. Wie groß, ahnten nicht einmal sie selbst. Und ein konkretes Datum konnten sie auch nicht nennen. Auch die Zeitgenossen Jesu haben ihn insofern unterschätzt, als sie ihn zwar für etwas Besonderes hielten, vielleicht sogar für Gottes Sohn, aber was das bedeutet, das blieb immer ergänzungsbedürftig. Und nach Ostern? Auch nach Kreuz und Auferstehung bleibt es ergänzungsbedürftig, jedenfalls, wenn es nach dem Verfasser des Kolosserbriefs geht, ich lese aus dem 1. Kapitel:

> Nun freue ich mich in den Leiden, die ich für euch leide, und erfülle durch mein Fleisch, was an den Leiden Christi noch fehlt, für seinen Leib, das ist die Gemein-

> de. Ihr Diener bin ich geworden durch den Auftrag, den Gott mir für euch gegeben hat, dass ich das Wort Gottes in seiner Fülle predige, nämlich das Geheimnis, das verborgen war seit ewigen Zeiten und Geschlechtern, nun aber offenbart ist seinen Heiligen. Denen wollte Gott kundtun, was der herrliche Reichtum dieses Geheimnisses unter den Völkern ist, nämlich Christus in euch, die Hoffnung der Herrlichkeit.

Hier gibt es nicht wirklich einen allgemeingültigen Erscheinungstag. Das Denken in Zeit-Dimensionen hilft hier nicht weiter. Es gibt kein Vorher und kein Nachher. Gott hatte einen Heils-Plan, und zwar schon immer, verborgen als Geheimnis, das nun offenbart wurde. Das konnte keiner ahnen. Und es gibt immer noch Ahnungslose und es wird sie immer geben, denn es geht nicht darum, bestimmte Fakten wahr, für voll und zur Kenntnis zu nehmen, sondern man ist entweder mittendrin oder nicht mal ansatzweise dabei. „Christus in euch“. Ein mindestens fremder, wenn nicht sogar seltsamer Gedanke.

Wenn mir Menschen von ihrem Glauben erzählen, war das als Beschreibung noch nicht dabei: „Christus ist in mir.“ Ich hätte das wahrscheinlich befremdlich gefunden, aber auf jeden Fall nachgefragt, wie das gemeint ist. Andere Beschreibungen liegen mir da näher. Eine alte Frau sagte mir, sie habe nie aufgehört darüber zu staunen, wie Jesus gelebt hat, sein Reden und Handeln und wie beides zusammenpasste – „dem muss man doch einfach vertrauen“, meinte sie. Ein anderer drückte es wieder anders aus: „Ich fühle mich gleichzeitig durchschaut, getroffen und akzeptiert, wenn ich mir Gedanken über Jesu Leben und Sterben mache,“ und er fügte hinzu: „Auf jeden Fall kommt da immer irgendwie etwas in Gang.“

[3. Lieferdienst]

Und dann ist da noch die Frage, wie das alles überhaupt unter die Leute kommt. Im Kolosserbrief war eben die Rede vom „Auftrag, den Gott mir für euch gegeben hat, dass ich das Wort Gottes in seiner Fülle predige, nämlich das Geheimnis.“ Auch das mag eher fremd klingen für moderne Ohren. Wir sind – aus bitterer Erfahrung – skeptisch gegenüber Menschen, die a) behaupten, von Gott beauftragt zu sein, um andere zu beglücken, b) ein Geheimnis kennen, also einen Wissensvorsprung haben und c) ihr eigenes Leiden (und manchmal auch Sterben) als Erfüllung eines größeren Plans verkaufen. Der arme Kolosserbrief kann nichts dafür, Nagelbomben und Amok-LKW gab es damals noch nicht.

Sendungsbewusstsein muss ja auch nicht aus Verblendung kommen. Die Kombination von beiden ist ein Phänomen unserer Zeit, es geht aber auch ohne. Der Begriff „Geheimnis“ hilft hier weiter. Ein Geheimnis ist etwas anderes als ein Rätsel. Rätsel wollen gelöst, Geheimnisse bewahrt werden. Das Geheimnis, von dem der Kolosserbrief spricht, lässt sich mit menschlichem Verstand nie ganz fassen. Oder wie der Wiener Dichter Franz Grillparzer sagen würde: „Geläng' es mir, des Weltalls Grund, / somit auch meinen, auszusagen, / so könnt' ich auch zur selben Stund / mich selbst auf meinen Armen tragen.“

Wer meint, Gottes Willen ganz genau zu kennen, nimmt sich selber auf den Arm. Wer sich seiner eigenen Begrenztheit bewusst ist, wirft sich in Gottes Arme. Amen.

Vorschläge für das Predigtlied

EG 594	Der Himmel geht über allen auf
EG 571	Nun geh uns auf, du Morgenstern

Fürbittengebet

Gott Vater,
deine Herrlichkeit ist uns erschienen in deinem Sohn Jesus Christus. Erleuchte uns mit der Wahrheit deines Geistes und leite und auf dem rechten Weg zu denen, die dich suchen, zu denen, die dich brauchen, zu denen, die dich nicht kennen. Vertreibe Angst und Dunkelheit, lindere die Leiden und vollende uns in deiner neuen Schöpfung. Offenbare uns dein Geheimnis, Christus in uns, Hoffnung der Herrlichkeit, in Ewigkeit, Amen.

Nathalie Buskmanns

1. Sonntag nach Epiphanias

1. Korinther 1,26–31

[Lesung des Predigttextes]

I

Liebe Gemeinde!

Für uns soll heute eine Taufkerze brennen. Seit etlichen Jahrzehnten ist es auch in evangelischen Gemeinden wieder üblich, dass Kinder, Jugendliche, Erwachsene zur Taufe eine Taufkerze bekommen. Heute erinnert uns das Evangelium an die Taufe von Jesus. Also erinnern wir uns an unsere Taufe und an das Licht, das durch sie in unser Leben kommt. Auf jeder Taufkerze steht der Name des Getauften. Damit wird gesagt: Gott hat gewählt. Gott hat dich gewählt. Gott hat sich für dich entschieden. Wird uns das bei der Taufe eines gesunden Kindes zugesprochen, sind wir glücklich, froh und dankbar. Hören wir es bei der Taufe eines Sorgenkindes, fühlen wir uns getragen und schöpfen Mut. Wir sind mit der Freude und mit der Sorge um unsere Kinder und unsere Mitmenschen nicht allein. Gottes Wahl ist auf dich und mich gefallen. Sein Licht fällt auf uns, sein Licht beleuchtet unseren Weg.

Gott ist an unserer Seite. Gott will uns auf seiner Seite haben. Das gilt, ob wir gesund oder krank sind, ob wir glücklich sind oder glücklich machen, ob wir Sorgen haben oder Sorgen bereiten. Gott nimmt seine Wahl nicht zurück. Wenn wir am Taufstein in die Kerze sehen, glauben wir das gern.

Wenn wir nicht mehr am Taufstein stehen, wenn die Taufkerze in der Vitrine steht oder auf einem Bord langsam einstaubt, wenn unser Leben läuft, als wären wir nie getauft worden, fragen wir, ob Gott sich nicht bei seiner Wahl vergriffen hat. Er hat grundsätzlich Ja zu uns gesagt. „Du bist meine liebe Tochter, du bist mein lieber Sohn". Aber wir zweifeln, ob Gott an uns Wohlgefallen haben kann. Wir machen als Gottes liebe Töchter und Söhne die Erfahrung, dass wir sein Licht oft unter den Scheffel stellen.

II

Diese Erfahrung ist so alt wie die christliche Gemeinde. Vieles von dieser Erfahrung ist uns überliefert in den Briefen des Missionars Paulus an die Christen in Korinth. Sie waren gerade erst getauft worden. Sie wollten eine Gemeinschaft werden, in der sich alle Getauften wohl fühlen. Eine Gemeinschaft, die so handelt und lebt, dass die Leute fragen: „An wen glauben die denn?“ Die Christen in Korinth wollten leuchten in Korinth. Korinth war eine Metropole, eine Stadt, die in jeder Hinsicht auf der Höhe war – auf der Höhe von Handel, Bildung, Kultur und Religion. Was hieß es, in dieser Stadt als Christ und als christliche Gemeinde zu leben? Das stand nicht von vornherein und nicht für alle Zeiten und Situationen fest. Also fragten die Korinther den, der ihre Gemeinde gegründet hatte – Paulus.

„Seht euch an!“ schreibt der ihnen – und liegt damit erst einmal daneben. Sie sehen es alle Tage, was mit ihnen los ist. Sie entsprechen ihrer Aufgabe als Leute Gottes nicht. Die einen fühlen sich überfordert. Sie sind keine großen Lichter. Aber der Glaube war ihnen als helles Licht aufgegangen. In diesem Licht wurde ihnen wohl. Da muss nichts dazu kommen, um die klugen und wohlhabenden Korinther zu beeindrucken. Ständige Veränderungen und Bemühungen überfordern die einfachen Gemeindeglieder.

Doch die anderen fühlen sich unterfordert. Sie sind Leuchten. Ihnen gehen im Glauben jeden Tag neue Lichter auf. Sie könnten den Leuten in Korinth manches Licht aufstecken, das sie zum Glauben führt. Aber es geht nicht. Die anderen verdunkeln das Licht mit ihrer Einfalt und Unbeweglichkeit. Das frustriert sie und macht sie wütend.

Und die anderen deprimiert es und macht sie traurig. So fragen die einen wie die anderen: Was hat sich Gott dabei gedacht, als seine Wahl auf uns fiel – und auf die da?

Durch die Gemeinde in Korinth geht ein Riss. Der vergrößert sich an einzelnen Punkten ständig. Viele dieser Streitpunkte spricht Paulus in seinen Briefen an. Es tut ihm weh, wie seine Schwestern und Brüder sich wehtun. Es schmerzt ihn, dass sie deshalb den Glauben nicht überzeugend vertreten können. Damals bei den Korinthern.

III

Bei uns ist das nicht so dramatisch. Ein Glück! Uns zerreißt die Frage nicht, aber sie ist da. Wir fragen: Müssten wir nicht als Christen in der nichtchristlichen Welt stärker sein? Uns besser präsentieren, unsere guten Seiten, unsere guten Leute zur Geltung bringen? Wir freuen uns, wenn ein Bischof gute Worte zu sozialen Problemen findet. Wenn ein Fußballstar vor der Kamera über seinen Glauben redet, dann sagen wir beglückt: „Einer von uns!"

Oder nicht? Wenn der Fußballstar von seinem Glauben mit evangelikalen Worten spricht, denken manche: „Hätte er es lieber gelassen!" Andere ärgern sich, wenn ein Theologieprofessor auf eine einfache Frage kompliziert antwortet. Viele wünschen sich, dass Kirchenleitende und „normale" Christen möglichst eindeutig zu den brennenden Fragen des Lebens Stellung nehmen. Aber was ist mit denen, die die Zweideutigkeit christlichen Handelns wahrnehmen und davon fast zerrissen werden?

Hinter uns liegt ein großes Gedenkjahr: 500 Jahre Reformation. Auf höchster staatlicher und kirchlicher Ebene und in den Gemeinden in Stadt und Land wurde reichlich gefeiert. Dafür wurde reichlich Geld ausgegeben, so dass manche fragen: „Musste das sein? Die Armen der Erde haben es nötiger – auch die Armen im Nachbarhaus!"

Natürlich gibt es Argumente für das Luther-Jubiläum. Auch dafür, dass wir unsere Kirche erhalten und restaurieren. Oder dafür, dass die Diakonie einer der größten sozialen Arbeitgeber im Land ist. Das leuchtet doch ins Land hinein! Das tut dem Land doch gut! Wirklich? Alles wird immer wieder hinterfragt. Hinterfragen – das ist so ein Wort! Manche lassen sich davon nicht aus der Ruhe bringen. Andere können damit nicht aufhören. Anderen ist es einfach zu viel – dieses Hinterfragen. Zumal manche immer nur die anderen in Zweifel stellen und Fragen an sich selbst nicht zulassen. „Nur wenn ihr es so macht wie wir, wird Gottes Licht durch euch scheinen in der Welt!" Das ist die sicherste Art, Gottes Licht zu verdunkeln.

IV

Damals in Korinth hat Paulus versucht, die getrennten Christen zusammen zu bringen. Er bleibt bei dem Satz: Seht, wer ihr seid. Wer ihr durch Jesus Christus seid. Wer Jesus Christus für euch ist. Von Christus haben die Korinther die Aufgabe bekommen, um die sie sich streiten. Von ihm haben sie die Aufgabe, über der sie aneinander und auseinander geraten. Paulus erinnert: Vor der Aufgabe ist die Gabe. Jesus Christus ist Gottes Gabe und Geschenk. Mit Christus gibt Gott, was den Korinthern – was uns fehlt. Paulus nennt Weisheit, Gerechtigkeit, Heiligung, Erlösung. Große Worte. Ihr Kern:Gott *gibt* uns. Und seine Gabe erschließt sich in Jesus Christus, der gekreuzigt worden ist.

V

Kaum zu glauben, aber es wurde wahr. Die Hilfe Gottes kommt von dem, dem die Hände gebunden sind. Das ist die wahre Hilfe. Sie gilt den Starken und den Schwachen. Sie schließt keinen aus. Das also konnten die Schwachen und die Starken in Korinth sehen, wenn sie auf ihre Geschichte sahen: Ihnen allen war der Glaube geschenkt worden. Sie glaubten Jesus, diesem Verlierer. Sie liebten den Besiegten, hofften auf ihn, vertrauten ihm.

Deshalb passt er zu ihnen – und zu uns. Die einen sind immer schon im Dunkeln, die anderen können im Finstern ankommen. Gott hat das Dunkel schon erreicht und erwartet uns dort. Gott ist ganz elend geworden. Ihm bleibt nichts, wenn er nicht ganz für uns ist – und dadurch haben wir etwas von ihm. Wir haben noch keine Kerze angezündet, da wirft Gott schon sein Licht auf uns. Wir haben das Licht verdunkelt, zu Rauch und Asche werden lassen, da erweist sich Gottes Licht als beständig und nicht auszulöschen. Wir wollen Gottes Licht leuchten lassen in der Welt, zünden Altarkerzen und Teelichtlein, Scheinwerfer und Christbaumkerzen an und hinterfragen, ob die irgendjemand den Weg weisen, da hat Gott ganz nebenbei einigen Zeitgenossen ein Licht aufgesteckt.

Lassen Sie mich davon erzählen: Als 1983 der fünfhundertste Geburtstag von Martin Luther gefeiert werden sollte, wollte die Führung der DDR unbedingt dabei sein. Die SED hätte in ihrer Geschichtsschreibung gern auf den Christen Luther verzichtet. Aber es gelang ihr nicht, den Reformator aus der Liste der bedeutenden Persönlichkeiten zu streichen. Also lobte sie ihn immerhin als Schöpfer der deutschen Schriftsprache und räumte ein, dass diese Leistung mit der Bibelübersetzung verbunden gewesen war. Umso heftiger tadelte sie ihn, weil er die Fürsten zum Massaker an den aufständischen Bauern aufgefordert hatte. Im Jahre 1983 galt das alles nichts. Die Partei- und Staatsführung der DDR tat sich mit der evangelischen Kirche zusammen, um Luthers Geburtstag zu feiern und damit zu bekunden, dass sie alle echten Werte deutscher Kultur schätze, achte – und vollende. So manchem SED-Funktionär ist der aus Berlin angeordnete Luther-Jubel nicht leicht gefallen. Darunter war der oberste Genosse des Thüringer Bezirkes Erfurt. Von ihm ist sicher überliefert, was er am Ende des Lutherjahres 1983 gesagt hat: „Jetzt hat es sich ausgeluthert, jetzt wird wieder Karl Marx in die Knochen geblasen." Und das haben sie wahr gemacht. Vor allem in den Schulen.

Schülerinnen und Schüler aus jener Zeit sind heute verantwortliche Politiker und Kulturschaffende in den mitteldeutschen Bundesländern, wo Schwerpunkte des Reformationsjubiläums 2017 stattfanden. Schließlich ist die Reformation von dort ausgegangen. Das Jubiläum ist über jene von der DDR erzogenen Menschen geradezu hereingebrochen und sie mussten sich ihm stellen, wenn sie das Jubiläum für ihre Region nutzen wollten. Sie ließen sich darauf ein, sie überwanden ihre Furcht vor der Kirche, womöglich erinnerten sie sich an den Beitrag der Christen zur Wende und zur Einheit Deutschlands. Dadurch begegneten sie dem Schatz des Glaubens, der Freiheit, des Wortes, den Luther gehoben hat. Viele dieser Frauen und Männer lernten die Geschichte kennen, das Anliegen der Reformation verstehen und machten daraus eine Herzenssache. Die bläst ihnen keiner aus dem Kopf.

VI

„Seht euch doch an!", schrieb Paulus damals nach Korinth. „Ihr habt Gott geglaubt – ihr armen Schlucker und ihr tüchtigen Leute. Glaubt es ihm weiter. Seht auf den, den Gott zum Kreuz ausgewählt habt, und lebt als Christen in der Welt!" Was die Schwachen versuchen, kann einen Weg zeigen. Was die Starken wagen, kann eine Rettung sein. Wir sind nicht sicher, was aus unserem Handeln wird. Aber wir können Gottes gewiss sein. Wir sind getauft – oder können es werden. Gott lässt sein Licht auf uns fallen. Wir lassen es leuchten. Amen.

Vorschläge für das Predigtlied

EG 182	Halleluja. Suchet zuerst Gottes Reich
EG 200	Ich bin getauft auf deinen Namen

Fürbittengebet[1]

Unser Gott, Anfang unserer Geschichte, Ziel unserer Wege: Wir danken dir, dass wir dich hören. Wir danken dir, dass du uns hörst. Wir bitten dich, nimm an, was wir dir bringen.

Wir bitten dich für alle, die du berufen hast, Jesus Christus zu folgen. Lass die Kirchen in der Welt lebendige Gemeinschaften sein, in denen du zu Wort kommst. Wo sie leiden, lass sie bei der Wahrheit bleiben. Wo sie sicher sind, lass sie Neues wagen. Lass uns selbst den Platz finden, an dem du uns brauchst.

Wir bitten dich um das Wachstum des Friedens und um das Ende der sinnlosen Gewalt. Fall denen in den Arm, die auf Menschen einschlagen. Entmachte, die durch Menschenverachtung groß geworden sind. Gib Frauen und Männern, Mädchen und Jungen gehörigen Mut, für das Recht einzutreten und Verantwortung zu übernehmen. Lehre uns, die Stimmen der Opfer zu verstehen. Hilf uns, der Anklage derer standzuhalten, die längst verstummt sind.

Nimm dich unser gnädig an. Rette und erhalte uns. Dir allein gebührt Ehre und Anbetung, dem Vater und dem Sohn und dem Heiligen Geist. Deshalb sprechen und beten wir, was wir von Jesus gelernt haben:

Vater unser

Karlheinz Weber

1 Nach „Gottesdienstbuch“ 575.

2. Sonntag nach Epiphanias

1. Korinther 2,1–10

Liebe Gemeinde!
Manchmal schafft man die Dinge des Lebens nicht allein. Bei manchen Herausforderungen und Problemen der Wirklichkeit braucht man Hilfe. Vielleicht auch Beratung. Gut, wer seinen Freund, seine Familie oder andere Menschen fragen kann. Politiker umgeben sich mit ganzen Beraterteams, um die Aufgaben der Staatsführung zu meistern. Da wird viel Geld ausgegeben, um alles Wissen der Zeit zur Verfügung zu haben.

Das war wohl schon immer und überall so. Aus dem sechsten Jahrhundert vor Christus wird uns eine Geschichte aus China überliefert: „Die Fürsten von Chu, Lu und She machten sich gemeinsam auf zu Meister Kung, um von ihm zuhören, wie sich die Belange der Staatsführung und die Forderung der Moral in Einklang bringen ließen. Unterwegs erörterten sie miteinander dieses schwierige Problem, gerieten darüber in Streit und fassten doch einige wenige löbliche Vorsätze. Bei Meister Kung angekommen, trugen sie ihm ihre Frage vor. Der Meister hörte sie an und schwieg dann beharrlich.

Da sagten die Fürsten unwillig: Nun sind wir endlich am Ziel unserer beschwerlichen Reise und erfahren doch nichts. Sollten wir den Weg zu einem, der als ein Weiser gilt, etwa vergeblich gemacht haben? – Der Meister sprach: Der Weg ist das Ziel.“ [Konfuzius *551 v. Chr. †479 v. Chr.]

„Der Weg war das Ziel“ – eine wahrhaft weise Antwort. Da kann man nur ehrfürchtig werden vor dieser Tiefe des Verstehens. Es geht nicht um Wissen, es geht um Weisheit. Beratung, so wie sie Konfuzius – unter diesem Namen kennen manche den Meister – versteht, das ist nicht die Vermittlung von Studienergebnissen. Es ist nicht das Vergleichen aktueller Entwicklungen und das Lernen aus den Fehlern anderer. Weisheit kommt aus einer Gesamtsicht auf die Welt und aus dem Herzen. Weisheit ist die Frucht des Verstehens. Es ist die Frucht der Liebe.

Man kann sich das richtig vorstellen, wie das da ausgesehen haben muss. Obwohl ich die konkreten chinesischen Verhältnisse zur Zeit des Konfuzius nicht kenne. Aber vorstellen kann ich mir das: Die Fürsten reisen durch das Riesenreich. Nachdem sie in der Herberge neue Kleider angelegt haben, schreiten sie einen Berg hinauf. Da oben sitzt der Meister, der weise Kung, auf einer Art Thron, sie legen ihre Frage dar. Und endlich, endlich werden sie eine Antwort bekommen. Der Weise hat vielleicht die Augen geschlossen. Die eine Hand ruht auf der Lehne des Sitzes. Mit der anderen spielt er in seinem langen, weißen Bart. Schließlich öffnet er den Mund für einen kurzen Satz: „Der Weg ist das Ziel."

Subjekt, Prädikat und Objekt. Ein ganz klarer Hauptsatz, würde der Deutschlehrer erklären. Klar und verständlich. Eine Botschaft ohne Wenn und Aber. Weise Worte. Würdig eines Weisen. Welch ein erhabenes und erhebendes Bild! Es gebietet Ehrfurcht und es erfüllt alle Erwartungen. Sicher, nicht beim ersten Hören. Sicher erst beim Nachdenken. Aber so soll es ja sein. Das ist weise. Das hilft weiter.

Vielleicht sind die Fürsten mit dieser Erkenntnis den Berg hinabgeschritten. Wieder zurück in das Tal des Lebens. In das Tal der Wirklichkeit, der Herausforderungen und der Probleme. Aber eben mit einer Hilfe in Kopf und Herz. Ein weises Wort.

Liebe Gemeinde,
man weiß nicht genau, ob das so war vor zweieinhalb tausend Jahren. Ob der Konfuzius wirklich so residiert hat und ob er so aussah wie man ihn zeichnet. Wir wissen nicht einmal genau, wie Paulus ausgesehen hat. Und der ist nun wirklich wichtig für uns als Christen. Aber eines wissen wir ziemlich genau: Er hat nicht so geredet wie Konfuzius. Man vermisst die klaren Hauptsätze. Das deutliche: „So ist es". Aber auch zu ihm kommen Menschen und fragen: Wie sollen wir leben? Erklär es uns! Das trieb die Menschen um in Korinth in Ephesus und in Rom. Ihnen hat er Briefe geschrieben. Briefe voller Erklärungen.

Und vielleicht ist es auch so mit dem Gottesdienst? Vielleicht ist es auch so mit uns? Manche Kirche liegt hoch, so dass man hinaufsteigen muss mit den Fragen des Lebens. Hinauf aus der Wirklichkeit mit ihren Herausforderungen und Problemen. Hinein in das Kirchen-„Schiff". Und nun?

[Lesung des Predigttextes][1]

Da wird einem so ein Stück vorgelesen. So ein Stück Brief. Von einem Menschen, der gar nicht dem Bild eines Weisen entspricht. Obwohl man nicht weiß, ob auch Paulus einen Bart hatte, in dem seine freie Hand hätte spielen können.

Aber eines macht er uns ganz klar: „unser Glaube steht nicht auf menschlicher Weisheit, sondern auf Gottes Kraft“ (V. 5). Wenn Christen zusammen sind, dann sind sie auf gleicher Ebene. Die Kirche sollte eigentlich nicht auf einem Berg liegen. Es sei denn, man sieht sie sonst nicht. Sie sollte eigentlich einen – wie man heute so sagt – barrierefreien Zugang haben. Sie braucht keine Schwelle. Das Kirchen-„Schiff“ hat auch keine verschiedenen Decks, auch wenn es zu Weihnachten manchmal so aussieht. Und auch wenn man in manchen Häusern die Logen aus vergangenen Zeiten entdecken kann. Es braucht auch eigentlich keine Kanzel in der Kirche, auf die einer steigt, der es besser weiß. Es gibt keinen Ort in der Kirche, an dem von oben herab gesprochen wird. Es sei denn, man kann den Sprecher sonst nicht verstehen. Da ist sicher auch Paulus mal auf eine Kiste gestiegen oder zwei, drei Stufen hinauf um von denen, die hinten standen, gehört zu werden. Aber eigentlich: Es gibt dafür keinen anderen Grund. Vielleicht haben sie es noch im Ohr, was Paulus sagt: „… ich war bei euch in Schwachheit und in Furcht und großem Zittern: Und mein Wort und meine Predigt geschahen nicht mit überredenden Worten der Weisheit … “ So sieht das aus, wenn Paulus über seine Arbeit spricht.

Gut, das ist jetzt zweitausend Jahre her. Aber wie alles andere aus dieser Zeit, bleibt uns das auch heute. Inzwischen haben wir Kirchen, Pfarrhäuser und Gemeinderäume in unterschiedlichem Erhaltungszustand aus den vielen Jahrhunderten geerbt. Meist mit verschiedenen Kanzeln und Lesepulten. Die Frage, die Paulus uns immer wieder wachhält – auch in diesen Wintertagen hier an diesem Ort – ist: Was machen wir damit?

Erwarten wir beim Hinaufsteigen in diese Räume weise Worte, die uns gestärkt nach Hause entlassen? Kehren wir auf demselben Weg zurück? Unverändert aber mit einem weisen Spruch?

1 Falls nicht bereits als Brieflesung im Gottesdienst gehört.

Den meisten von uns ist das zu wenig. Denn sie haben ja von Paulus gehört und gelesen. Nicht erst heute, sondern schon so oft. Kirche – oder man kann auch anders sagen: Gemeinde – kann es nicht geben nur auf der Kanzel, nur als Beraterteam oder nur als Weisen auf dem Berge. Die Gemeinschaft der Christen ist kein Ort zum Hinaufsteigen. Christen sollen sich nicht für etwas Besseres in der Welt halten. Sie sollen auch nicht „hinab"steigen zu den Bedürftigen und Armen. Wir haben uns nicht zu neigen zu den Armen. Wir haben uns nicht hinunter zu beugen zu den Verfolgten, Flüchtenden, zu den Hungernden, zu den Gefangenen und Einsamen, zu den Schuldigen und zu den Zweifelnden. Wir haben bei ihnen zu sein. Wir haben bei ihnen auf einer Ebene zu sein. In Augenhöhe sozusagen mit dem Elend der Welt. So zumindest schreibt Paulus den Leuten in Korinth. „… in Schwachheit und Furcht und mit großem Zittern … ." Da bleibt kein Platz mehr für die Hand, um weise im Bart zu spielen. Da bleibt kein Platz mehr, um unbeeindruckt zu bleiben.

Wahrscheinlich können wir die Kirchengebäude nicht abschaffen. Und das sollten wir auch nicht. Sind sie doch Räume, in denen unsere Eltern und Großeltern, unsere Vorfahren in den vielen Jahrhunderten Trost und Stärke gesucht haben. Mit den Herausforderungen und Problemen der Wirklichkeit sind sie hier eingetreten und haben gesucht und gehofft. Hier haben sie gesungen und gebetet. Das schafft man nicht einfach ab. Davon soll man sich nicht trennen. Aber die Frage stellt Paulus über sein eigenes Beispiel immer wieder an uns: Ist das die richtige Sprache, die unsere Kirche, die meine Gemeinde spricht? Ist es der richtige Ort, an dem ich selbst als Christ bin? Worauf gründen wir uns? Und welche Erwartungen haben wir, wenn wir in den Gottesdienst gehen?

Paulus sagt es klar – ohne Wenn und Aber – „Ich möchte, dass das Vertrauen (der Glaube), zu dem ich Euch verlocken will, nicht auf menschlicher Weisheit gründet, sondern auf der Kraft Gottes" (V. 5). Und die erweist sich trotz Schwachheit, trotz Furcht und trotz großem Zittern.

Liebe Gemeinde, oder sollte man sagen: der Geist und die Kraft Gottes erweisen sich nicht trotz, sondern *in* Schwachheit, *in* Furcht und *in* großem Zittern? Ist es so, dass sich Gottes Weisheit – also alles, was wir suchen, wünschen, hoffen, worum wir beten – gerade dort und dann erweist, wenn wir nahe bei den Herausforderungen und Problemen der Wirklichkeit sind? Schuldig, verfolgt, zweifelnd, flüchtend, suchend, traumatisiert, fragend, schwach in Furcht und mit großem Zittern – nichts wissend als Jesus Christus, den Gekreuzigten – ist das der Ort, wo unser Beten und Hoffen zum Ziel kommt? Wächst uns da Stärke und Kraft zu? Aber ist das weise? Da kann man auch eine andere Vorstellung von der Weisheit Gottes haben!

Aber erinnern wir uns einmal, was hinter uns liegt. Heute am 2. Sonntag nach Epiphanias können wir auf Weihnachten zurückblicken: Gott kommt als Kind zur Welt. Ok, das kann man noch verstehen. Das soll etwas Neues werden. Aber da stehen ein Zimmermann und sein – sagen wir es vorsichtig in der vertrauten Sprache – sein angetrautes Weib um das Neugeborene. Na gut, aber musste es gerade fern der Heimat, in der Fremde sein? Und in einem Stall? Das ist nicht weise. Gar nicht. Da müssen wir singend das himmlische Kind wenigstens in reinliche Windeln hüllen. Das widerspricht ja allem, was wir in der Kirche von Gott erwarten. Wie will man mit all dem Dreck und Schmutz mit all den existenziellen Sorgen von Maria und Joseph über Weihnachten reden? Und wie will man denn mit Schwachheit, Furcht und großem Zittern ein Krippenspiel aufführen? Das ist genauso wenig weise, wie diese Geschichte von den Königen, die sich nicht beim König, nicht bei den Politikern aufhalten. Durch einen Stern lassen sie sich verführen – weg von allem Wissen und aller Menschenweisheit. Sogar die. Die sind ja Fremde. Vermutlich sogar welche aus dem Morgenland. Das ist alles nicht weise, liebe Gemeinde.

Noch weniger weise, vielmehr töricht und aus unserer menschlichen Perspektive vielleicht sogar dumm, erscheint es, dass der Sohn Gottes am Kreuz – dem Galgen seiner Zeit – sterben muss. Der große Gott wird hingerichtet von Politikern und religiös festgelegten Leuten – das ist gar nicht weise! Wie viel Leid wäre der Welt erspart geblieben, wenn da einer durchgegriffen hätte, wenn da der große Gott endlich mal aufgeräumt hätte! Weg mit aller Sünde! Das wäre weise gewesen. Oder? Steigen wir nicht manchmal auch mit diesen Gedanken in das Kirchenschiff oder den Berg hinauf? Reden wir nicht manchmal auch mit diesen Gedanken von oben herab?

Liebe Gemeinde.
Gerade deshalb brauchen wir einander. Wir brauchen die Briefe von Paulus, wir brauchen unserer Reden über Gottes Weisheit und wir brauchen unser Gebet miteinander und füreinander. Wir brauchen die ständige Vergewisserung unserer Hoffnung. Weihnachten ist nichts ohne Ostern. Wir stehen heute in diesem Gottesdienst dazwischen. Zwischen Weihnachten und Karfreitag und vor Ostern. Manchmal können wir nur das sehen. Es ist ein Elend mit der Welt. Es ist ein Elend mit uns. Wir wollen helfen und retten und es gelingt uns doch nicht. Und ehrlich: Wir können bei aller Weisheit und allem Können und Wollen nicht einmal uns selbst retten. Wir sind angewiesen auf unsere Schwestern und Brüder. Wir sind angewiesen auf eine Gemeinschaft, auf eine Gemeinde der Gleichen in Schwachheit, Furcht und mit großem Zittern.

Und genau hier unter uns, in dieser Kirche, in diesem Gemeinderaum oder wo auch immer wir uns zwei oder drei in Gottes Namen beieinander sind, da ist die Hoffnung unter uns wirklich und wirksam! Ja, damit verlassen wir eine rein menschliche Ebene. Hier scheint der Frieden auf, der größer ist denn unsere Vernunft. Eine Liebe, die größer ist, als wir denken und verstehen können. Eine Weisheit, die wir nicht in aller Tiefe ergründen können. Sie bleibt ein Geheimnis.

Liebe Gemeinde.
Dieses Geheimnis lässt sich in keiner Kirche und auf keiner Kanzel auflösen. Vermutlich hätte auch Konfuzius in all seiner Weisheit keine Antwort und keinen Hauptsatz parat. Vielleicht brauchen wir solche Leute wie Paulus mit seinen ehrlichen und begrenzten menschlichen Worten und seinen vielen Sätzen und Briefen. Vielleicht brauchen wir die Geschichten und Erzählungen aus der Bibel, um der Weisheit Gottes, seiner Kraft und seinem Geist auf der Spur zu bleiben und uns nicht in menschliche Erklärungen davonzustehlen oder in der Hoffnungslosigkeit zu versinken.

Das Geheimnis des Glaubens, das Unverständliche des Vertrauens auf Gott bleibt uns aber nicht als quälende Frage, sondern als Hoffnung und Mut in unsere Wirklichkeit und ihre Herausforderungen und Probleme mitten hinein. Wir können uns darauf verlassen. Gegen den Augenschein. Über alles Verstehen hinaus.

Dazu ist es nötig, dass wir uns darauf einlassen. Sonst bleibt es eine wahre, wichtige und lehrreiche Geschichte. Wie die von Konfuzius. Wenn wir uns aber darauf einlassen, wenn wir darauf vertrauen, werden wir in unserer Schwachheit und in aller Furcht und großem Zittern dieser Welt gemeinsam große Erfahrungen machen. Amen.

Vorschläge für das Predigtlied

EG 482	Der Mond ist aufgegangen (besonders Verse 3–5)
EG 408	Meinem Gott gehört die Welt

Fürbittengebet

Allmächtiger und barmherziger Gott,
du bist schwer zu verstehen.
Verzeih uns, wenn wir uns in unserer Not Bilder von dir machen, wenn wir dich erklärbar und messbar machen in unseren Worten, wenn wir dein Geheimnis lüften wollen.
Stärke uns, wenn wir versuchen, deine Weisheit auszuhalten, wenn wir versuchen, hinzunehmen, was du uns zumutest, wenn wir versuchen, auf dich zu vertrauen.
Ermutige uns, wenn wir uns auf deine Liebe einlassen, wenn wir uns helfen lassen wollen, wenn wir für andere einstehen.
Gib uns die Kraft, dir ganz und gar zu vertrauen. Gott, wo unsere Kraft nicht reicht, da hilf du selbst. Sieh, wo Handeln nötig ist und stärke die, die Hilfe üben. Überall in der Welt, heute und morgen. Wir bitten in der Stille für das, was uns am Herzen liegt:

[Stille]

Für alles, was notwendig ist in der Welt und für uns bitten wir gemeinsam mit den Worten, die du, Jesus Christus, uns selbst gelehrt hast:
Vater unser

Jochen M. Heinecke

Letzter Sonntag nach Epiphanias

Offenbarung 1,9–18

I

Liebe Gemeinde!
Wenn ich so richtig müde und ausgelaugt bin, tue ich das, was viele Menschen tun: Ich setze mich aufs Sofa, lege die Füße hoch und schalte den Fernseher ein. Und dann ist mir offen gestanden nicht nach einem intellektuellen Artstudio-Film mit Untertiteln, sondern nach einem Blockbuster, in dem es knallt und kracht. Die meisten dieser Filme sind nach demselben Muster gestrickt. Viele kaputte Autos und eine einfache Geschichte: Irgendwo am Horizont braut sich Unheil zusammen, weil ein finsterer Unhold die Macht an sich reißen will. Dazu ist ihm jedes Mittel recht, er kennt weder Gnade noch Mitleid, ein Menschenleben zählt für ihn nichts. Und dann gibt es den Helden der Geschichte, der allein auf weiter Flur dem Unhold die Stirn bietet. Und nach unzähligen kaputten Autos siegt der Held. Und mit ihm das Gute und die Gerechtigkeit.

Im Gefolge von James Bond ist die Reihe der Helden stattlich. Und die Fangemeinde auch. Offensichtlich treffen solche Filme einen Nerv bei Menschen. Und die kaputten Autos spielen da nur eine Nebenrolle. Die Hauptrollen spielen nun eben der Unhold und der Held. Das Böse und das Gute. Und der ewige Kampf zwischen beiden. Den hat Hollywood nicht erfunden, bestenfalls dramaturgisch ausgeschlachtet. Den hat überhaupt niemand erfunden, wir kennen ihn, seit es Menschen gibt. Und die Bibel erzählt reichlich von diesem Kampf. Zum Beispiel in der Offenbarung. Auf kaputte Autos müssen wir dabei völlig verzichten. Aber dramatische Bilder kriegen wir schon. Wie zum Beispiel in dem Wort aus der Offenbarung des Johannes, das uns heute in der Predigt leitet, ich lese aus dem ersten Kapitel:

[Lesung des Predigttextes]

Wow, was für eine Szene! Wäre ich ein Hollywood-Regisseur, würde ich in diesen Bildern und Klängen baden. Zuerst eine Stimme wie eine Posaune, die mich zittern und zagen lässt. Und dann eine Gestalt, die ich mir vorstellen kann, weil sie beschrieben ist, und die sich dennoch einer Beschreibung entzieht. Visuell eindeutig mehrdeutig. Sie sieht aus wie ein Mensch und doch ist sie kein Mensch. Und akustisch ist das genauso. Ihre Stimme ist wie großes Wasserrauschen. Aber auf geheimnisvolle Weise verstehe ich dennoch, was die Gestalt sagt. Nicht mir, sondern diesem Johannes. Er soll sich nicht fürchten, sagt die Stimme. Leicht gesagt, denke ich. Wäre ich jener Johannes, würde ich mich fürchten, was das Zeug hält. Aber das muss ich ja nicht. Denn ich sitze auf dem Sofa. Mit Popcorn und Kino im Kopf. Sitze ich auf dem Sofa?

II

Zunächst einmal schon. In gewisser Weise. Zunächst einmal sitze ich auf der Zuschauerbank einer antiken Variante des Kampfes von Gut gegen Böse. Das Christentum fasst langsam Fuß im römischen Reich. Gemeinden haben sich gegründet, tragen nach wie vor ihre internen Streitigkeiten aus. Aber vor allen Dingen fürchten sie die Staatsgewalt, die ihnen den Tod bringen kann. Ihr Glaube gilt einem, den die römische Großmacht hingerichtet hat. Ihr Glaube stellt eine Art Parallelgesellschaft zum antiken Mainstream dar. Ihr Glaube richtet sich an einen Gott, der sich nicht mit anderen Göttern arrangieren will und wird. Auch nicht, wenn es die Staatsmacht anordnet. Mag der römische Kaiser noch so viele Denkmäler und Statuen von sich aufstellen, kein ernsthafter Christ wird vor ihm das Knie beugen. Und das geht nicht. Nicht für den Kaiser, nicht für die Staatsmacht. Um ihren Anspruch durchzusetzen, ist ihr jedes Mittel recht, kennt sie weder Gnade noch Mitleid. Und in der Antike zählt ein Menschenleben tatsächlich nicht besonders viel.

Ein anderer Hollywood-Blockbuster hat das Szenario unterhaltsam und farbenfroh ins Bild gesetzt: der Monumentalfilm „Quo vadis“ aus dem Jahr 1951, in dem Peter Ustinov als Kaiser Nero unvergesslich die Lyra zupft und den Brand Roms besingt, während die Löwen im Kolosseum die Christen fressen. Einiges in diesem Film ist historisch schlicht falsch, aber dass Christen verfolgt und ermordet wurden, ist erwiesen. Unter Nero und vielen seiner Nachfolger.

Und das waren keine verweichlichten Egomanen, sondern knallharte Staatsmänner, denen es neben ihrer persönlichen Eitelkeit um den Erhalt des römischen Großreichs ging: „Make Rome great again." Etwas in der Art. Und der Kaiserkult war so etwas wie der Fahneneid auf den Staat. Wer ihn verweigerte, galt nicht als loyaler römischer Bürger, sondern als Risikofaktor. Risikofaktor? Weg damit. Und so landeten die Christen am Kreuz, in der Arena, auf dem Scheiterhaufen. Das Gespenst des Todes geht um in den christlichen Gemeinden. Wie ist unter diesen Umständen wohl Gut und Böse definiert? Na, dreimal dürfen Sie raten.

Aus der Sicht der Christen und Christinnen hat der finstere Unhold einen Namen und ein Gesicht. Und das verfolgt sie an jeder Straßenecke. In Form eines Denkmals, das in Stein gehauene Macht ist. In Form der Denunzianten, die über, unter und neben ihnen leben. In Form von Häschern, die nur ihre staatlich verordnete Pflicht tun. Wie lebt es sich unter diesem Damoklesschwert? Wie überlebt man in einer Atmosphäre von Angst und Anspannung?

III

Indem man Hoffnungsbilder malt. Und zwar keine mit Weichzeichner. Hoffnungsbilder, die einer solchen Realität standhalten können, müssen starke Bilder sein. Mit starken Symbolen, Figuren, Worten. Eine Stimme wie eine Posaune gegen römische Trompeten. Eine Gestalt mit Attributen von Unschuld und Reinheit gegen das kaiserliche Kriegsoutfit. Einer, dem nicht nur eine Welt dient, sondern Sonne und Sterne. Einer, dessen Worte ein Schwert sind für die Gegner und Balsam für die Gefährten. Und was er zu sagen hat, bleibt nicht an der Oberfläche, sondern dringt durch Mark und Bein.

Ich bin der Erste und der Letzte. Ich war tot und bin lebendig. Ich bin von Ewigkeit zu Ewigkeit. Ich bin Vergangenheit, Gegenwart und Zukunft. Ein römisches Kaiserchen, ein politisches Großreichlein – Zuckungen in der Zeit, die vor dem wahren und einzigen Gott nur ein Wimpernschlag ist. Und ihr, ihr Christen und Christinnen, ihr teilt das Geheimnis: Nach den Regeln der Welt verfolgt ein Machthaber eine Sekte, die an einen armen jüdischen Zimmermann glaubt, der am Kreuz hingerichtet wurde. Nach den Regeln Gottes piekt ein Kaiserchen mit seinem Großreichlein einen Gott, der vor aller Zeit und nach aller Zeit sein wird. Und ihr seid seine Gemeinde, seine Kirche. Ihr seid Teil der römischen Machtgesellschaft, aber noch mehr seid ihr in der machtvollen Gesellschaft Gottes. Und diese Gesellschaft erlebt der Seher Johannes stellvertretend.

Und der fällt hin wie tot. Und wird berührt. Und steht wieder auf. Und begreift, dass es wirklich nichts zu fürchten gibt. Der Unhold mit seinem Tod spielt keine Rolle, der wahre Held des Lebens hat den Tod in der Hand. Hält ihn in Schach. Nimmt damit dem Unhold sein Instrument der Macht. Da kann der noch so viele Löwen in die Arena schicken, die brüllen und fauchen und beißen und töten, aufs Ganze gesehen ist er dennoch nur ein zahnloser Tiger.

An der bitteren Wirklichkeit ändert das zunächst einmal wenig: Menschen werden ihr Leben lassen. Für ihren Glauben. Und die meisten davon werden namenlose Opfer sein, von der Welt vergessen. Wer erinnert sich schon an die Namen der Männer und Frauen, die in Todesangst im Staub der Arena liegen? Tja. Jener unter den sieben Leuchtern mit den sieben Sternen hat sie nicht vergessen. Er vergisst keinen. Er vergisst definitiv keinen. Er vergisst nichts.

IV

Auf meiner Zuschauerbank, auf meinem Sofa wird es ungemütlich. Eigentlich bin ich schon längst keine Zuschauerin mehr, die Szene hat mich in ihren Bann gezogen. Vor meinen Augen Männer, Frauen, Kinder. Und die tragen nicht nur antike Gewänder. Sie verbergen ihren Glauben unter einer mittelalterlichen Gugel, kämpfen in Pantalons des 19. Jahrhunderts für die Freiheit, müssen sich im 20. Jahrhundert in gestreifte Häftlingskleidung stecken lassen, fürchten heute im Irak oder in Syrien um ihr Leben.

Quer durch die Geschichte zieht sich der rote Faden der Schreckensbilder, in denen das Leben von Menschen keinen Pfifferling mehr wert ist, weil ihr Glaube die herrschende Macht erschüttert, ihr Lebensstil der Gesellschaft ein Dorn im Auge ist oder Hass und Fanatismus den Geist regieren. Bis zum heutigen Tag. Und vielleicht sind Sie ja längst mit mir eingetaucht in diesen Film, der keiner ist. Das hier ist das Leben.

Das ist hier ist das wirkliche Leben. Keine hochbezahlten Hollywood-Helden, sondern die Nachrichten des Tages. Und die werfen quer durch die Zeiten bis heute dieselben Fragen auf: Wie lässt sich all das Unglück, Unheil und Unrecht ertragen?

Wie gehen wir damit um, dass es Schrecken, Gewalt und Angst in der Welt gibt? Wie lässt sich den Unholden die Stirn bieten und woher kommt die Kraft, sich für Werte wie Gerechtigkeit, Menschlichkeit, Freiheit einzusetzen? Indem man Hoffnungsbilder malt, Hoffnungsgeschichten erzählt, Hoffnungserfahrungen teilt. Und genau das tun wir in der christlichen Gemeinde. Damals wie heute.

Die Geschichte vom Seher Johannes und seiner machtvollen Vision ist eine der Hoffnungsgeschichten, die wir seit Jahrtausenden erzählen. Sie ist eine von vielen, die uns die Bibel überliefert. Wenn uns die Angst vor der Zukunft plagt, essen wir mit dem Volk Israel Gottes Manna in der Wüste. Wenn uns Sorgen um den Verstand bringen, sind wir in der guten Gesellschaft des Psalmdichters, der durch ein finsteres Tal wandert und kein Unglück fürchtet. Wenn das Elend uns die Luft abschnürt, stehen wir mit den Hirten auf dem Feld und hören die frohe Friedensbotschaft der Engel. Wenn wir uns hilflos und ohnmächtig und allein fühlen, sind wir die richtigen Adressaten für den Apostel Paulus mit seinem nimmermüden Plädoyer für Gemeinschaft und Solidarität als Leib Christi. Und mit dem Seher Johannes bauen wir nun eben auf einen Gott, der das Leben in jeder Hinsicht in der Hand hat. Oder anders gesagt: Von A wie Adam bis Z wie Zacharias haben wir in den Schriften der Bibel einen staunenswerten Reichtum an realer Hoffnungserfahrung mit dem, der das A und O unseres Lebens ist. Und mit seinem Namen, seiner Kraft und seinem Wort dafür einsteht, dass das Leben siegt. Er tut das ganz verschieden. Mit Feuerzungen oder im Säuseln des Windes. Mit allen Attributen irdischer und himmlischer Macht oder in der schlichten Stille eines zarten Sonnenaufgangs am Ostermorgen.

V

Die Passionszeit liegt vor uns. Mit dem Licht von Weihnachten im Rücken gehen wir durch jene Wochen, in denen wir uns den Schatten stellen bis zur totalen Finsternis am dunklen Freitag. Aber schließlich am Ostermorgen werden wir in der Dämmerung mit den Frauen am leeren Grab stehen und das mächtige Hoffnungsbild begreifen, das mit der Sonne aufgeht. Eines, das durch alle Wagnisse und Fährnisse unseres Lebens tragen kann. Durch die Tränen, durch die Ängste, durch die Schrecken, durch den Tod hindurch. Diese Geschichte ist aus gutem Grund die größte Geschichte aller Zeiten und der Inbegriff christlicher Hoffnungserfahrung. Für mittlerweile über zwei Milliarden Menschen weltweit.

Sie und ich, Sabine in Bottrop und Rima in Beirut, Michael aus Manchester und Ibrahim aus Kairo sind keine Zuschauer auf einem Sofa, sondern Brüder und Schwestern, die mit beiden Beinen im Leben stehen. Wir weinen gemeinsam über Unheil, leiden gemeinsam an Ungerechtigkeit, beten gemeinsam zu Gott und nähren gemeinsam unsere Hoffnung. Wir erzählen Sonntag für Sonntag die alten Geschichten des Glaubens und bringen sie ins Gespräch mit unserer Geschichte und unseren Geschichten. Wir erleben ein Netz des Glaubens über Raum und Zeit, wir sind jetzt und hier ein Netzwerk der Hoffnung.

Keiner bleibt auf der Zuschauerbank, wenn es um das Leben geht. Jeder spielt eine Rolle. Aber keiner von uns muss als einsamer Held die Welt retten. Wir sind Gemeinschaft. Untereinander und mit Gott. Die Tage der Unholde werden irgendwann gezählt sein, das Gute und die Gerechtigkeit werden siegen. Leben wird sein. Darauf setze ich. Denn Gott spinnt seit Anbeginn der Zeit mit uns ein Netzwerk der Hoffnung. Und er wird es weiterspinnen, bis sein Wille geschieht. Große Worte? Nun ja. Mit dem Seher Johannes und so vielen anderen glaube ich ja auch an einen großen Gott. Und dieser Glaube lässt mich hoffen, leben und loben. Amen.

Vorschläge für das Predigtlied

EG 331	Großer Gott, wir loben dich
EG 378	Es mag sein, dass alles fällt

Fürbittengebet

Großer Gott,

wir möchten glauben, hilf unserem Unglauben. Lass uns mitfühlend sein mit denen, die unser Mitgefühl brauchen. Lass uns solidarisch sein mit denen, die auf uns angewiesen sind. Lass uns Hoffnung sein für die, die um Hoffnung ringen.

Großer Gott, wir möchten glauben, hilf unserem Unglauben. Lass uns deiner Geschichte trauen, wenn unsere Geschichten schmerzhaft sind. Lass uns auf deine Kraft bauen, wenn uns die Kraft abhandenkommt. Lass deinen Geist wirken, wo unser Geist verwirrt ist.
Großer Gott, wir möchten glauben, hilf unserem Unglauben. Lass uns deine Zeichen sehen in den Zeichen der Zeit. Lass uns Orientierung spüren, wenn Unheil uns verwirrt. Lass uns Gemeinschaft leben in der Zerstreuung unserer Welt.
Großer Gott, wir möchten glauben, hilf unserem Unglauben. Dies bitten wir gemeinsam mit allen, die mit uns auf dem Weg sind durch das Leben, zu dir. Amen.

Dorothee Wüst

Septuagesimae

Jeremia 9,22–23

Der Predigttext wird erst im Verlauf der Predigt in der hier angegebenen Übersetzung (Zürcher) verlesen.

I

Liebe Gemeinde!

Wenn Ihnen jemand bescheinigt, eine bescheidene Leistung abgeliefert zu haben, dann ist das kein Kompliment, dass Sie so zurückhaltend sind. „Bescheiden“ und „Leistung“ in einem Satz: Das ist nicht gut. Und doch, zumindest auf den ersten Blick, das, was der Predigttext heute fordert. Ich lese aus dem 9. Kapitel des Jeremiabuchs:

> So spricht der Herr: Wer weise ist, rühme sich nicht seiner Weisheit, und der Starke rühme sich nicht seiner Stärke, wer reich ist, rühme sich nicht seines Reichtums. Sondern dessen rühme sich, wer sich rühmt: einsichtig zu sein und mich zu erkennen, dass ich, der Herr, es bin, der Gnade, Recht und Gerechtigkeit übt auf Erden, denn daran habe ich Gefallen.

Reichtum, Stärke, Weisheit. Drei Eigenschaften, die wir bewundern und gerne mehr hätten. *Wenn* wir sie haben, sollen wir uns deswegen nicht rühmen. Warum nicht? Ein mögliches Missverständnis möchte ich möglichst schnell ausräumen: Es geht nicht um einen Gott, der den Menschen nichts gönnt und alle Aufmerksamkeit für sich alleine möchte. So ist er nicht. Er gibt uns im Überfluss und möchte, dass wir das Leben und seine guten Gaben genießen. Trotzdem die Mahnung vor dem Rühmen.

Ich weiß nicht, wann Sie zum letzten Mal das Wort „rühmen“ benutzt haben. Es ist ja doch eher alt und ein wenig staubig. Außerdem ist es nicht eindeutig. Es kann heißen, auf etwas stolz zu sein. Aber genau so auch, auf etwas zu vertrauen. Beides lässt sich ins Extreme steigern, und dann wird aus Stolz Hochmut und Angeberei, und aus Vertrauen Fundamentalismus und Abgötterei. Das gefährliche: Die Grenzen sind fließend.

Sie können mir das ruhig glauben.[1] Ich habe drei Nobelpreise in zwei verschiedenen Kategorien abgelehnt. Gott hat auch keinen, wozu brauche ich dann einen? Schweden im Dezember, wenn die verliehen werden, ist einfach nicht mein Ding. Trotzdem ruft das Komitee alle paar Jahre an, immer wegen neuer bahnbrechender Erkenntnisse von mir. Ich kann das ja nachvollziehen – wer ist schon so weise wie ich? –, aber es nervt dann doch. Ich brauche eine neue Telefonnummer.

Statt in Skandinavien zu frieren, verbringe ich den Winter eben lieber in wärmeren Gefilden. Auf meiner Insel in der Karibik, und zwar „meine" Insel im wörtlichen Sinne. Ich hatte es satt, mir die Strände mit Pauschaltouristen teilen zu müssen. Und weil ich mehr Geld habe als Gott, wollte ich mich für all meine geleistete Arbeit einfach mal belohnen und habe mir da ein paar Quadratkilometer gegönnt.

Das Bruttosozialprodukt des Inselstaats, zu dem mein Eiland gehört, hängt zu 36 % von mir und meinen Geschäften ab. Das hat Vorteile. Also: Nicht so sehr für den Staat, aber umso mehr für mich. Keine Ahnung, warum die mir noch keine Kirche gebaut haben – eigentlich bin ich da Gott. Was ich sage, wird gemacht. Kein Gesetz wird ohne meine Zustimmung erlassen. Aber ich kann Sie beruhigen: Ich bin ein gerechter Herrscher.

II

Wenn jemand so redet, dann hilft auch Jeremia nicht mehr: „Wer weise ist, rühme sich nicht seiner Weisheit, und der Starke rühme sich nicht seiner Stärke, wer reich ist, rühme sich nicht seines Reichtums." Aber Jeremia geht es nicht darum, offensichtliche Kotzbrocken anzusprechen und in Schach zu halten. Man kommt ja auch nicht als ein solcher auf die Welt, sondern wird dazu. Und wann fängt es an?

1 Das „ich" in diesem und den beiden folgenden Absätzen ist ein anderes, um als rhetorischer Effekt die Gemeinde zu überraschen; das funktioniert am besten, wenn im „normalen" Ton weiter vorgelesen wird, ohne dies explizit kenntlich zu machen. Andere Möglichkeit: Sie bitten vorher drei Personen aus der Gemeinde, die drei Absätze aus der Bank heraus zu extemporieren.

Wir wollen nicht nur leben, wir wollen auch etwas gelten. Das ist nicht unanständig, sondern menschlich. Etwas geleistet zu haben, etwas gut zu können: da darf man ruhig stolz sein und zu Recht darauf spekulieren, dass das das Ansehen erhöht. Denn Weisheit, Macht, Reichtum: Die machen das Leben sicherer. Glauben und hoffen wir zumindest und oft stimmt es auch. Aber spätestens dann, wenn diese Sachen an Gottes Stelle treten, sind wir verloren. Denn all diese Dinge sind nicht Gott und können uns nicht helfen, wenn es ans Eingemachte geht. All das scheinbar so Reale spielt am Ende eines Lebens keine Rolle mehr.

Was „Reichtum" angeht, hat sich diese Erkenntnis so langsam durchgesetzt: Das letzte Hemd hat keine Taschen. Und egal ob Neureiche oder alter Geldadel: Schlechtes Benehmen und Rumprotzen kommt außerhalb von Reality-TV immer schlecht an. Wie Reiche sich selber sehen und wie sie von außen wirken: Da liegen schon mal Welten dazwischen. Sie sind stolz auf ihren Reichtum – sollen sie sein. Es gibt ihrem Leben Halt, meinen sie – und merken vielleicht gar nicht, wo es bröckelt. Für Geld tun sie alles – aber das Geld tut nichts für sie.

Bei „Stärke" und „Weisheit" wird es schon komplizierter. Klar: Wer sich für oberschlau hält und ein Klugscheißer ist, ist weder beliebt, noch wird er ernst genommen. Es scheint harmlos, wenn es einer mit gesundem Stolz auf seine Bildungsabschlüsse und Erkenntnisse übertreibt. Aber wenn ihm das, was ihm Halt gibt, nämlich zu wissen, wie alles funktioniert, zur vermeintlichen Garantie wird, ist kein Platz mehr für etwas anderes. Dann wird aus „du sollst keine anderen Götter haben" plötzlich „wozu überhaupt Gott?" Und dann folgerichtig selber „Gott spielen", das geht eigentlich nie gut aus.

Ersetzt man das Wort „Stärke" durch „Macht", wird wahrscheinlich schon klarer, warum der Mächtige sich nicht seiner Macht rühmen soll. Ich will das am Beispiel von Ramses II. verdeutlichen, Pharao, einer der bedeutendsten Herrscher des Alten Ägypten. Sehr mächtig und sehr erfolgreich, sieht man davon ab, dass er gegen Mose den Kürzeren zog, als er die versklavten Israeliten gehen lassen musste. Er war einer der mächtigsten Männer aller Zeiten und davon überzeugt, dass das auch so bleibt. Wie vergänglich das doch in Wirklichkeit ist, erzählt ein Gedicht, Titel: Osymandias[2] (ein anderer Name für Ramses II.):

Ein Wandrer kam aus einem alten Land,
Und sprach: „Ein riesig Trümmerbild von Stein
Steht in der Wüste, rumpflos Bein an Bein,
Das Haupt daneben, halb verdeckt vom Sand.
Der Züge Trotz belehrt uns: wohl verstand
Der Bildner, jenes eitlen Hohnes Schein
Zu lesen, der in todten Stoff hinein
Geprägt den Stempel seiner ehrnen Hand.
Und auf dem Sockel steht die Schrift: ‚Mein Name
Ist Osymandias, aller Kön'ge König: –
Seht meine Werke, Mächt'ge, und erbebt!'
Nichts weiter blieb. Ein Bild von düstrem Grame,
Dehnt um die Trümmer endlos, kahl, eintönig
Die Wüste sich, die den Koloss begräbt.

III

Es wäre zu kurz gesprungen, jetzt alles zusammenzufassen unter „Liebe Menschen, übertreibt es nicht mit Weisheit, Macht, Reichtum und wie ihr das anderen unter die Nase reibt. Das erleichtert das Zusammenleben." Es geht nicht darum, sich in Bescheidenheit zu üben, um niemanden auf die Nerven zu fallen. Es geht weiter bei Jeremia: „Sondern dessen rühme sich, wer sich rühmt: einsichtig zu sein und mich zu erkennen, dass ich, der Herr, es bin, der Gnade, Recht und Gerechtigkeit übt auf Erden, denn daran habe ich Gefallen."

Gnade, Recht und Gerechtigkeit: Oft genug schließen diese drei sich gegenseitig aus und wir müssen wählen, was davon gerade gelten soll. Gott hat an allen dreien Gefallen. Daher rührt auch das Misstrauen gegen Weisheit, Macht und Reichtum: In den falschen Händen werden sie gnadenlos, willkürlich und ungerecht. Rühmen mag sich also, wer die eigene Begrenztheit nicht nur kennt, sondern auch in dem Sinne akzeptiert, dass er seinem Schöpfer dankt, sich an ihn wendet und ihm vertraut. Amen.

2 https://de.wikisource.org/wiki/Osymandias

Vorschläge für das Predigtlied

EG 352	Alles ist an Gottes Segen
EG 277	Herr, deine Güte reicht

Fürbittengebet

Herr, unser Gott,

wir freuen uns und sind fröhlich über die Gaben und Talente, die du uns gegeben hast. Hilf uns, sie zu unserem und aller Menschen Wohl einzusetzen. Gebe den Weisen Ideen für eine gerechtere Welt, den Mächtigen den Willen gutes Recht zu schaffen und durchzusetzen und den Reichen einen gnädigen Blick für die, die noch etwas brauchen.

Du allein bist heilig. Auf dich hoffen wir. In Ewigkeit. Amen.

Sebastian Kuhlmann

Sexagesimae

2. Korinther 11,18.23b–30–12,1–10

[Lesung des Predigttextes]

[1. Alles für die Katz]

Liebe Gemeinde!
Manchmal kann man sich noch so anstrengen und hat trotzdem keinen Erfolg: Alles für die Katz, sinnlos, vergebliche Mühe. Diese Erfahrung gehört zum Leben. Da hat man als Schüler noch so viel gelernt und trotzdem eine schlechte Note eingefahren. Man hat als Sportler alles gegeben und steckt trotzdem im Abstiegskampf. Man ist bereit, alles für eine gelingende Beziehung zu tun und scheitert doch. Man hat sich immer gesund ernährt und bekommt trotzdem eine schwere Krankheit. Das Leben lehrt uns, dass wir nicht alles im Griff haben und dass die besten Absichten keine heile Welt garantieren können.

Demgegenüber steht die weitverbreitete gesellschaftliche Meinung, dass man mit genügend Engagement einfach alles erreichen kann. Wird man in einer erfolglosen Situation mit dieser Ansicht konfrontiert, ist es doppelt bitter: Man hat alles Erdenkliche getan, um sich dann anhören zu müssen, dass man sich noch mehr hätte anstrengen müssen. Und die unterschwelligen Vorwürfe verletzen besonders diejenigen, die sich in einer existenziellen Situation wie z.B. einer lebensbedrohlichen Krankheit nicht auch noch gute Ratschläge anhören wollen.

Wir leben in einer Welt im Machbarkeitswahn, in der Situationen des Scheiterns doppelt unangenehm sind. Denn neben den persönlichen Auswirkungen des Missgeschicks kommt immer noch der erhobene Zeigefinger der Gesellschaft dazu. Für Verlierer ist in diesem System kein Platz. Und trotzdem gehört es zu unserer Lebenserfahrung, dass nicht alles, was wir tun, auf fruchtbaren Grund fällt.

Das Grundthema des heutigen Sonntags Sexagesimae hat dieses Scheitern im Blick. Wenn wir das Gleichnis vom vierfachen Acker hören, hören wir gleichzeitig eine Geschichte vom dreifachem Scheitern. Alles für die Katz, was der Bauer im Gleichnis so treibt. Drei Viertel der Arbeitskraft und des Erfolgs landen im Unkraut und fallen entweder den Tieren zum Fraß oder auf unfruchtbaren Grund. Fast möchte man meinen, es ist ein sinnloses Unterfangen. Jeder Controlling-Experte in modernen Firmen würde hier einen Arbeitsstopp anordnen. Wenn Jesus dieses Gleichnis erzählt, will er auf die Spannung zwischen der Macht und der Ohnmacht des Wortes Gottes hinweisen. Er bringt damit die Erkenntnis zum Ausdruck, dass es in der Verkündigung des Wortes Gottes nicht nach dem Leistungsprinzip geht. Dieser Sachverhalt ist aus der Arbeit in den Kirchengemeinden häufig wohlbekannt. Man gibt sich bei der Gottesdienstgestaltung die größte Mühe, aber die Gottesdienstbesucher bleiben aus. Man investiert viel Mühe in den Gemeindeaufbau, aber diese Mühe fällt nicht auf fruchtbaren Boden. Man arbeitet viel und steckt noch mehr Rückschläge ein. Die Leistungsgesellschaft lässt grüßen.

[2. Schiffbruch]

Im Predigttext zum heutigen Sonntag schwingt diese Spannung zwischen Macht und Ohnmacht, zwischen Machbarkeit und Versagen, mit. Paulus setzt sich mit seinen Schwächen und den Stärken auseinander. Am Anfang stehen Erfahrungen des Leidens und des Scheiterns. Nicht, dass Paulus der Meinung wäre, all seine Anstrengungen wären für die Katz gewesen. Aber eines wird ihm in all seinen Anstrengungen sehr deutlich:

Auch ein Paulus kann Schiffbruch erleiden, und zwar real genauso wie im übertragenen Sinne. Im zweiten Brief an die Korinther erkennt er: Es läuft nicht so, wie es soll. Es kommt anders, als gedacht. Und nichts ist so, wie geplant. Die Gemeinde ist störrisch und die Kirche entwickelt sich in eine unbefriedigende Richtung. Paulus ist überaus frustriert. Er sieht sich Anfeindungen gegenüber und muss auf großspuriges Verhalten seiner Gegner antworten. Und dabei scheut er sich immer wieder, die eigenen Verdienste in den Mittelpunkt zu stellen, obwohl sie ja nicht zu leugnen sind. Denn Paulus ist immerhin als maßgeblicher Autor im Neuen Testament vertreten und bestimmt die christliche Theologie bis auf den heutigen Tag. Ohne Paulus ist das Christentum wie wir es kennen nicht zu denken. Kaum jemand hat mit solch einem Eifer und unbedingtem Einsatz die Ausbreitung des Evangeliums vorangetrieben. Paulus hat ohne Unterlass gepredigt, ermahnt und getröstet. Er hat auf zwei Kontinenten missioniert, unzählige Gemeinden gegründet und intensive seelsorgliche Beziehungen gepflegt.

Und dann kommen Trittbrettfahrer, die in den jungen christlichen Gemeinden das Wort an sich reißen. Die alles, was Paulus verkündet hat, infrage stellen. Die ihm das Wort im Mund herumdrehen. Gleichzeitig geraten Gemeindeglieder auf Abwege und nehmen ihren Glauben nicht mehr ernst. Unterstützt werden sie von selbst ernannten Propheten, die sich mit großem Selbstbewusstsein ihrer eigenen Genialität rühmen und so den Gemeinden als ein Vorbild dienen, das sich immer weiter von dem von Paulus gepredigten Ideal entfernt.

Paulus gerät infolgedessen mit seiner eigenen Meinung immer mehr ins Abseits. Man nimmt ihn nicht mehr ernst, relativiert seine Ansichten und tut seine Überzeugungen als überholt oder als übertrieben ab. Die Gemeinden entgleiten Paulus. Auf einmal steht er in der Defensive. Schiffbruch auf ganzer Linie.

Aber Paulus wäre nicht Paulus, wenn er sich das so einfach bieten lassen würde. Im elften Kapitel des zweiten Korintherbriefs platzt ihm die Hutschnur und er setzt zu einem groß angelegten Gegenschlag an:

[3. Das Maß ist voll]

Für Paulus ist das Maß voll. Es nutzt nichts mehr, sich vornehm zurückzuhalten. Wenn es scheinbar nur auf Leistung ankommt, dann ist er selbst mit Sicherheit einer, der an vorderster Stelle mitreden kann. Niemand hat so viel gearbeitet wie er. Niemand hat so viele Mühen auf sich genommen. Niemand hat so viele Rückschläge erlebt. Das ist es, was Paulus seinen Lesern eindrucksvoll schildert und seinen Gegnern ebenso eindrucksvoll entgegen schleudert. Wenn es auf Leistung ankommt, kann Paulus keiner das Wasser reichen.

Ebenso ist Paulus auch mit der religiösen Erfahrung an vorderster Front dabei. In einer Vision wird er in den dritten Himmel katapultiert und macht unaussprechliche spirituelle Erfahrungen. Mit diesen Erfahrungen kann er jedem Guru das Wasser reichen und er braucht sich von den sogenannten Überaposteln seiner Zeit nicht zu verstecken. Wenn es also auf spirituelle Erfahrung ankommt, kann Paulus ebenfalls von niemandem überboten werden.

Aber – und das ist das Fazit, auf das Paulus immer wieder hinweist – es kommt gar nicht auf Leistung und religiöse Genialität an! Wir haben es nicht selbst in der Hand, auf welchen Boden das Weizenkorn fällt. Wir wissen nicht, was Gott mit seinem Wort im Sinn hat. Aber wir können mit Paulus darauf vertrauen, dass Gott selbst Situationen der Ohnmacht in seinen Dienst nimmt um das Evangelium Gestalt werden zu lassen.

Paulus weist darauf hin, dass Gott nicht den religiösen Superstar sucht, weder als Märtyrer noch als Esoteriker. Weder Leiden noch abgefahrene Erfahrungen können den Erfolg der Verkündigung garantieren. Auch hier könnte es sein, dass drei Viertel der Bemühungen für die Katz sind. Indem er den Superstars mit den eigenen Leistungen entgegentritt, nimmt er ihnen den Wind aus den Segeln. Was gerade noch so aussah, als ob das Maß voll wäre, wird zu einer wohlkalkulierten Überreaktion, mit der Paulus auf die Gefahr von falsch verstandene Größe und Machbarkeitswahn hinweisen will und der Selbstgerechtigkeit seiner Gegner entgegen entgegentreten möchte.

[4. Groß sein und trotzdem klein]

Wenn wir wahre Größe und Machbarkeit in den Blick nehmen wollen, müssen wir zunächst Jesus selbst in den Blick nehmen. Jesus wendet sich immer wieder gegen die Selbstgerechtigkeit. Und zu Recht ermahnt er uns nachdrücklich, zunächst den Splitter im eigenen Auge zu sehen, bevor man sich über den Balken im Auge des nächsten aufregt. Und schon damals waren die Menschen von dieser zentralen Forderung Jesu: „Schau erst einmal auf deine eigenen Fehler“, nicht unbedingt begeistert. Die eigene Selbstgerechtigkeit zu überwinden und eigene Größe zu zeigen, erfordert nämlich, so Jesus, dass man gelernt hat, sich auch zurückzunehmen. Und das ist schwer. Denn wer sich zurücknimmt, der macht sich ja klein. Er stellt sich hinten an. Er hört erst einmal zu. Er lässt andere Meinungen gelten. Und er versetzt sich in andere hinein. Die wahre Kunst im Miteinander von Menschen ist: „Groß sein und trotzdem klein“!

Paulus selbst, und das zeigt seine Aufzählung, besitzt eine Größe, die nichts mit angeben zu tun haben will: Immer wieder ist es Paulus geradezu peinlich, auf seine Leistungen hinweisen zu müssen. „Groß sein und trotzdem klein“ hat aber eben auf der anderen Seite auch nichts mit „sich klein machen“ zu tun. Gott möchte keine

„Wegducker", keine konfliktscheuen, unterwürfigen Mitläufer. Vielmehr will er den Menschen ein Beispiel geben für „Größe, die nichts mit angeben zu tun hat". In unserem Kulturkreis spricht man von „wahrer Größe". Diese Größe hat nichts Selbstgerechtigkeit zu tun, sondern mit Respekt. Und sie ist auch nicht an Körpergröße oder Erfolg gebunden, sondern häufig an innere Werte. Wenn wir dieser Größe begegnen, dann zollen wir ihr Respekt nicht aus Zwang, sondern aus Hochachtung vor der Weisheit oder der Lebenserfahrung oder auch einfach mal vor dem Können des anderen.

Das Anerkennen von Größe ist in unserer Gesellschaft für viele Menschen schwierig geworden. Zu häufig, auch in der Geschichte, sind Menschen von einer so genannten Obrigkeit enttäuscht worden. Das macht es schwer, den anderen Größe zuzugestehen.

Im fernen Osten hat sich die Sache ganz anders entwickelt. Ob in der Meditation, dem Yoga oder in den Kampfsportarten. Es ist selbstverständlich, dass sich die Schüler vor dem Meister verbeugen und so ihre Achtung bezeugen. Der Meister hat immer das letzte Wort. Ganz unwidersprochen wird hier Größe anerkannt, die nichts mit angeben zu tun hat und auch gar nicht angeben will. Größe, die sich dem alleinigen Zweck verschrieben hat, auch andere Menschen groß zu machen. Also nicht Größe von oben herab, sondern Größe von unten herauf. Das ist Größe, die sich ganz mit dem Kleinen identifiziert.

[5. Kraft in den Schwachen]

Jesus selbst hat sich immer mit dem Kleinen und Schwachen identifiziert. So ihr nicht werdet wie die Kinder, werdet ihr nicht in das Reich Gottes kommen. Das Reich Gottes entspricht einem Senfkorn, dem kleinsten aller Samenkörner auf Erden. Dieses Gottesreich begegnet ausgerechnet dem kleinen Zachäus, zu klein, um Jesus zu sehen, aber groß genug, um gewaltiges Unrecht zu tun. Indem Jesus an den Tisch des Zachäus kommt, macht er Zachäus groß, und das Unrecht klein. Im Gleichnis von den Arbeitern im Weinberg macht Jesus die Letzten, die am Ende sind, groß. Er tut das, ohne die Großen klein zu machen. Diejenigen, die viel gearbeitet haben, erhalten ja nicht zu wenig, sondern genau das, was Sie brauchen.

Im Lobgesang der Maria, dem Magnifikat, heißt es demgegenüber „Gott stößt die Gewaltigen vom Thron und erhöht die niedrigen". Manchmal ist es eben auch nötig, den Selbstgerechten den Balken aus dem Auge zu ziehen, oder ihnen mit Paulus den Spiegel vorzuhalten.

Jesus identifiziert sich mit dem Kleinen, und dieses Kleine macht er ganz groß. Diese Lebenshaltung findet ihren Abschluss in der Passion. Da wird das Kleine, das Elende am Kreuz erhöht.

Von allen Aposteln hat Paulus diese Spannung von Groß und Klein in Leben und Verkündigung am überzeugendsten gelebt. Und immer wieder ist er auch selbst mit den Selbstgerechten in Konflikt geraten. Und manchmal ist ihm auch der Kragen geplatzt. Nicht häufig, aber ab und zu kam selbst Paulus zum Schluss: das Maß ist voll. Allerdings zeigt uns der Predigttext, dass auch einem Paulus, dem der Kragen platzt, niemals in Selbstgerechtigkeit verfällt, sondern seine wahre Größe darin besteht, andere in Christus groß zu machen. Denn nicht seine Leiden und religiösen Leistungen stehen hier im Vordergrund, sondern das scheinbar Sinnlose und die vergebliche Mühe. Wer sagt denn, dass der Controlling-Experte aus der modernen Firma Recht behalten muss? Vielleicht ist es gerade das scheinbar Sinnlose, das da unter die Dornen und wilden Vögel fällt, dass doch noch auf wundersame Weise Frucht tragen kann. Wer sagt denn, dass die drei Teile, die nicht von vorneherein auf fruchtbares Land fallen, wirklich verloren sind? Paulus jedenfalls traut Gott da alles zu. Dreimal bittet er, dass Gott den Engel Satans hinweg nimmt, der ihn schlägt. Wir leben – ebenso wie Paulus – nicht in einer perfekten Welt. Immer ist irgendwo etwas „sinnlos und für die Katz“ und immer ist irgendwie das „Maß“ voll.

Aber wir erleben einen Paulus, der geschlagen wird und nicht einen Paulus, der wild um sich schlägt. Für ihn und für uns gilt das Wort: „Du brauchst nicht mehr als meine Gnade. Denn meine Kraft ist in den Schwachen mächtig!“. Amen.

Vorschläge für das Predigtlied

EG 98	Korn, das in die Erde, in den Tod versinkt
EG 96	Du schöner Lebensbaum des Paradieses

Fürbittengebet[1]

Herr Jesus Christus, du erfüllst mit Sinn, was uns zu entgleiten scheint. Schwäche kann stark sein bei dir und das Kleine und Unbedeutende lädst du an deinen Tisch.

Wir bitten dich für alle, die in ihrem Leben keinen Sinn sehen, die sich scheinbar vergeblich abmühen und deren Kräfte schwinden.

Wir bitten für die, die dem Machbarkeitswahn verfallen sind. Für die, die sich verausgaben, für die Workaholics und die, die sich etwas beweisen müssen. Wir bitten dich besonders für alle, die den Wert des Lebens nur nach Leistung beurteilen.

Wir bitten für die Menschen, die auf der Suche sind. Auf der Suche nach Lebenssinn, Geborgenheit oder auch nach unaussprechlichen religiösen Erfahrungen.

Wir bitten für alle Menschen, die unter der Kirche und den Nächsten leiden. Die ausgegrenzt werden und deren Meinung nicht gehört wird.

Wir bitten für alle, die dein Wort furchtlos verkündigen. Die sich nicht abbringen lassen vom Widerstand der Welt und falscher Propheten.

Herr Jesus Christus, deine Kraft ist in den Schwachen mächtig. Du zeigst uns, dass unser Leben einen Sinn hat und dass wir nicht verzweifeln müssen, wenn sich uns dieser Sinn nicht immer sofort erschließt. Du verwandelst unsere Schwächen in Stärken, so dass wir mit dir leben dürfen von nun an bis in Ewigkeit. Amen.

Christian Willm Rasch

1 Sofern in den Regionalteilen vorhanden empfiehlt sich auch: Herr, gib uns Mut zum Hören (z. B. EG RWL 605).

Estomihi

Amos 5,21–24

[Lesung des Predigttextes]

Liebe Gemeinde!
Ich höre es immer wieder: Die Kirche soll sich nicht in sie Politik einmischen. Und in die Wirtschaft schon gar nicht. Davon verstehen Kirchenleute nichts. Ich höre es aber nicht nur von außen. Auch innerhalb der Kirche gibt es diese starke Tendenz: Es geht uns um den Glauben, um Gott und um das, was Gott von uns erwartet. Von uns! Nur nicht zum Fenster hinaus predigen!

Nun habe ich heute Worte des Propheten Amos vorgelesen. Worte, die er – wie er sagt – empfangen hat. Worte von Gott, die er weitersagen soll. So als spräche Gott selber. Gottes Wort in Menschenmund. „So spricht der Herr!", sagt der Prophet. Das wagt heute keiner mehr, so zu reden. Ich jedenfalls nicht. Amos sagt im Namen Gottes: Tut dies. Unterlasst jenes. Amos hat es gewagt, so zu reden. Und er hat es denen draußen gesagt, was in Gottes Namen zu sagen hat. Über die Grenze seines Landes ist er gegangen und hat den Leuten im Nachbarland gepredigt. Ganz weit draußen. Weit zum Fenster hinausgelehnt hat er sich.

Den reichen Leuten im Nachbarland hat er ins Gewissen geredet. Denen, die sich bereichert hatten auf Kosten anderer. Die die Bereicherung so weit getrieben hatten, dass die Armen immer ärmer wurden. Kommt uns bekannt vor … Den Reichen predigt er, die sich nicht scheuten, den Armen das letzte Hemd auszuziehen. Das waren die gleichen Leute, die zum Gottesdienst versammelt fromme Lieder gesungen haben. Die dort im Gottesdienst sogar von ihrem Überfluss ein klein wenig abgegeben hatten – und die es „Opfer" nannten. Denen predigt Amos. Denen, die dort die Macht hatten. Auch die Macht über Freiheit und Gefangenschaft, über Leben und Tod. Über die Freiheit oder die Gefangenschaft des Amos, über sein eigenes Leben, über seinen Tod. Amos riskiert es, denen dort so zu predigen.

Wie gesagt: Heutige Prediger verbieten es sich gern, zum Fenster hinaus zu predigen. Es denen da draußen zu sagen, was uns hier drinnen als Gottes Wort offensichtlich ist. Wir Prediger folgen gerne der Regel: Ich bin gemeint, zuallererst ich. Allenfalls werdet die unter der Kanzel Sitzenden mit hineingenommen in die Kritik aus der Bibel. Wir sind gemeint. Wir zuallererst.

Da stellt sich die Frage: Wo steht das, was wir hier im Gottesdienst tun: singen, beten, hören, predigen, wo steht das im Gegensatz zu dem, was unser Leben wirklich ausmacht. Wo ergibt sich ein Widerspruch zu unserem alltäglichen Tun und Unterlassen, unserem ganz gewöhnlichen Reden und Schweigen. Im Prinzip ist das wohl richtig, Gottes Wort so zu hören. Zuerst bin ich angesprochen, wenn Gottes Wort zur Umkehr ruft, zur Einsicht, dass Menschen in die falsche Richtung gehen. Ich bin gemeint. Nicht die da oder die da. Nicht die da draußen und auch nicht die da oben. Ich soll mich besinnen, sich soll umkehren.

Aber: Gott braucht wohl bisweilen auch Leute, die denen da draußen und denen da oben ins Gewissen reden. Nach dem Ende der braunen Diktatur haben Vertreter der Kirchen öffentlich erklärt „wir klagen uns an, dass wir nicht mutiger bekannt, nicht treuer gebetet, nicht fröhlicher geglaubt und nicht brennender geliebt haben." Das Stuttgarter Schuldbekenntnis, Oktober 1945. Nicht mutiger bekannt, nicht brennender geliebt. Das zielt nach draußen. Draußen bekennen und draußen lieben. Außerhalb der dicken, der schützenden Kirchenmauern.

Es gibt heute nicht wenige, die darauf warten, dass die Kirche, dass die Vertreter der Kirche, deutlichere Worte finden zu dem, was außerhalb der Kirche vor sich geht. Worte zu den Ungerechtigkeiten und Unmenschlichkeiten. Zum Beispiel: Dass das Beten – welchen Gottesnamen man auch immer verwendet – dass beten und Krieg führen nicht zusammenpassen. Dass man nicht einerseits Gottes Schöpfung preisen und andererseits die besten Teile der Welt einfach verbrauchen kann. Dass man nicht einerseits von Brüdern und Schwestern reden und andererseits Menschen daran hindern kann, wie Menschen zu leben.

Dass man nicht Christ sein kann und gleichzeitig als Maßstab für das Wachstum im Land nur das Geld anerkennt. Nur was sich rechnet, kann getan werden. Liebe rechnet sich nicht. Barmherzigkeit rechnet sich nicht. Dankbarkeit und Vergebung und Behutsamkeit und Vertrauen, Bescheidenheit, Demut, Ehrerbietung, Respekt –

all das rechnet sich nicht und füllt nicht die Staatskassen und bringt an der Börse keine Punkte. Aber es ist lebensnotwenig. Und es fehlt all überall daran und ein Wachstum dieser Werte würde uns allen sehr gut tun. Das Warten auf das Wachstum der Wirtschaft – ich ahne es – bringt weiter nichts als noch mehr Probleme. Mit immer weniger – und immer billigeren – Menschen immer mehr Geld erwirtschaften. Möglichst nur mit Geld noch mehr Geld erwirtschaften.

Amos, der Prophet, hat viel empfangen, von Gott empfangen, vor allem: dass Gott ihm etwas zutraut. Er war ein einfacher Schafhirte im Gebirge. Und so macht er aufmerksam auf die Werte, die vor Gott gelten. Nicht Opfer und fromme Lieder, sondern Recht und Gerechtigkeit. Amos stellt sich im Namen Gottes auf die Seite der Armen im Nachbarland und predigt gegen die Reichen. Er sagt ihnen, dass Gott auf der Seite der Armen steht und dass die Reichen, wenn sie sich denn nicht ändern, von Gott nichts anderes zu erwarten haben als Unheil, sehr großes Unheil.

Ich kann mir lebhaft vorstellen, dass die Leute gedacht haben: Der Prophet übertreibt ja maßlos. Es ist doch alles gar nicht so schlimm. Und wenn wir uns nur anstrengen und wenn die Regierung, wenn der König ein paar Reformen durchführen würde, dann käme schon wieder alles ins Lot. Man hat Amos mundtot gemacht. Nur kurze Zeit wahrscheinlich konnte er „da draußen“ predigen. Und genützt hat seine Predigt nichts. Die Katastrophe konnte sein Predigen nicht abwenden.

Geblieben sind die wichtigsten seiner Aussprüche. Sie blieben wichtig für später. Für uns. Es ströme aber das Recht wie Wasser und die Gerechtigkeit wie ein nie versiegender Bach. Fließendes Wasser. Klares Wasser. Quellwasser. Trinkwasser. So soll das Recht sein. Immer und für alle zur Verfügung. Klar und durchschaubar. Dass es jeder verstehen kann und jeder in Anspruch nehmen.

Viele haben gefragt, ob 10 Gebote nicht ein bisschen zu wenig sind, um das Leben in seiner Vielfalt zu regeln. Als Jesus lebte, waren es dann auch schon über 600 Verbote und Vorschriften. Und wer kennt sich heute aus im Gestrüpp der gar nicht mehr zählbaren Paragraphen? Recht wie Wasser. Wie fließendes, wie strömendes Wasser. Nicht wenige Menschen auf unserer Erde – auch in unserem Land – erleben das Recht ganz anders. Man spricht nicht umsonst von der Härte des Gesetzes.

Wenn ein Reicher – eine Bank z. B. – entliehenes Geld zurückfordert. Dann ist es Recht. Aber wenn der Schuldner dann die Wohnung verliert, ist das gerecht?

Oder wenn Schuldnerstaaten wegen der Rückzahlung ihrer Schulden ihre Schulen nicht mehr bezahlen können oder die Wasserversorgung nicht mehr in Stand gehalten werden kann? Wenn ein großer Teil der Jugendlichen keine Arbeit findet – ist das gerecht?

Bei Amos stehen Recht und Gerechtigkeit parallel nebeneinander. Wir wissen aber: Wo Recht ist, kann es an Gerechtigkeit durchaus fehlen. Recht ströme wie Wasser. Manche Menschen trifft das Recht wie hartes, kaltes Eis. Recht ströme wie Wasser. Wohltuend. Lebendig. Lebenserhaltend. Lebensgestaltend. Ich bin froh, in einem Rechtsstaat zu leben. Ja, das bin ich. Aber auf das Fehlen von Gerechtigkeit hinzuweisen – hier drinnen und da draußen – dazu helfe mir Gott. Amen.

Vorschläge für das Predigtlied

EG 262	Sonne der Gerechtigkeit
EG 428	Komm in unsre stolze Welt

Fürbittengebet

Für unsere Gemeinde und unsere Kirche: Gott, gib uns offene Herzen und offene Ohren, dass wir wahrnehmen, wo es ungerecht zugeht in unserem Ort, in unserem Land, in unserer Welt. Gib uns Klarheit darüber, wann wir nicht schweigen dürfen. Gib uns Weisheit, die rechten Worte zu finden. Gib uns Mut, sie auszusprechen. Erhalte und Hoffnung und Zuversicht, wenn sich der Erfolg nicht einstellt.

Für Menschen neben uns, die unter Ungerechtigkeit leiden: Bewahre sie davor, dass sie den Ausweg in Gewalt gegen andere suchen. Stelle ihnen Menschen an die Seite, die helfen und heilen.

Für die Verantwortlichen in der Politik und in der Wirtschaft: Zeige ihnen gute Schritte auf dem Weg der Gerechtigkeit und des Friedens. Amen.

Manfred Bauer

Invokavit

2. Korinther 6,1–10

[Lesung des Predigttextes][1]

I

Liebe Gemeinde!

Die tollen Tage sind vorbei und die Passionszeit hat begonnen. Die Zeit, in der wir uns mit dem Leiden und Sterben Jesu Christi konfrontieren, um Antworten und Trost für unser eigenes Leiden und Sterben zu finden. Jetzt ist Schluss mit lustig! – Spätestens wenn mir der heutige Predigttext um die Ohren fegt, wird mir das schlagartig klar: Worte wie Ängste Nöte, Schläge, Gefängnis, prasseln da auf mich ein, aber auch: Langmut, Freundlichkeit, Liebe – und ich kriege das alles gar nicht sortiert.

In meiner Kindheit, da gab es im Ersten am Samstagabend eine Spielshow, die die ganze Familie vor dem Bildschirm versammelte: Am Laufenden Band. Mit Rudi Carrell. Neben vielen lustigen Spielen der besondere Clou: Der Gewinner bestimmt seinen Siegpreis selbst, indem er sich Gegenstände merkt, die auf einem Fließband an ihm vorbeifahren, und hinterher möglichst viele davon in einer Minute aufzählt: Ein Toaster, eine Waschmaschine, ein Benzinkanister – symbolisch für eine Tankfüllung. Alles, woran er sich erinnert, gehört ihm. Immer dabei: das Fragezeichen – Garant für etwas Besonderes. Ein Hauptgewinn.

So komme ich mir hier vor. Wie vor diesem Fließband. Auf dem die Worte des Apostels Paulus an mir vorbeiziehen: Ehre und Schande, Waffen der Gerechtigkeit, Gerüchte, Verführer, allezeit fröhlich… – Nur, dass ich nicht weiß, was wohl der Hauptgewinn sein könnte.

---

1 Falls nicht zuvor als Epistel gelesen. Im Verlauf der Predigt wird ein Auszug noch einmal in der Übersetzung der Basisbibel vorgetragen.

II

Was ist los mit Paulus? Warum ist er so außer sich? Und worum geht es hier eigentlich? Es geht um Integrität. Um die persönliche Integrität des Paulus. Und um die Integrität seiner Botschaft. Der Botschaft vom Kreuz. Beides wird in Korinth in Zweifel gezogen. In Frage gestellt. Und das schmerzt. Vor allem, weil Paulus die Gemeinde selbst gegründet hat, sie sozusagen sein „Baby" ist. Weil er so stolz auf „seine Korinther" war. Die so gut gestartet sind – bis andere Missionare sich breit gemacht haben. Missionare, die ein Leben in ewiger Glücksseligkeit versprechen. „In Christus", so sagen sie, „bist du schon in den Himmel entrückt. Alles Irdische kannst du getrost ausblenden. Es spielt keine Rolle mehr."

III

Ein Leben ohne Leiden. Ohne Ungerechtigkeit und Tod. Ein Leben ohne Schmerz und Traurigkeit. Das klingt gut. Das klingt verführerisch. Auch in unseren Ohren, oder? Wie gerne würden wir einmal – einmal nur – die Nachrichten einschalten und hören: Es gibt nichts zu melden: kein Attentat, kein Busunglück, kein Erdbeben, keine Hungersnot. Alles friedlich, alles gut. Wie schön wäre das, wenn wir in unserem Freundeskreis, in unserem Umfeld, in unserer Gemeinde einmal so einen Zustand hätten: Keiner krank, keine Probleme, alle versorgt, alle zufrieden. Wer kann es den Korinthern verdenken, dass sie da gerne zuhören? Noch dazu, wenn es so charismatisch vorgetragen wird. Mit so viel Beseeltheit und Selbstvertrauen, das aus allen Poren springt.

IV

Ganz anders Paulus: Der redet von Verfolgung, von Trübsal und Tod. Wer will so was hören? „Guckt euch diesen Kerl an", sagen seine Gegner. Der stammelt rum. Der ist krank und gebrechlich. So einer soll die Botschaft des Heils verkörpern?" Es stimmt. Paulus malt keinen Himmel voller Geigen. Er redet das Leben nicht schön, sondern beschreibt es so, wie Menschen es von Anfang an bis heute erleben: Menschen werden verletzt, an Leib und Seele. Menschen werden krank – manchmal schwer, manchmal unheilbar. Menschen kriegen Ärger, werden unter Druck gesetzt wegen ihrer Überzeugung, wegen ihres Lebensstils, wegen ihrer Herkunft. Menschen leiden – nicht weil sie das Leiden gesucht hätten, sondern weil das Leben *so* ist. Weil die *Menschen* so sind.

– Und *trotzdem*: „Jetzt ist die Zeit der Gnade, jetzt ist der Tag des Heils."

Seine Gegner sagen das auch – aber nicht *trotzdem*, sondern *nur* und *ausschließlich*. Sie reden das Leben schön. Sie sagen: Vergiss diesen ganzen irdischen Ballast, der dich runterzieht, der dich kaputt macht. Wenn du vom Geist erfüllt bist, dann tangiert dich das gar nicht mehr. – Wenn du nur richtig glaubst!

Sie begeben sich auf einen Heilstrip ohne Substanz. Auf dem du nicht leben kannst, wenn „die Erde" dich einholt, wenn die Einschläge kommen. Und der unbarmherzig ist. Gegen alle anderen, weil dir ihr Schicksal egal sein kann, wenn nur dein eigenes Seelenheil stimmt. Und gegen dich selbst: Denn wenn es dich trifft und du aus der Kurve fliegst, dann bist du selber schuld, weil du nicht fest genug geglaubt hast, nicht „geistig" genug bist.

Paulus bleibt auf dem Boden. Er sagt: Du wirst in allem bewahrt. Nicht vor allem, aber in allem. Mehr geht nicht. Aber auch nicht weniger. Gott ist dir nah – in jedem Augenblick deines Lebens. Auch dann, wenn du dir selbst ganz fern bist, wenn du den Boden unter den Füßen verlierst, wenn du nicht mehr weiter weißt, keinen Halt mehr findest. Er hält dich, er trägt dich, er trägt dich hindurch.

O.k., das mag jetzt vielleicht nicht ganz so mitreißend, nicht ganz so beseelt klingen. Aber es ist ehrlich. Integer. Und es ist authentisch. Paulus selbst steht dafür – in seiner Schwachheit, in seiner Unzulänglichkeit, mit allen Schrammen, die er in seiner Mission schon abgekriegt hat. Und das wirft er jetzt voll in die Waagschale. Ich lese das noch mal ein einer anderen Übersetzung vor. In der Übersetzung der Basisbibel:

> Wir beweisen in jeder Lage, dass wir Gottes Diener sind: Mit großer Standhaftigkeit ertragen wir Leid, Not und Verzweiflung. Man schlägt uns, wirft uns ins Gefängnis und hetzt die Leute gegen uns auf. Wir arbeiten bis zur Erschöpfung, ohne zu schlafen oder zu essen. Wir achten auf einen einwandfreien Lebenswandel, Erkenntnis, Geduld und Güte, den heiligen Geist und aufrichtige Liebe. (…)
>
> Wir erfüllen unseren Auftrag – gleichgültig, ob wir dadurch Herrlichkeit gewinnen oder Schande, ob wir verleumdet werden oder gelobt. Wir gelten als Betrüger und sagen doch die Wahrheit.

> Wir werden verkannt und sind doch anerkannt. Wir sind vom Tod bedroht, und seht doch: Wir leben! (…) Wir geraten in Trauer und bleiben doch fröhlich. (…) Wir haben nichts und besitzen doch alles!

V

Das klingt dann jetzt doch ganz schön mitreißend. Die Korinther hat es jedenfalls überzeugt. Sie haben die Heilsmissionare in den Wind geschossen und sind zu Paulus zurückgekehrt. – Vielleicht schon wieder ein bisschen *zu* mitreißend. Zu vollmundig. So soll das also aussehen, wenn man authentisch und integer den Glauben an den Gekreuzigten lebt? Wer, bitteschön, soll denn diesem Ideal entsprechen? Da ist der gute Paulus in seinem „heiligen Eifer" vielleicht doch ein bisschen übers Ziel hinausgeschossen, denke ich. Sind im Glauben am Ende doch wieder Supermänner und -frauen gefragt?

Aber dann denke ich an Max. Max ist 15 und im letzten Jahr konfirmiert worden. Seitdem arbeitet er in der Gemeinde mit. Wenn seine Kumpels sich am Sonntag noch mal im Bett von rechts nach links drehen, ist er am Start und feiert mit den Kleinen Kindergottesdienst. In der Schule muss er sich rechtfertigen: „Wieso machst du diesen Kinder- und Kirchenkram? Max käme nicht im Traum darauf aufzuhören. Er liebt die Begeisterung, mit der die Kinder bei der Sache sind, er fühlt sich wohl im Team, er probiert Sachen aus, die er sich früher nicht zugetraut hätte.

Und ich denke an Luise, die im Gesprächskreis „Pflegende Angehörige" mitmacht. Luise ist 50, Single. Vor ein paar Wochen hat sie ihre pflegebedürftige Mutter zu sich genommen. Deshalb tritt sie beruflich etwas kürzer. Viele in ihrem Umfeld schütteln den Kopf: „Dafür gibt's doch Dienste und Einrichtungen. Denk doch auch mal an dich". „Das tu ich doch", sagt sie. Die Zeit mit ihrer Mutter erlebt sie ganz intensiv, nimmt jeden Augenblick wahr. Irgendwie haben sich die Prioritäten verschoben. Und das fühlt sich gut an.

Oder Karsten, 42, der die Jugendband betreut. Karsten war Geschäftsführer bei einer Immobilienfirma. „Einer der besten", attestieren ihm alle. Aber vor einem Jahr hat er die Brocken hingeschmissen. Er hat jetzt einen kleinen Job in einer Musikalienhandlung und widmet sich ganz seiner Musik – er ist Gitarrist in einer Rockband – und seiner Familie. „Der hätte es noch weit bringen können; was für eine Verschwendung“, seufzt sein ehemaliger Chef. Karsten hat seine Entscheidung noch keinen Moment bereut. Er fühlt sich so frei, so lebendig, so richtig wie nie.

VI

Drei ganz normale Menschen. Wie du und ich. Die ihre Überzeugung leben, gegen Widerstände, gegen Unverständnis, ganz unaufgeregt und selbstverständlich. Und daraus Freude und Kraft und Sinn ziehen für ihr Leben. – „Jetzt ist die Zeit der Gnade; jetzt ist die Zeit des Heils.“ Jetzt hab ich ihn doch noch gefunden, meinen Hauptgewinn. Genau das ist es. Dass ich mein Leben in die Hand nehmen, wagen, getrost leben kann, weil es unter Gottes Gnade steht. Dass ich im *Heute* leben kann, weil jetzt die Zeit ist, die Gott mir schenkt. Weil er mich hält. Das Fragezeichen hat sich aufgelöst.

VII

Liebe Gemeinde! Die tollen Tage sind vorbei und die Passionszeit hat begonnen. Zeit, auf das Leiden und Sterben in unserer Welt zu blicken. Jetzt ist Schluss mit lustig! Trotzdem haben wir Grund, fröhlich zu sein. Trotzdem sind wir reich beschenkt. Trotzdem werden wir leben. Denn der Gekreuzigte, dem unser Leiden und Sterben nicht fremd, nicht egal ist, trägt uns. Trägt uns hindurch. „Siehe, jetzt ist die Zeit der Gnade, siehe, jetzt ist die Zeit des Heils!“ Dein Leben steht unter der Gnade Gottes. Er ist dir nah – in jedem Augenblick deines Lebens. Heute Morgen ist uns das zugesagt. Und jeden Morgen für jeden neuen Tag. Amen.

Vorschläge für das Predigtlied

EG 398	In dir ist Freude
EG 171	Bewahre uns, Gott

Fürbittengebet

Barmherziger Gott, wir danken dir, dass du dich in unser Leben begibst, dass du an unserer Seite bist zu jeder Zeit. Dass du da bist, um uns zu retten, um uns aufzuhelfen. Dass du uns auch dem Leid und dem Tod ins Auge sehen hilfst.
Gott, wir bitten dich für alle, die schwer tragen an ihrem Leben:
für die Erschöpften und Verzweifelten, für die, die sich ihren Aufgaben nicht gewachsen fühlen; für die, die unter ihren Lasten zusammenbrechen, für die, die mit ihrem Schicksal hadern; für die, die angefeindet werden, für die, denen man Steine in den Weg legt, für die, die in Streit und Unfrieden leben für die Kranken, für die Sterbenden, für die Trauernden. In der Stille bringen wir die Menschen vor uns, die uns am Herzen liegen und die deine Hilfe nötig haben.

[Stille]

Gott, jetzt ist die Zeit der Gnade, jetzt ist der Tag des Heils. – Wir bauen auf dein Versprechen, dass aus allem Leid und allem Sterben neues Leben wird. Auf dein Leben warten wir und trauen darauf, dass du es uns schenken wirst. Uns und allen Menschen.
Nimm dich unser gnädig an, rette und erhalte uns. Denn dir allein gebührt der Ruhm und die Ehre und die Anbetung, dem Vater und dem Sohn und dem Heiligen Geist, jetzt und immerdar und von Ewigkeit zu Ewigkeit. Amen.

Beate Bentrop

Reminiscere

Jesaja 5,1–7

[Lesung des Predigttextes]

I

Liebe Gemeinde!

Im Wein ist Wahrheit. So sagt man. Da ist etwas dran. Wein, in Maßen getrunken, löst die Zunge. Da kommt dann so manche Wahrheit zu Wort, die vorher nicht zur Sprache kam. In geselliger Runde kann das Heiterkeit hervorrufen – und Zustimmung: „Endlich sagt mal einer, was Sache ist!" Wenn die Wahrheit aber zu deutlich formuliert wird, überdeutlich gar, dann kippt die Stimmung. Dann heißt es schnell: „Der hat zu viel getrunken!" Und wer zu viel getrunken hat, den nimmt man nicht mehr ernst.

Ob die Leute, die das Lied des Propheten Jesaja gehört haben, so reagiert haben, können wir nur vermuten. Jedenfalls ist Wein im Spiel. Viel Wein vermutlich. Der wird bei einem Erntefest getrunken. Die Stimmung ist heiter, ausgelassen womöglich. Da tritt der Prophet auf: „Wohlan, ich will von meinem lieben Freunde singen, ein Lied von meinem Freund und seinem Weinberg." Die Umstehenden strömen zusammen, gießen Wein in die Kelche nach, prosten sich zu. Sie erwarten nun, wie in solchen Situationen üblich, ein Liebeslied. Sie haben da so ihre Erfahrungen. Die wecken Erwartungen. In den Weinbergen treffen sich Liebespaare. Die tuscheln und turteln nur zu gern unter den Reben. Mit dem Kelch voller Wein in der Hand erwarten die Umstehenden nun von Jesaja solch ein Lied. Ein Lied, das auf erotische Abenteuer einstimmt. Die Nacht ist noch lang. Man kann ja nicht wissen, was sie noch bringen wird. Das eine oder andere Paar wirft sich schon mal einen verheißungsvollen Blick zu.

Doch es kommt anders. Statt eines Liebesliedes ertönt eine Ballade über das Böse. Mehr noch: Eine Moritat über Missetaten erklingt. Moritaten beginnen gut und enden böse. Sie enden mit: Und die Moral von der Geschicht' … Vom Mittelalter bis ins 19. Jahrhundert wurden solche Moritaten von Bänkelsängern vorgetragen. Bei Jahrmärkten und Kirchweihfesten stellten sie sich auf eine Bank – daher der Name Bänkelsänger – damit man sie besser hören konnte und trugen ihre Lieder und Moritaten vor. Eine solche Moritat, die gut beginnt und böse endet, kennen die meisten von uns: „Sabinchen war ein Frauenzimmer, gar hold und tugendhaft … ". Sabine verliebt sich in einen Schuster. Der ist ein liederlicher Geselle und verleitet Sabine dazu, ihre „Dienstherrschaft" zu bestehlen. Der Diebstahl fliegt auf. Sabine verliert ihre Anstellung. Sie beklagt sich bitter bei ihrem Geliebten, weil er sie zum Diebstahl verleitet hat. Der bringt sie um und landet deshalb im Gefängnis. Am Ende der Moritat heißt es: „Die Moral von der Geschicht': Trau keinem Schuster nicht! Der Krug, der geht so lang zum Wasser, bis dass der Henkel bricht!"

II

Ein biblischer Bänkelsänger – tritt der Prophet Jesaja hier auf. Erwartet wird von ihm ein Liebeslied. Die ihm zuhören, gehen von sich aus. Sie haben getrunken. Sie nehmen an, dass das auch der Prophet getan hat. Sie erwarten ein paar frivole Wahrheiten von ihm. Wein löst die Zunge. In Maßen genossen, steigert er auch die Aufnahmefähigkeit. So sind die Umstehenden ganz Ohr. Jesaja jedoch ist offenbar stocknüchtern – und hebt an das „Lied vom unfruchtbaren Weinberg" zu singen. So überschreibt jedenfalls die Lutherbibel die Worte, die wir hier miteinander bedenken.

Wie jede Moritat hat auch dieses Lied einen guten Beginn: „Mein Freund hatte einen Weinberg auf einer fetten Höhe." Der Boden des Weinbergs ist äußerst fruchtbar. „Und er grub ihn um und entsteinte ihn und pflanzte darin edle Reben." Mehr noch – der Weinbergbesitzer baut einen Turm von dem aus der Weinberg bewacht werden kann. Und er bereitet eine Kelter vor, in der aus den Trauben Wein werden kann. Der Weinbergbesitzer tut also alles, um zu einem guten Wein zu kommen. Doch alles Vorbereiten und alles Warten sind vergeblich. Der Weinberg bringt keine süßen Trauben, sondern nur schlechte, faulige Früchte hervor.

Das enttäuscht den Weinbergbesitzer zutiefst. Er ist sauer. Und er reagiert so wie ein Mensch, dessen Liebe nicht erwidert wird und erfahren muss, dass alle Mühe, aller Einsatz vergeblich waren: Er ist verletzt. Jesaja, der Moritatensänger, macht deutlich, wer dieser traurige, verletzte, vielleicht sogar heimlich weinende Weinbergbesitzer ist: Es ist Gott selber.

„Das Lied vom unfruchtbaren Weinberg" bezieht die tiefen Schmerzen des „Umsonst" in der Tat auf Gott selber. Jesajas Moritat, die gut beginnt und böse endet, spricht ganz menschlich von Gott. In ihr liebt Gott so, wie es Menschen auch tun. Er liebt mit einer Liebe, die Angst und Sorgen kennt; er liebt mit einer Liebe, die auf Verletzungen mit einer Geduld reagiert, die in Ungeduld umschlägt, wenn sie ohne Erwiderung bleibt; und er liebt mit einer Liebe, die mit tiefer Enttäuschung reagiert, weil sie nicht erwidert wird. Wie Menschen erleidet er den Kummer des „Umsonst" und des „Vergeblich". Und wie bei Menschen liebt er so, dass er eine Antwort erwartet, die dieser Liebe entspricht. Doch wohin er auch blickt: Rechtsbrüche und Ungerechtigkeit, die zum Himmel schreien.

Da seine Liebe enttäuscht wird, reagiert Gott in der Moritat Jesajas wie es Menschen ebenfalls tun. Er ist zornig und zieht sich zurück. Es ist gleichsam so, als ob er sagen würde: „Ich kann auch nichts mehr tun!" Er agiert so menschlich, dass sich sogar die Frage nach dem „Warum?" umkehrt. Aus der Frage: „Warum kann Gott das zulassen?" wird die Frage: „Warum lässt der Mensch das zu?" Aus der Frage nach der Gerechtigkeit Gottes, wird die Frage nach der Gerechtigkeit des Menschen.

Und so kommt es, wie es kommen muss. Gott reagiert wie ein verletzter, enttäuschter Mensch. Er zieht sich zurück und überlässt die Seinen ihrem Schicksal: „Wohlan, ich will euch zeigen, was ich mit meinem Weinberg tun will! Sein Zaun soll weggenommen werden, dass er verwüstet werde, und seine Mauer soll eingerissen werden, dass er zertreten werde. Ich will ihn wüst liegen lassen, dass er nicht beschnitten noch gehackt werde, sondern Disteln und Dornen darauf wachsen, und will den Wolken gebieten, dass sie nicht darauf regnen."

III

Wahrlich keine frohe Botschaft! Die Moritat Jesajas findet kein gutes Ende. Manche von den Umstehenden werden unsicher in ihre Weinkelche schauen und sich fragen, ob sie recht gehört oder vielleicht doch zu viel getrunken haben. Andere werden schlagartig nüchtern geworden sein. Wiederum andere werden erst recht mit dem Trinken angefangen und die unbequeme Wahrheit Jesajas ertränkt haben.[1] Nicht wenige werden gemeint haben, Jesaja habe selber zu tief ins Glas geschaut.

Im Wein ist Wahrheit? Für Jesaja ist das so. Er hat seinen Zuhörern reinen Wein eingeschenkt. Sie wollen zwar nicht davon kosten. Doch Jesaja beharrt auf der Wahrheit, die er am Ende so ausspricht: Gott „wartete auf Rechtsspruch, siehe da war Rechtsbruch, auf Gerechtigkeit, siehe, da war Geschrei über Schlechtigkeit." Und die Moral von der Geschicht'? Ohne Recht und Gerechtigkeit geht es nicht!

Schnell könnten wir uns an dieser „Moral von der Geschicht" vorbei mogeln und sagen: Die „Moral von der Geschicht'" mag damals gegolten haben, doch wir leben in viel besseren Zeiten. Leider werden wir uns vom Gegenteil überzeugen lassen müssen. Die Botschaft der Ballade vom Bösen, ihre „Moral von der Geschicht" gilt noch heute: Ohne Recht und Gerechtigkeit geht es nicht!

Das wird schnell klar, wenn wir die Zeit Jesajas mit heute vergleichen. Um die Mitte des 8. Jahrhunderts vor Christus regiert in Juda und seiner Hauptstadt Jerusalem der König Usia. Er tut das fast fünfzig Jahre lang. In dieser Zeit erleben Juda und Jerusalem einen wirtschaftlichen Aufschwung. Der kommt vor allem der städtischen Oberschicht zugute, die Bauern auf dem Land haben das Nachsehen. Die herrschende Schicht sorgt durch Bestechung und Korruption dafür, dass ihre Privilegien erhalten bleiben. So geht die Schere zwischen Arm und Reich immer weiter auseinander.

Solche Zustände gibt es auch heute noch. Und das nicht bloß in irgendwelchen Bananenrepubliken oder in Ländern wie Rumänien oder Bulgarien. Auch bei uns geht seit Jahren die Schere zwischen Reich und Arm immer weiter auseinander. Gewiss können wir uns viel darauf zugutehalten, in einem Rechtsstaat zu leben. Doch vorhandenes Recht sorgt nicht automatisch für Gerechtigkeit. Etwa 12,5 Millionen Menschen gelten hierzulande als arm. Arm ist man bei uns, wenn man sechzig Prozent und weniger des mittleren Einkommens hat. Besonders betroffen von Armut sind hierzulande Hartz IV-Empfänger und Alleinerziehende. 12,5 Millionen Menschen – das ist

1 Vgl. Jesaja 5, 22.

in etwa die Bevölkerungszahl in Bayern. Geht die Schere zwischen Arm und Reich in unserem Land noch weiter auseinander, dann ist der soziale Friede gefährdet.

Gegen solche Missstände richtet sich die Moritat Jesajas. Es ist ein Protestlied gegen den Mangel an Gerechtigkeit. Was Jesaja in diesem Protestlied seinen Zeitgenossen ankündigt, ist dann tatsächlich Jahre später eingetreten. Im Norden des heutigen Iraks erstarkte ein neues Großreich: Assur. Ein Heer dieses Reiches unterwarf Juda. Jerusalem wurde verwüstet und geplündert.

IV

Damit zu schließen, wäre ganz im Sinne der Ballade vom Bösen, die Jesaja vorträgt. Seine Moritat fängt gut an und hat ein böses Ende. Und die Moral von der Geschicht'? Ohne Recht und Gerechtigkeit geht es nicht! Wird die Moral der Geschichte nicht beherzigt, folgen Gericht und Strafe. Das ist die Botschaft des „Liedes vom unfruchtbaren Weinberg."

Wie darauf reagieren? Abwiegeln? Wer mit dem Gericht droht, der hat zu viel getrunken! Kopf in den Sand? Weiter so – es wird schon nicht so schlimm kommen! Ignorieren? Mir geht es gut – also weiter hoch die Tassen! Einsicht? Und dann sein Verhalten ändern?

Es mehren sich die Anzeichen, dass Letzteres zunimmt. In den Medien häufen sich Berichte, die auf die soziale Schieflage hierzulande hinweisen. Es gibt in unserem Lande eine Initiative von Superreichen, die dem Auseinandergehen der Schere zwischen Arm und Reich dadurch begegnen wollen, dass sie freiwillig mehr abgeben. Oder sie gründen Stiftungen, um das Gemeinwohl zu fördern. Zunehmend treten vor allem junge Leute in Parteien ein, um sich an politischen Entscheidungsprozessen zu beteiligen. Menschen gehen auf die Straße, um für ein geeintes und starkes Europa zu demonstrieren, das für seine Bürger sorgt. Als eine Vielzahl von Flüchtlingen in unser Land kam, haben sich viele für sie engagiert und tun es immer noch. Zudem setzen sich Caritas, Diakonie und andere Hilfswerke bei uns und anderswo für die Ärmsten der Armen ein und werden darin von zahllosen Bürgern mit Spenden unterstützt. Und natürlich feiern wir weiterhin Gottesdienste, weil wir wissen: aus Vergebung erwächst neue Tatkraft. Wenn etwa in der Feier des Abendmahls die Worte Jesu zu hören sind: „Dieser Kelch ist der Neue Bund in meinem Blut, das für euch vergossen wird, zur Vergebung der Sünden" – dann kommt neue Hoffnung auf. Mit dem Wein, den wir dann zu uns nehmen, werden wir an den Mut erinnert, den Jesus Christus uns macht. Er sagt zu uns: „Ich bin der Weinstock, ihr seid die Reben!" In dem Wein, den wir beim Abendmahl zu uns nehmen, ist dann noch einmal eine ganz andere Wahrheit als die, die Jesaja in seinem „Lied vom unfruchtbaren Weinberg" äußert. Es ist die Wahrheit, dass wir in der Nachfolge Jesu vielfältige Frucht bringen.

Ja, es gibt Zustände, da können einem nur Balladen vom Bösen auf die Lippen kommen. Aber, Gott sei Dank, gibt es noch ganz andere Aussichten – und darum Lieder, die voller Hoffnung und Trost sind. Bereits im Buch des Propheten Jesaja findet sich ein solches Lied. Es ist ebenfalls ein Weinberglied. Es ist voller Hoffnung und Trost – und lautet so: „ Zu der Zeit wird es heißen: Lieblicher Weinberg, singet von ihm! Ich, der Herr, behüte und begieße ihn immer wieder. Damit man ihn nicht verderbe, will ich ihn Tag und Nacht behüten." Amen.

Vorschläge für das Predigtlied

EG 219 Herr Jesu Christ, du höchstes Gut

EG 427 So lang es Menschen gibt auf Erden

Fürbittengebet

[Liturg(in):] Lasst uns in Frieden zum Herrn rufen und um seinen Frieden bitten, dass wir Frieden finden unter uns Menschen, um seine Gerechtigkeit, dass alle Menschen zu ihrem Recht kommen und ihnen Gerechtigkeit wiederfährt, um seine Barmherzigkeit, dass alles Leiden ein Ende hat und dass auch wir mit unserer Schuld Erbarmen finden, lasst uns zum Herrn rufen:

[Liturg(in) und Gemeinde:] Herr, erbarme dich

[Liturg(in):] Für alle, deren Leben bedroht ist, für die Kranken und die Sterbenden, für die vom Krieg Heimgesuchten, für die Hungernden, für Flüchtlinge und die Verfolgten, für Ausgebeutete, für Arbeitslose und Arme, dass sie gerettet werden aus ihrer Not und ihnen zu einem neue Leben verholfen wird, lasst uns zum Herrn rufen:

[Liturg(in) und Gemeinde:] Herr, erbarme dich

[Liturg(in):] Für alle, die regieren, dass sie nicht hochmütig und rücksichtslos werden, dass sie weise Entscheidungen treffen und dem Bösen wehren, dass sie das Recht achten und Gerechtigkeit fördern, lasst uns zum Herrn rufen:

[Liturg(in) und Gemeinde:] Herr, erbarme dich

[Liturg(in):] Für uns alle, dass wir nüchtern bleiben, auch wenn wir voller Angst sind, dass wir mutig bleiben, auch wenn wir ohnmächtig sind und dass wir selber nicht der Macht des Bösen verfallen, lasst uns zum Herrn rufen:

[Liturg(in) und Gemeinde:] Herr, erbarme dich

[Liturg(in):] Du Gott der Liebe, des Rechts und der Gerechtigkeit: Nimm dich unser gnädig an. Rette und erhalte uns in und mit Deiner Wahrheit. Bewahre uns in aller Not. Dich beten wir an, den einzigen und allmächtigen Gott, den Vater und den Sohn und den Heiligen Geist, jetzt und immerdar und von Ewigkeit zu Ewigkeit. Amen.

Dieter Splinter

Okuli

1. Petrus 1,13–21

Der Predigttext wird erst im Verlauf der Predigt in der hier angegebenen Übersetzung (13–20: ÜS Basis-Bibel; 21: ÜS W. Schrage) verlesen. Die Zwischenüberschriften gliedern den Text, werden aber nicht vorgelesen.

[1. Fremdheit und die Heidenangst]

Liebe Gemeinde!
Wer könnte sich wünschen, fremd zu sein? Wer fremd ist, kennt sich nicht aus, ist auf andere angewiesen. Weiß nicht, welche Regeln hier gelten. Wenn ich fremd bin, falle ich auf: weil ich die Sprache nicht verstehe oder die fremden Worte nur so holprig beherrsche, dass es jeder sofort merkt. Als ob die anderen mir an der Nasenspitze ansehen: Der gehört nicht hierher!

Fremd sein: Ich weiß noch, wie schwer für mich im Jahr nach der Konfirmation der Umzug meiner Familie war: Weil mein Vater einen beruflichen Neuanfang machte, musste ich mit umziehen. Die alte Klasse verlassen, in der ich zu Hause war, mich wohlfühlte wie der Fisch im Wasser – und in eine neue Schule mit lauter unbekannten Gesichtern: Damals habe ich die Heidenangst kennengelernt. Die hatte mich im Griff, ausgelöst von der Unsicherheit dieses erzwungenen Schrittes. Was, wenn Du dort niemanden triffst, der dich leiden kann? Wenn sie sich selbst genug sind? Eine Heidenangst vor dem Fremdsein nährte meinen Widerstand: Innig, aus tiefstem Herzen hasste ich alles, was mit diesem Wechsel verbunden war: den neuen Beruf des Vaters, die Fahrten, um mögliche Stellen zu begutachten, die Wohnungen, die besichtigt wurden.

Liebe Gemeinde: Das ist die Erfahrung eines Jugendlichen. Ich bin sicher, dass sie – bei kleiner Ähnlichkeit und sehr großer Verschiedenheit – anschlussfähig ist an die Schicksale der unzähligen Menschen weltweit, die aus weit dramatischeren

Gründen die Heimat hinter sich lassen mussten und müssen, auf Wanderschaft gehen oder eben fliehen.

[2. Fremdsein – in der Welt eines Textes]

Es gibt ja noch eine andere Seite der Fremdheit: Manchmal suchen wir sie ja – etwa, wenn wir in den Urlaub gehen. Da spüren wir den Reiz den Neuen, des Unbekannten. Wir wollen doch genau das schmecken: den italienischen Wein, das französische Essen, die Früchte des Meeres. Meine Geschichte im Übrigen hatte ein Happyend: Ich hatte das Glück, Freunde zu finden. Der verhasste Umzug wurde am Ende das Beste, was mir hatte passieren können. Und die Erinnerungen an früher verblassten so schnell, wie die Heidenangst sich auflöste, je mehr ich mich heimisch fühlte.

Biblische Vorbilder sind für alle, die Fremdheit erfahren, Sarah und Abraham: Denen die alte Heimat zu eng wurde; die sich aufgemacht haben, der Verheißung zu folgen, sogar im Alter noch das Neue zu suchen, nicht weniger als das Glück ihres Lebens. Oder Simon und Andreas, Jakobus und Johannes, die gerade ihre Netze flicken und von der Stelle weg diesem Lehrer – kannten sie ihn oder kannten sie ihn gerade nicht? – nachfolgen. Ihre Verheißung: statt Fische zu fangen, sollen sie Menschenfischer sein!

Und damit kommen wir auch zu den Christen, die im 1. Petrusbrief angesprochen sind: Gemeint sind die, die von Gott berufen sind, als Fremde in dieser Welt zu leben – mitten unter Ungläubigen. Ich lese aus dem ersten Kapitel:

> Deshalb macht euch bereit. Bewahrt einen klaren Kopf. Setzt eure Hoffnung ganz auf die Gnade, die euch bei der Offenbarung von Jesus Christus zuteil wird. Lasst euch als gehorsame Kinder nicht von euren früheren Begierden leiten. Sie beherrschten euch, als ihr noch unwissend wart. Vielmehr sollt ihr in eurer ganzen Lebensführung heilig werden – so wie der heilig ist, der euch berufen hat. In der Heiligen Schrift steht: „Ihr sollt heilig sein, denn ich bin heilig." Ihr betet doch zu Gott als eurem Vater. Er richtet jeden nach seinem Tun, ohne auf die Person zu sehen. Führt deshalb ein Leben in Ehrfurcht vor Gott, solange ihr noch hier in der Fremde seid. Ihr wisst ja: Ihr seid von der nutzlosen Lebensweise freigekauft worden, die ihr von euren Vorfahren übernommen hattet – und zwar nicht durch vergängliche Dinge wie Silber oder Gold. Dies geschah viel-

mehr durch das kostbare Blut von Christus, dem fehlerfreien und makellosen Lamm. Schon vor Erschaffung der Welt war er dazu bestimmt. Aber für euch ist er am Ende der Zeit erschienen, die ihr durch ihn zum Glauben gekommen seid an Gott, der ihn von den Toten auferweckt und ihm Herrlichkeit gegeben hat, so dass euer Glaube zugleich Hoffnung auf Gott ist.

Liebe Gemeinde, auch das kann eine Fremdheitserfahrung sein – ein solcher alter Text. Das ist zwar die einfache Sprache der Basis-Bibel, aber die Worte bleiben abständig. Mag sein, dass es eine Brücke gibt von den Erfahrungen von Fremdheit, die wir in unserem Leben, in unserer Zeit machen, hin zu dem Leben in der Fremde, das der Verfasser des Petrusbriefs im Auge hat: Trotzdem bleibt vieles befremdlich.

Weil ihr freie Menschen seid – freigekauft aus der Sklaverei eurer Vergangenheit oder der Sitten und Gebräuche der heidnischen Herkunftskultur oder des säkularen Zeitgeists – weil ihr also freie Menschen seid, sollt ihr auch so leben: Anders, als die Umgebung, in der ihr lebt – als Fremde eben. Wie klingt das in unseren Ohren? Wir wurden – anders als die ursprünglichen Adressaten dieses Briefes – zumeist als Kinder getauft, als Jugendliche konfirmiert; für uns ist es eine Selbstverständlichkeit, Christ zu sein – kaum einer blickt auf eine so grundlegende Lebenswende zurück! Hellhörig registrieren wir die vielen Imperative: „Macht euch bereit! Bewahrt einen klaren Kopf! Setzt eure Hoffnung …! Lasst euch nicht leiten…! Ihr sollt heilig werden! Führt ein Leben in Ehrfurcht!“ Fremdsein – als Aufgabe, als Ziel aller Anstrengungen? Ganz genau, würde uns der Verfasser des Petrusbriefs antworten. Und die biblische Begründung nochmals herausstreichen, die alle Imperative bündelt: „Ihr sollt heilig sein, denn ich bin heilig.“ Vom Heiligkeitsgesetz des dritten Mosebuches bis in die Zeit der christlichen Gemeinde, die im Petrusbrief angesprochen wird, wirkt also das immer gleiche Kraftzentrum: Gottes Heiligkeit, die sich auch durch das Leben der Glaubenden in die Welt ausbreitet.

„Führt ein Leben in Ehrfurcht vor Gott“ – dieser Imperativ, vor allem aber seine Begründung – das ist der Gipfel der Fremdheitserfahrung, die wir machen, wenn wir dem Petrusbrief folgen. Und sogleich wären da die Fragen: Tauschst du die Heidenangst vor dem Leben im Allgemeinen nicht einfach aus gegen die Angst vor einem Gott, der jeden richtet nach seinem Tun, ohne auf die Person zu achten? Ehrfurcht – die Angst vor einem Gott, der bereit ist, Menschen loszukaufen durch das Blut eines fehlerlosen Lammes, was ja bedeutet: durch das Opfer seines Sohnes Jesus Christus? Ein Gott also, der Blut braucht, das fließen muss, um das göttliche Prinzip der Gerechtigkeit zufriedenzustellen? Was wäre das für ein Glauben und zugleich welche Art von Hoffnung auf was für einen Gott?

Ich glaube, dass wir unser Befremden nicht verdrängen, die kritischen Rückfragen keinesfalls zum Schweigen bringen sollten – wenn wir denn das Anliegen des 1. Petrusbriefs fassen wollen. Wie könnten wir denn sonst Heimat finden in der Welt dieses Textes? Darum geht es doch: um die neue Heimat! Deswegen ruft der Petrusbrief auf, den Schritt hinaus in die Fremde zu tun: Weil dort, jenseits alter Gewohnheit oder zeitgeistiger Mode, die neue Heimat ist; das Fundament unserer Existenz als Christenmenschen; die Freiheit von den Zwängen und Bedrängnissen, durch die uns die Heidenangst im Griff hält.

[3. Schritt ins Freie]

Kinder Gottes sein. Das ist das Wesentliche. Frei von der Heidenangst, die so viele Erscheinungsweise kennt: vor Umbrüchen, Aufbrüchen, Veränderungen. Oder besser: Der Petrusbrief ermutigt die Christen zur Veränderung auf der Stelle. Sie bleiben in ihren Lebenszusammenhängen. Dort sollen sie den Schritt hinaus tun in die Fremdheit, die sich aus ihrem neuen Sein als Christen ergibt: Nehmt wahr; schätzt es wert, gestaltet es bewusst, haltet es durch – diesen Schritt ins Freie: Ihr seid Kinder Gottes!

Ja, wir haben ein Problem mit der nüchternen und sachlichen Sprache des Petrusbriefs. In dieses Gewand gehüllt wird kaum sichtbar, was für eine große, begeisternde Sache gemeint ist. Ihr seid freie Menschen, freigekauft aus der Sklaverei unter der Angst. Der Angst vor dem Zerrbild Gottes, der als unbestechlicher Richter jedem gibt, was er verdient – und der, blind und taub ist, keinen kennt, nicht ansprechbar, keine Zuwendung kennt, sondern nur Forderungen.

Nein: Gott hat euch freigekauft – auch von dieser furchtbaren Vorstellung. Und zwar nicht, indem er ein fehlerloses Lamm, seinen Sohn, geschlachtet hätte, um durch dieses blutige Opfer den eigenen Zorn zu besänftigen. Die Vorstellung des Petrusbriefs von Gott ist dagegen anders: Gott gibt sich selbst, um die Welt mit sich zu versöhnen; Gott gibt sich hin, mit allen Konsequenzen. Ihr seid Kinder Gottes und braucht nicht Imperativ für Imperativ eine göttliche To-Do-Liste abzuarbeiten auf dem Weg zu einem heiligmäßigen Leben.

Erst wenn wir den Petrusbrief so lesen, stellt sich Heimatgefühl ein: Als Kinder dieses himmlischen Vaters – das bedeutet doch: freigekauft von der Heidenangst. Nicht verdächtig oder beschuldigt. Diese Heiligkeit Gottes vermag sich festzusetzen im Herzen; breitet sich aus – wirkt weiter, heiligt auch die, die mit ihr in Berührung kommen. Ja, so können wir heilig sein – wie Du, Gott, heilig bist: in Freiheit!

[4. In der Fremde = Herausgerufen]

Was es mit der Heiligkeit der Christen auf sich hat: Martin Luther sagt es so: Heilige sind nicht Vorbilder, die moralisch unerreichbar sind, die in ihrem Leben, in dem was sie sagen und vor allem tun nicht von dieser Welt sind. Heilige sind nicht darum heilig, weil sie Meister der imperativischen, göttlichen To-Do-Listen wären, zu einem übermenschlichen Maß an Verzicht, Leidensfähigkeit, Konsequenz, Friedfertigkeit fähig. Und die entweder als Einsiedler oder als Säulenheilige aus der Alltagswelt heraustreten. Deren Botschaft an alle anderen ist doch nur: Gib's auf! Das bringst du nicht fertig! Einen solchen Rückzug meint der Petrusbrief gerade nicht, wenn er den Christen in Erinnerung ruft, dass sie in der Fremde sind.

Luthers Erkenntnis zeigt: Heilige sind im Gegenteil Menschen, die wissen, dass sie ganz aus der Gnade Gottes leben – und die gar nichts anderes wollen! Sie leben davon, dass Vergebung gewährt, dass Liebe geschenkt, dass Neuanfang möglich ist – immer wieder. Diese Heiligen haben den Sinn für die Wirklichkeit der Verheißung: Wir Christen sind auf dem Weg. Und so gerade, als Menschen, die aus der Liebe Gottes leben – so können sie Vorbilder für unseren Glauben sein. So sind die Heiligen unsere Schwestern und Brüder, sie sind Fremde in dieser Welt – und als Getaufte gehören wir zu ihnen.

[5. Das Gute am Fremdsein]

Was heißt diese befreiende Fremdheit für Euch Konfirmandinnen und Konfirmanden? Wenn sich alle in der Klasse einig sind: Der oder die eine gehört nicht zu uns. Hat das Falsche an, redet nur Blödsinn – der/die ist einfach doof. Die Heidenangst mag sagen: Wenn du da nicht mitmachst – dann bist du der Nächste. Die Heidenangst gibt den Rat: Schau lieber zu, vor allem: Sag nichts! Der Petrusbrief dagegen erinnert Euch: Ihr seid freie Menschen – freigekauft – Kinder Gottes sollt ihr sein! Und nicht vergessen: Auch dieser Mitschüler – so komisch andere ihn finden mögen – ist freigekauft; auch für ihn hat sich Gott gegeben – so wie für Dich!

Freigekauft von der Heidenangst: Für alte Menschen z.B. dann, wenn die Gesundheit schwindet. Ja: Sie ist wichtig – aber sie ist nicht alles! Ja: Unabhängigkeit ist ein hoher Wert – aber nicht die Voraussetzung für ein Leben als Mensch und schon gar nicht als Christ. Ihr seid freie Menschen – freigekauft – Kinder Gottes sollt ihr sein!

Liebe Gemeinde: Immer wieder bekennen wir mit den Christen dieser Welt: „Ich glaube an die heilige, christliche Kirche, Gemeinschaft der Heiligen". Genau das ist damit gemeint: frei sollen wir sein – so wie auch Gott frei ist; frei – und darum nicht mehr auf Gedeih und Verderb der Heidenangst sklavisch ausgeliefert. Nicht Sklaven der Angst, nicht der Gier, nicht des Egoismus – diese Versuchungen sollen, können uns fremd sein und immer fremder werden. Weil wir Kinder Gottes sind – darum sind auch wir Teil der Gemeinschaft der Heiligen und – manchmal mehr, manchmal weniger – nicht von dieser Welt. Das ist das Gute am Fremdsein. Amen.[1]

Vorschläge für das Predigtlied

EG 341,1–4	Nun freut euch, liebe Christen gmein
EG 167	Wir wollen fröhlich singen

1 Wolfgang Schrage, Der erste Petrusbrief. In: Ders., Die Katholischen Briefe: Der Brief des Jakobus, Petrus und Judas; NTD 10; 1973. NTD Bd. 10, 60–122.

Fürbittengebet

Himmlischer Vater: wir danken dir, dass du uns in die Nachfolge deines Sohnes berufen hast. Als deine Kinder rufst du uns in die Freiheit: Lass diesen Ruf unser Herz erreichen, öffne unsere Ohren dafür – dass wir diesen Schritt auch tun.

Du trittst der Heidenangst entgegen, die es auf uns abgesehen hat: Heilig sollen wir sein – doch die Angst isoliert uns und treibt uns in Einsamkeit. Menschen, die niemanden mehr haben will, für die wir Heime anstatt ein Zuhause anbieten. Hilf, lass uns die Einsamkeit erkennen, lass uns Gemeinschaft gründen, die von deiner Gnade getragen wird.

Du trittst der Heidenangst entgegen, die es auf uns abgesehen hat: Heilig sollen wir sein, aber wir geben uns der Verzweiflung und Todesangst hin. Sie nimmt uns das Leben, bevor es bei dir seine Vollendung gefunden hat. Lass dein Heil kundwerden – auch unter den Kranken, Heil, das nicht nur die Seele wieder gesund macht, sondern auch den Körper; Heil, das vollendet, was bereits begonnen wurde.

Du trittst der Heidenangst entgegen, die es auf uns abgesehen hat: Heilig sollen wir sein, voller Vertrauen und Hoffnung – das fällt uns schwer. Lass uns dich wahrnehmen, mit den Augen unserer Herzen, lass uns deine Offenbarung erkennen und deine Gnade annehmen, damit wir mehr und mehr die befreiende, gute Seite unserer Fremdheit begreifen. Auf dich setzen wir unsere Hoffnung. Gemeinsam beten wir weiter, miteinander und füreinander mit Jesu Worten:

Vater unser

Jochen Maurer

Laetare

Philipper 1,15–21

[Lesung des Predigttextes]

[1. Sterben als Übung]

Zwanzig Männer und Frauen haben sich im Tagungsraum versammelt. Zehn von ihnen werden sich gleich auf eine Phantasiereise begeben, die anderen zehn sind die Begleiter. Es ist ein Sterbekurs, zu dem sich die Teilnehmer angemeldet haben. Dabei soll der eigene Sterbeprozess imaginativ erlebt werden. Einen Begleiter zu haben, ist wichtig. Es ist ja schließlich kein leichter Weg, sich auf das eigene Sterben, wenn auch erst einmal nur als Übung, einzulassen. Nach dem ersten Durchgang werden dann die Rollen vertauscht.

Für die einen dient der Sterbekurs als Vorbereitung auf eine ehrenamtliche Tätigkeit als Hospizbegleiter. Andere haben sich angemeldet, weil sie zu Hause schwerkranke Angehörige pflegen. Einige möchten sich aber auch bewusst mit der eigenen Sterblichkeit auseinandersetzen.

Die ersten zehn, die auf die Reise gehen, haben sich auf dem Boden ein Lager eingerichtet: Mit einer Matte zum Liegen, einem Kissen für den Kopf und einer Decke zum zudecken. Dort liegen sie jetzt. Die Begleiter knien daneben. Der Begleiter hat die wichtige Aufgabe, seinem Partner beim Sterben zur Seite zu stehen. Er muss nicht viel tun. Einfach da zu sein, genügt. Vielleicht die Hand halten oder ab und zu ein Glas Wasser reichen. Der Kursleiter beginnt nun mit der Anleitung der Imagination.[1] Es geht darum, sich vorzustellen, im Sterben zu liegen. Sich das eigene Leben vor Augen zu stellen und es in der Vorstellung wie einen Film rück-

1 Nach der Methode der Aktiven Imagination nach C. G. Jung, vgl. z. B. Verena Kast, Imagination als Raum der Freiheit. Dialog zwischen Ich und Unbewußtem. 2. Auflage München 1997.

wärts anzuschauen, von heute bis zum Tag der Geburt. Das Leben wahrnehmen, auch mit dem, was misslungen ist oder unvollendet blieb. Loslassen, was schwergefallen ist: Erfahrungen, Begegnungen, Auseinandersetzungen, Verletzungen und Verluste. Es geht darum, Versöhnungsarbeit zu leisten. Sich aussöhnen mit dem eigenen Leben.

Und dann durch die „Tür" gehen. Schauen, was mich jenseits der Tür erwartet. Wer mich dort empfängt. Einige liegen ganz still da während dieser imaginären Reise. Andere sind unruhig. Aber die Begleiter tun ihr Bestes. Nach einer Zeit holt der Kursleiter die Übenden mit ruhigen Worten wieder in die Gegenwart zurück. Jetzt ist Gelegenheit, sich mit den Begleitern über das Erlebte auszutauschen und von den Erfahrungen zu berichten. „Es war eine gute Erfahrung", berichtet eine Teilnehmerin, „Ich habe jetzt keine Angst mehr vor dem Sterben. Und auch nicht mehr, jemandem auf dem Weg zu begleiten. Auch wenn das jetzt nur eine Übung war, habe ich das Gefühl, dass ich weiß, was beim Sterben geschieht, und das macht es leichter." Der Kursleiter kommentiert das mit dem denkwürdigen Satz: „Wer stirbt, bevor er stirbt, stirbt nicht, wenn er stirbt."

[2. Sterben als Loslassen]

Um das Sterben geht es auch im Predigttext. Aus den Worten des Apostels Paulus an die Gemeinde in Philippi geht hervor, dass er sich ebenfalls in einem Prozess des Loslassens befindet. Er hat Verfolgung und Verhaftung erlebt. Er hat so manchen Konflikt ausgefochten, mit sich selbst, mit dem heidnischen Umfeld, aber auch mit Gegnern aus den eigenen Reihen. Jetzt sitzt er im Gefängnis und hat so die nötige Distanz, auf sein Leben zu blicken. Er hat alles gegeben für die Verkündigung des Evangeliums von Jesus Christus. Diese Verkündigung ist ihm ein Herzensanliegen. Dabei wird für Paulus sogar zweitrangig, was die Beweggründe für die Verkündigung des Evangeliums sind. Er schreibt: „Einige predigen Christus aus Neid und Streitsucht, einige aber auch in guter Absicht: diese aus Liebe, denn sie wissen, dass ich zur Verteidigung des Evangeliums hier liege; jene aber verkündigen Christus aus Eigennutz und nicht lauter, denn sie möchten mir Trübsal bereiten in meiner Gefangenschaft."

Man hört aus diesen Worten heraus, dass es Paulus nicht leicht fällt zu akzeptieren, dass es Menschen gibt, die aus anderen Gründen als er selbst das Evangelium verkündigen. Er hat das immer uneigennützig getan, denn er hat erkannt, dass nur der Glaube zählt. Aber es gibt auch andere Beweggründe. Letztlich spielt es aber keine Rolle, mit welcher Absicht das Saatgut ausgebracht wird. Die Pflanze wächst, wenn sie auf fruchtbaren Boden fällt. So oder so.

Paulus folgert also: Was soll's! Wenn nur Christus verkündigt wird auf jede Weise, es geschehe zum Vorwand oder in Wahrheit, so freue ich mich darüber. Was soll's. Allein das Ergebnis zählt. Deshalb kann Paulus sogar sagen: Ich freue mich darüber. Trotz seiner schwierigen, wenn nicht sogar aussichtslosen Situation lässt Paulus sich nicht entmutigen. Im Gegenteil. Er schreibt weiter:

„Ich werde mich auch weiterhin freuen; denn ich weiß, dass mir dies zum Heil ausgehen wird durch euer Gebet und durch den Beistand des Geistes Jesu Christi." Was auch geschieht, Paulus wird sich nicht entmutigen lassen. Im Gegenteil. Er freut sich trotz aller Schwierigkeiten, trotz des Leids, das er erfahren hat. Weil er weiß, dass er nicht allein ist. Er fühlt sich getragen vom Gebet seiner Gemeinde und vom Geist Christi, der ihm Kraftquelle für sein Leben geworden ist.

[3. Das Licht der Freude]

„In dir ist Freude, in allem Leide – so haben wir gerade gesungen. Die Freude ist Thema des 4. Sonntags in der Passionszeit. Er liegt genau in der Mitte dieser wichtigen Zeit im Kirchenjahr: Die Hälfte der Passionszeit liegt nun hinter uns. Manchmal wird der Sonntag Laetare[2] auch „kleines Ostern" genannt. Denn an diesem Sonntag leuchtet mitten im Leid schon die österliche Freude auf. So gibt es für diesen Sonntag eine eigene liturgische Farbe, auch wenn die wenig verbreitet ist: Das Violett der Passionszeit erscheint im Licht von Ostern heller, wird zum Rosa.[3] Freude, weil das Weizenkorn, das in Erde fällt zwar stirbt, aber nur durch dieses Sterben reiche Frucht bringt. Das ist der Trost des Evangeliums von Jesus Christus, dass der Tod nicht das Ende ist. Dass er nur der Beginn einer Verwandlung ist. Ein Prozess von Loslassen und Neuwerden. Getragen durch die Hoffnung auf das, was wir Ostern erleben werden:

2 Laetare heißt übersetzt „Freut euch", nach Jesaja 66,10.12: „Freuet euch mit Jerusalem und seid fröhlich alle, die ihr sie lieb habt. Siehe, ich breite aus bei ihr den Frieden wie einen Strom." Evangelisches Gottesdienstbuch, 302

3 Ebd.

Dass Jesus Christus vom Tod aufersteht und den Tod ein für alle Mal zunichte macht.

Es ist die Hoffnung auf das ewige Leben, die Paulus in seiner Hoffnung stark macht. Diese Hoffnung trägt ihn – so sehr, dass er sich nicht scheut, einen ähnlichen Weg wie Jesus Christus zu gehen. Einen Weg durch Leiden und Tod. Denn er weiß, dass alles Leiden, das seine Gegner ihm tun können, ihm nicht wirklich schaden kann: wie ich sehnlich warte und hoffe, dass ich in keinem Stück zuschanden werde, sondern dass frei und offen, wie allezeit so auch jetzt, Christus verherrlicht werde an meinem Leibe, es sei durch Leben oder durch Tod.

Ob Paulus lebt oder stirbt – es ist ihm egal. Es zählt einzig und allein, dass Christus an seinem Leib verherrlicht werde. Welch ein Glaube! Paulus weitet die Verkündigung des Evangeliums auf sein ganzes Leben aus. Und so schließt er mit den Worten: „Denn Christus ist mein Leben und Sterben ist mein Gewinn."

[4. Vom Sinn des Sterbens]

Wir sind heute weit entfernt von der glühenden Überzeugung des Paulus, selbst mit seinem Leben und seinem Sterben zum lebendigen Zeugnis Christi zu werden. Dieser Märtyrergeist hat sich mit den Jahrhunderten der Christentumsgeschichte verloren. Wir hoffen aber, dass die Botschaft des Evangeliums unsere Schatten erhellt oder sogar vertreibt. Und der größte Schatten, der alles in Frage stellt, ist der Tod.

Es gilt aber nicht, den Tod so gut wie möglich zu verdrängen, wie es heute oft angesagt ist. Das können wir von Paulus lernen. Wer sich mit der Tatsache auseinandersetzt, dass das Leben irgendwann endet, gewinnt etwas für das eigene Leben, erfährt Sterben „als Gewinn". „Lehre uns, unsere Tage zu zählen, damit wir ein weises Herz erlangen" heißt es in Psalm 90.[4] Der Sinn, der Gewinn des Sterbens ist eine Aufwertung des Lebens: Jeder Tag, jede Stunde, jede Minute ist kostbar. Es gilt, im Jetzt zu leben und das Leben nicht auf später zu verschieben. Sich jetzt mit dem Leben aussöhnen, mit Verletzungen, Enttäuschungen und Sackgassen. Wenn mir das gelingt, dann hat der Tod seine Macht verloren.

4 Ps 90,12, Übersetzung der Bibel in gerechter Sprache

Zurück zu den Teilnehmerinnen und Teilnehmern des Sterbekurses: Sie erlebten ihr „Sterben" als einen Gewinn. Denn sich übungsweise darauf einzulassen, führte zu einer Aufwertung des Lebens. Einer Wertschätzung. Es öffnete die Augen für das, was im Leben wertvoll ist und half, sich mit dem Schwierigen auseinanderzusetzen. Und so hat auch Jesus Christus gelebt: mit offenen Augen für das, was Freude macht – Gemeinschaft und Begegnung, Fest und Feier, Arbeit und Ruhe, Stille und Gebet. Er hat Auseinandersetzungen mit seinen Gegnern nicht gescheut. Und ist auch dem Leiden und Sterben nicht ausgewichen.

Und das hat die Apostel, und Paulus als geringsten unter ihnen, stark gemacht. Sie lebten mit der Überzeugung: Christus ist mein Leben, Sterben mein Gewinn. Wenn wir diesen Satz heute formulieren, würde er vielleicht ein wenig anders lauten. Vielleicht so: Auch im Verlieren kann ich finden und im Loslassen neue Kraft schöpfen. Oder wie es im Lied (EG 94,4) heißt:

So hat es Gott gefallen, / so gibt er sich uns allen.
Das Ja erscheint im Nein, / der Sieg im Unterliegen,
der Segen im Versiegen, / die Liebe will verborgen sein.

Der Sonntag Lätare ist das Große Ja im Nein der Passionszeit. Die Freude in allem Leide. Ein Hoffnungszeichen gegen Angst und Tod. Und eine Ermutigung, eine Bestärkung darin, es dem Tod nicht zu gestatten, uns das Leben zu nehmen. Amen.

Vorschläge für das Predigtlied

EG 398 In dir ist Freude

EG 410 Christus, das Licht der Welt

Lieder zwischen Himmel und Erde Nr. 99: Meine Hoffnung und meine Freude

Fürbittengebet

Freuet euch, dazu ruft uns der heutige Gottesdienst auf. Freude mitten im Leid, Hoffnung mitten in der Dunkelheit. Rettung inmitten der Not. Mitten in unsere Welt hinein stellen wir unsere Anliegen vor Gott.

Wir bitten für Menschen, die auf der Flucht sind, die unter Krieg und Katastrophen leiden, die um vermisste Angehörige trauern und deren Leben schwer geworden ist.
Wir bitten für Menschen, deren Geld nicht zum Leben reicht. Für alle Menschen in Armut und für eine Politik, die Armut bekämpft.
Wir bitten für die Menschen, die in deiner Kirche mitarbeiten und die manchmal verzagen. Und für alle, die in der Kirche Verantwortung tragen.
Wir bitten für Menschen in zerrütteten Familien. Für die Alten und Einsamen ebenso wie für die Jungen und Gestressten.
Wir bitten für Menschen in dunklen Tälern und für die, die sich von dir und ihren Mitmenschen verlassen fühlen.
Wir bitten für Menschen, die Sterbende begleiten oder sich mit ihrem eigenen Sterben auseinandersetzen wollen oder müssen.
Du bist das Licht der Welt, Herr. In deinem Licht wollen wir leben und handeln. Schenke dazu deinen Geist und Segen heute, morgen und bis in deine Ewigkeit. Amen.

Simone Rasch

Judika

4. Mose 21,4–9

Die Zwischenüberschriften gliedern den Text, werden aber nicht vorgelesen.

[Lesung des Predigttextes]

[1. Der abgelegte Ehering]

Seit genau einer Woche liegt der Ring auf dem Nachtschrank. Jeden Abend, wenn er ins Bett geht, fällt sein Blick darauf. Und auch am Morgen, wenn er sich nach dem Weckerklingeln auf die Bettkante setzt, umfängt ihn mit dem Ring eine tiefe Traurigkeit. Die Traurigkeit lässt sich nicht leicht abschütteln. Zwar tut das kalte Wasser ausgesprochen gut, das er sich im Bad ins Gesicht wirft. Mit der Rasur verschwinden auch seine Augenringe etwas, meint er in seinem Spiegelbild zu erkennen. Doch dann sitzt er am Frühstückstisch, und er spürt das Alleinsein fast körperlich. Er versucht sich abzulenken, indem er die neuesten Nachrichten auf dem Smartphone abruft. Aber nichts kann darüber hinwegtäuschen: Seine Frau ist nicht mehr da. Sie wird niemals mehr mit ihm am Frühstückstisch sitzen.

Über 27 Jahre hinweg hat er den Ring getragen, eingraviert das Datum ihres Hochzeitstages, eingraviert auch die Bibelstelle ihres Trauspruchs. Vergangene Woche dann der Gerichtstermin. Danach hat er den Ring vom Finger gezogen und in die Schublade des Nachtschranks geworfen. Am Abend zog er sie wieder auf. Er nahm den Ring heraus und legte ihn direkt unter die kleine Lampe. Seine Frau hatte ihren Ehering bereits Monate vor dem Scheidungstermin abgelegt. Er aber hatte sich gesagt: Noch sind wir verheiratet. Bis es dann tatsächlich nicht mehr stimmte. Seitdem blickt er nun jeden Abend und jeden Morgen auf das Relikt ihrer gemeinsamen Ehe.

[2. Gegenstände mit Symbolcharakter]

Manches Mal haben Gegenstände über ihren eigenen Zweck hinaus eine Bedeutung. Ein Ehering sowieso. Aber beispielsweise auch die Wiege, die auf dem Dachboden abgestellt wurde und seitdem verstaubt. Sie erinnert nicht nur an die ersten Lebensmonate der Tochter, sondern vermag, sobald sie in den Blick kommt, das gesamte Stimmungsgemisch aus Glücksgefühl und Sorge neu zu erwecken. Sie hätte längst bei eBay verkauft werden können. Aber nein, das macht man nicht. Vielleicht schläft ja bald ein Enkelkind darin?

Der Gummibaum auf der Veranda, eigentlich ein Ungetüm, überlebte den letzten Umzug nur, weil er beim großen Geburtstag vor vielen Jahren mit den Wünschen der gesamten Familie geschmückt war. Es ist als hingen diese Wünsche weiterhin zwischen den Blättern. Und Omas Kochbuch, die Seiten vergilbt und zum Teil bereits lose, ist nicht nur einfach eine Koch- und Backhilfe, mit der Familienrezepte an die nächste Generation weitergegeben werden. Sondern beim Lesen von Omas schnörkeliger Handschrift hört man auf wundersame Weise sogar (fast) ihre Stimme.

Erinnerungen sind wichtig. Oft entfalten sie einen eigenen, einen besonderen Geist. Unter bestimmten Umständen hat dieser Geist sogar heilende Kraft. Deshalb lohnt es sich, früher Erlebtes bewusst zu erinnern. Insbesondere in schwierigen, in herausfordernden Zeiten hilft es, die einstmals beschrittenen Lebenswege gedanklich noch einmal nachzugehen.

[3. Das Volk Gottes zwischen Herkunft und Zukunft]

Das Volk Gottes befindet sich bereits seit Jahrzehnten auf seiner Wanderschaft ins gelobte Land. Verheißen ist ihnen ein Land, in dem Milch und Honig fließen. Dorthin sind die Israeliten unterwegs, befreit aus der Zeit als sie Sklaven in Ägypten waren. Doch möglicherweise sind sie bereits zu lange auf Wanderschaft. Insgesamt werden es am Ende 40 Jahre sein. Da hat es jede Verheißung schwer. Jedes Versprechen verliert an Glaubwürdigkeit, wird es nicht eingelöst. Mit der Zeit nagt der Zweifel: So lange schon, und immer noch nicht am Ziel!? Kommen wir überhaupt jemals an?

Möglicherweise ist auch das Lebensumfeld während dieser Jahre zu lebensfeindlich. Weite Strecken nichts als Wüste. Trockenheit, Hitze, Hunger, Durst, Schlangen, Löwen. Der Weg in die Freiheit erweist sich als aufwändig, steiniger als erwartet. Sie schimpfen: „Warum habt ihr uns aus Ägypten geführt? Dass wir sterben in der Wüste?“ Die Gegenwart ist so schwierig, dass die ägyptische Vergangenheit verklärt wird: „Wollte Gott, wir wären in Ägypten gestorben, als wir bei den Fleischtöpfen saßen und hatten Brot die Fülle.“

Eigentlich hätte die Sklavenzeit mit ihren Schrecken noch lebendig sein müssen in den Erinnerungen. Viele Geschichten davon müssten die Älteren den Jüngeren erzählen können. Sie alle hätten diese eine Botschaft: Nie wieder Ägypten! Komme, was da wolle, schlimmer als damals kann es nicht sein. Aber diese Geschichten werden nicht erzählt. Stattdessen dreht sich alles um den Alltag. Das Manna – eine körnerartige, sehr gehaltvolle Nahrung, von Gott extra zur Verfügung gestellt – ist auf die Dauer zu eintönig. Sie beschweren sich: „Uns ekelt vor dieser mageren Speise“. Zudem müssen sie einen Umweg gehen. Denn das Volk der Edomiter gestattet nicht den Durchzug durch ihr Land. Das bedeutet, die Israeliten müssen wohl oder übel umkehren und zunächst erst einmal wieder in Richtung Schilfmeer ziehen.

In ihrer Empörung vergessen sie, woher sie gekommen sind, woraus sie befreit wurden. Und sie vergessen, welches Ziel sie haben. Sie verlieren die Erinnerung an ihre Vergangenheit ebenso wie die Zuversicht, dass eine verheißungsvolle Zukunft auf sie wartet. Die Folge dieser Vergessenheit: Das Tägliche, die Gegenwart wird ihnen zum Problem. Und plötzlich gibt es diese feurigen Schlangen. Deren Biss ist für viele tödlich. Die Israeliten deuten das als Strafe Gottes. Deshalb wenden sie sich an Mose. Er erhält daraufhin von Gott den Auftrag, eine eherne, eine kupferne Schlange an einem Stab aufzustellen. „Und wenn jemanden eine Schlange biss, so sah er die eherne Schlange an und blieb leben.“

[4. Von menschlichen, nicht von göttlichen Problemen]

Diese Geschichte, die im 4. Buch Mose überliefert ist, folgt einem bekannten Schema. Mehrmals während der Wüstenwanderung schimpft das Volk, es klagt, es murrt, es lehnt sich auf gegen Mose und gegen Gott. Jedes Mal gibt es als Reaktion auf das Murren eine Strafe Gottes. Jedes Mal wird Mose deshalb um Hilfe gebeten. Er verwendet sich bei Gott als Fürsprecher und auf seine Fürbitte hin wird das Unheil abgewendet.

Hier jedoch ist manches anders. Die feurigen, die bissigen Schlangen werden nicht ausdrücklich als Strafe Gottes bezeichnet. Sie sind da, ja. Und sie sind schrecklich gefährlich. Aber vielleicht waren sie auch zuvor, waren sie schon immer da? Nur dass Gott jetzt den Blick auf sie lenkt. Auch das Unheil wird nicht, wie in anderen Murr-Geschichten, weggenommen. Die Schlagen werden nicht etwa getötet, anders als es sich das Volk erhofft. Stattdessen erhalten die Israeliten mit dem aufgerichteten ehernen Schlangenbild eine Art Gegengift, während die Schlangen bleiben. Das heißt: Das Gefährliche, das Todbringende wird nicht etwa von oben herab abgewendet. Aber es wird jeder und jedem Einzelnen eine Möglichkeit eröffnet, wie sie bzw. wie er die eigene Rettung erlangen kann.

Das ist kein Wunder. Und es ist schon gar keine Hexerei. Aber eine Kunst ist es. Die Kunst hinzuschauen, ohne vor Angst zu erstarren. Die Kunst, das Bedrohliche als gegeben zu akzeptieren und anzunehmen. Niemand soll der Versuchung verfallen, die Gefahr aufzubauschen, sie zu skandalisieren, das Bedrohungsszenario größer als nötig zu machen. Oder auch anders herum, auch diese Reaktion kennt man: Keiner soll das Ganze bagatellisieren, klein reden, so tun, als sei nichts weiter passiert. Moses Schlangenskulptur zwingt zum nüchternen Blick auf die Realität, und genau dieser führt heraus aus der brenzligen Situation.

Auch die Tatsache, dass von den Schlagen nicht ausdrücklich als von einer Strafe Gottes die Rede ist, ist bemerkenswert. Zwar geraten die Israeliten im Angesicht der bissigen Tiere in Aufruhr. Sofort sind sie bereit, Schuld zuzugeben: „Wir haben gesündigt, dass wir wider den Herrn und wider dich geredet haben." Und sie erhoffen dieser Logik folgend, dass Gott das Problem nun wieder aus der Welt schafft, wo sie doch jetzt ihre Schuld reumütig bekannt haben. Aber möglicherweise hat Gott in diesem Fall gar kein Problem mit ihrer Ungeduld, ihrem fehlenden Vertrauen, ihrer Undankbarkeit. Vielleicht liegen wir ja grundsätzlich falsch, wenn wir meinen, unsere – wie auch immer geartete – schlimme Lage könnte eine Strafe Gottes sein? Vielleicht schickt uns ja gar nicht Gott die dunklen Täler, die Schicksalsschläge, die persönlichen Niederlagen. Vielleicht gehen wir ja in die Irre, wenn wir glauben, Gott entzieht uns seine Güte aufgrund unserer Sünden.

Wenn dem so ist, dann trägt Moses eherne Schlage die Botschaft in sich: Vergebung ist nicht Gottes Thema. Darüber muss mit Gott nicht verhandelt werden. Denn Gott hat damit kein Problem. Sein Anliegen ist es, uns in die Freiheit zu führen. Er zeigt uns, dass wir den Widrigkeiten des Lebens angstfrei begegnen können. Mit seiner Hilfe können wir allem, was uns begegnet, ins Auge schauen. Eingeschlossen jene Probleme, die gegebenenfalls als Folgen eigener Schuld entstanden sind. Nichts muss uns in die Knie zwingen. Moses eherne Schlange richtet auf, lenkt den Blick nach oben und befreit.

[5. Ich will auf Christus blicken]

In diesen Wochen der Passionszeit schauen wir im Besonderen auf Christus und seinen Leidensweg. Unschuldig zum Tode verurteilt, wurde er verhöhnt, verspottet und gegeißelt, und starb jämmerlich am Kreuz. Das Kreuz Christi ist uns darum ein Symbol für das Unrecht, das geschieht, und für das Leid, das wir Menschen einander antun. Wer immer auf den am Kreuz gemarterten Christus schaut, findet für das eigene Leiden Trost bei ihm, dem sterbenden Gottessohn.

Weil aber Gott Christus nicht im Tod ließ, ist uns das Kreuz immer auch zugleich ein Zeichen für das Heil, das uns mit ihm erreicht. Das Kreuz ist uns Symbol für Gottes Rettung im Tod. Über den Tod hinaus sind wir geborgen in Gottes Hand. Deshalb werden Traueranzeigen und Grabsteine mit einem Kreuz geschmückt. Das Kreuz ist ein Zeichen unseres Glaubens an die Auferstehung und das Leben. Das Kreuz Christi ist uns ein besonderes Zeichen. Darum tragen wir es als Bekenntniszeichen. Es ziert Kirchtürme. Bischöfe und Superintendenten tragen es als Amtskreuz, Landeskirchen haben es in ihrem Logo. Auch manches Kreuz an einer Schmuckkette um den Hals wird bewusst als Bekenntniszeichen getragen. Viele Bedeutungen liegen auf dem Kreuz Christi. Auch jene von Schuld und Vergebung, von Sünde und Rechtfertigung des Sünders: „Ihn hat Gott für den Glauben hingestellt zur Sühne in seinem Blut zum Erweis seiner Gerechtigkeit, indem er die Sünden vergibt, die früher begangen wurden. So halten wir nun dafür, dass der Mensch gerecht wird ohne des Gesetzes Werke, allein durch den Glauben."

Wie die kupferne Schlage bei den Israeliten, ist das Kreuz Christi ein Heilszeichen. Schaue ich auf Christus am Kreuz, blicke ich auf. Angstfrei empfehle ich ihm mein Unvermögen. Voller Vertrauen gehe ich mit ihm auch jene Wege, die steiniger sind als erwartet. An seinen Worten orientiere ich mich. In seinem Leben spiegelt sich mein Leben. Das ist ein Wunder. Und ein Gottesgeschenk dazu. Das Zeichen des Kreuzes bräuchte es dazu im Grunde nicht. Doch Gott hat es aufgerichtet, für uns. Es hilft.

[6. Der Weg in die Freiheit]

Nach der Scheidung hatte der Ehering seinen Platz unter der Lampe auf dem Nachtschrank über viele Wochen hinweg. Es war ihm zu einem vertrauten Ritus geworden, vor dem Schlafengehen noch einmal einen Blick auf den Ring zu werfen und ebenso frühmorgens, bevor er in den Tag startete. Die Traurigkeit war manchmal stärker, manchmal schwächer. Dann kam der Tag, an dem er beschloss, den Ring endgültig in der Schublade zu versenken. Doch kaum hatte er sie zugeschoben, zieht er sie wieder auf. Er nimmt den Ring heraus, schaut ihn nachdenklich an, wirft ihn plötzlich mit einem leichten Schwung in die Höhe, um ihn sofort mit der Hand wieder aufzufangen. Er lächelt in sich hinein und steckt den Ring in die Hosentasche.

Am späten Nachmittag, nach Arbeitsschluss, betritt er ein Juweliergeschäft. Dort legt er seinen Ring auf den Tresen und fragt: „Ist es möglich, aus diesem Ring einen anderen Ring zu machen?“ Der Juwelier sieht sich das wertvolle Stück an. „Ja, natürlich ist das machbar. Woran haben Sie denn gedacht?“ „Es soll ein Siegelring werden!“ „Oha“, sagt der Juwelier, „das ist eine Herausforderung. Aber es ist möglich.“ Gemeinsam schauen sie sich verschiedene Beispielexemplare an. „Was soll auf die Siegelfläche?“, fragt der Juwelier. „Ich möchte kein Wappen oder so etwas,“ antwortet er, „das darf eine glatte Fläche sein. Ein „Siegel“ trägt der Ring doch bereits. Schauen Sie, im Innenrand eingraviert ist mein ehemaliger Trauspruch.“ Beim Verlassen des Geschäftes denkt er: „Seltsam, der Juwelier hat gar nicht wissen wollen, welche Worte unter der Bibelstelle zu finden sind. Ich hätte sie ihm gern verraten.“ Amen.

Vorschläge für das Predigtlied

EG 83,1+4+6	Ein Lämmlein geht und trägt die Schuld
EG 97,1–6	Holz auf Jesu Schulter

Fürbittengebet

Gütiger Gott, verbirg dein Gesicht nicht vor uns. Komme uns nahe und gib uns deine Kraft. Verwandle uns zu den Menschen, die du gewollt hast.
Wir hoffen auf dich: Wir wollen an das Gute glauben, auch wenn manches dagegen sprechen mag. Wir wollen füreinander da sein, selbst dann, wenn die eigenen Lasten schwer wiegen. Wir wollen einander unsere Fehler vergeben, obgleich das selten leichtfällt.
Wir bitten dich: Für die Menschen, die am Rande unseres Lebens stehen. Für alle, die Gewalt und Unrecht ertragen müssen. Für jene, die Schuld auf sich geladen haben. Für die, die traurig sind.
Gütiger Gott, erhelle unser Leben. Schicke uns Zeichen deiner Liebe, deiner Gerechtigkeit, deiner Treue, deiner schöpferischen Kraft, deiner Wahrhaftigkeit und deiner Vergebung. Amen.

Jürgen Schilling

Palmarum

Jesaja 50,4–9

Der Predigttext wird erst im Verlauf der Predigt verlesen. Die Zwischenüberschriften gliedern den Text, werden aber nicht vorgelesen.

Liebe Gemeinde!
Palmsonntag ist heute. Wir stehen am Weg. Wir schauen aufs Kreuz. Wir lesen die Passionsgeschichten in der Bibel. Und wir fragen uns: Wer ist der, der da kommt? Wer ist der, der so viel erträgt? Was trägt ihn? Was trägt Jesus um Himmels Willen da durch?

Jesus

Liebe Gemeinde, Palmsonntag erzählen wir vom Einzug Jesu in Jerusalem. Es leuchtet ein, dass Jesus irgendwann in diese Richtung musste. Hinauf nach Jerusalem, hinauf in den Tempel als Zentrum des Glaubens und ins Zentrum politischer Macht. Wenn Jesus selbst seine Botschaft ernst nimmt, dann muss er da irgendwann hinauf. Das leuchtet mir ein. Galiläa ist Provinz. Da wohnen zwar die Menschen, die Jesus am allermeisten brauchen und die ihn auch verstehen, viele ziehen ja sogar mit ihm. Aber wenn sich wirklich was verändern soll, dann muss die Botschaft aus der Provinz an die Orte der Macht. Das leuchtet mir ein. Auch verstehe ich wohl, dass Jesus eigentlich nicht umkehren kann auf seinem Esel. Wenn er glaubwürdig bleiben will, vor Gott, vor sich und vor den Menschen, dann muss er weiter. Auch das verstehe ich. Aber woher nimmt Jesus die Kraft? Er hat doch wohl mit allen Fasern gespürt, dass es gefährlich wird, dass es nur Sieg oder Untergang für ihn werden muss? Dort in der Stadt auf dem Berg, überfüllt mit Pilgern, bewacht von höchst nervösen Römern – das war ein Pulverfass im Jahr 33. n. Chr. Wer ist der, der da hineingeht? Woher nimmt Jesus seine Kraft? Was trägt diese Heilsgestalt– um Himmels Willen?

Ich möchte auf zwei weitere Heilsgestalten einen Blick werfen. Eine, die nach Jesus, und eine die vor Jesus lebte. Ich möchte eine Antwort auf meine Frage finden.

Ich möchte wenigstens eine Ahnung davon bekommen. Woher nahmst du Deine Kraft, Jesus?

Dietrich Bonhoeffer

Im Juli 1944 schrieb Dietrich Bonhoeffer in seiner Gefängniszelle das Gedicht: „Wer bin ich?" Ein paar Zeilen möchte ich daraus zitieren:

„Wer bin ich? Sie sagen mir oft,
ich träte aus meiner Zelle
gelassen und heiter und fest,
wie ein Gutsherr aus seinem Schloss.
Wer bin ich? Sie sagen mir auch,
ich trüge die Tage des Unglücks
gleichmütig lächelnd und stolz,
wie einer, der Siegen gewohnt ist.

Bin ich das wirklich, was andere von mir sagen?
Oder bin ich nur das, was ich selbst von mir weiß?
Unruhig, sehnsüchtig, krank, wie ein Vogel im Käfig,
ringend nach Lebensatem, als würgte mir einer die Kehle,
…
müde und leer zum Beten, zum Denken, zum Schaffen,
matt und bereit, von allem Abschied zu nehmen?
Wer bin ich? Einsames Fragen treibt mit mir Spott.
Wer ich auch bin, Du kennst mich,
Dein bin ich, o Gott!" [1]

Woher nahm der Theologe Dietrich Bonhoeffer die Kraft für den Widerstand gegen Hitler und seinen Machtapparat? Lange haben Frauen und Männer des Widerstan-

1 Aus: Dietrich Bonhoeffer. Widerstand und Ergebung, 1955, S. 242f/; zitiert aus: Bibel in gerechter Sprache.

des um Klarheit gerungen, bis sie den Weg gingen, der für viele von ihnen in den Tod führte. Es leuchtet mir ein, dass wer so dachte und verstand wie diese Leute, konnte irgendwann nicht umkehren. Auch verstehe ich wohl, dass wer etwas verändern will, bis ins Zentrum der Macht gehen muss. Aber woher nahmen sie die Kraft, sie werden doch wohl mit allen Fasern gespürt haben, dass es gefährlich wird, dass es nur Sieg oder Untergang für sie werden würde. Dietrich Bonhoeffer saß schon zwei Jahre im Gefängnis, da schreibt er seine Zeilen. Wer bin ich? Und antwortet, ganz zum Schluss: Dein bin ich, o Gott.

Nur wenige Worte. Ganz klein stehen sie da. Und doch ruht auf ihnen das ganze Fundament. Wer du bist, Dietrich Bonhoeffer? Jetzt später lese ich das und erkenne: Ein Mensch, der inmitten allen Leidens ganz klein und doch zugleich so groß weiß: In Gott bin ich. Bonhoeffers Briefe aus der Haft, erschienen im Büchlein „Widerstand und Ergebung“ spiegeln Bonhoeffers Suche nach diesem tragenden Gottesfundament. Er umkreist den Gedanken: Wer bin ich? Wohin geht mein Weg? Führst du Gott, mich diesen Weg? Ja, Dein bin ich, o Gott!

Auch Jesus war ja voller Angst, wie könnte es denn anders gewesen sein! Lass diesen Kelch, dieses Gefäß voll Leidens doch an mir vorübergehen. Und es kommt so schlimm für ihn. Was trägt Jesus aus Nazareth, was trägt ihn? Was trägt Jesus um Himmels Willen da durch? Auf welchem Fundament ist Jesus gegangen?

Jesajas Gottesknecht

In der Überlieferung seines jüdischen Volkes gibt es die Erinnerung an die Gestalt des Gottesknechtes. Im prophetischen Buch Jesaja wird von ihm erzählt. Einen Namen hat er nicht. Nur: Knecht, Diener Gottes. Lieder sind überliefert, die sogenannten Gottesknechtslieder. War es eine einzelne prophetische Persönlichkeit? Oder war mit ihm eher symbolisch das ganze Volk Israel gemeint? Manchmal scheinen beide Lesarten möglich. Doch wie hat Jesus sie gehört? Ich stelle mir vor: Jesus hat sich mit ihm verglichen. Er fand sich wieder in ihm. Hören wir einmal hinein in eines dieser Gottesknechtslieder bei Jesaja im 50. Kapitel:

[Lesung des Predigttextes]

Beauftragt fühlt sich der Gottesknecht, beauftragt von Gott. Beauftragt, einen Weg zu gehen, der nicht schön aber nötig ist. Für die Beauftragung bekommt er die Fähigkeit geschenkt, Müde aufzurichten. Und jeden Morgen wird er geweckt von Gott. Er hört. „Gott hat mir das Ohr geöffnet", sagt er. Was für eine Gabe von Gott! Vielleicht auch bekommt er deshalb den Ehrennamen: Gottesknecht. Doch was hört der Gottesknecht? „Gott hat mir das Ohr geöffnet, und ich sträube mich nicht. Ich weiche nicht zurück". Es muss an dem, was der Gottesknecht von Gott hört und was er dann für andere verkörpert etwas sein, das ihn leidend macht. Er wird dafür geschlagen, mit Striemen über den Rücken, ins Gesicht geprügelt. Er wird verhöhnt und bespuckt und beschämt.

Die Lieder des Gottesknechtes entstehen ungefähr in der Mitte des 5. Jahrhunderts vor Christus. Da war ein Großteil des jüdischen Volkes nach Babylon verschleppt. Jerusalem und der Tempel, ganz Israel waren zerstört und eingenommen. Doch beharrlich hält da einer oder eine kleine Gruppe von Menschen im Exil die Hoffnung wach: Eines Tages, eines Tages werden wir zurückkehren. Eines Tages, werden die jetzigen Herrscher ihre Macht verlieren, „schaut, sie alle zerfallen wie ein Kleid, von Motten zerfressen." Wer so spricht, zu allen Zeiten, wer den Leidenden eine Hoffnung entgegensetzt und den Herrschenden ihre ewige Macht abspricht den erwarten Demütigungen, Hass und Haft. Woher nahm der Gottesknecht um Himmels Willen seine Kraft?

Es leuchtet mir ein, dass, wer jeden Morgen Gott so hört, auch aussprechen muss, was er hört. Auch verstehe ich wohl, dass der Gottesknecht von der Hoffnung auf Heimkehr, auf eine Veränderung der Verhältnisse für Israel reden muss. Aber woher nimmt er die Kraft? Und es ist da eine große Kraft: „Darum mache ich mein Gesicht hart wie ein Kieselstein!" Nicht leise wie im Bonhoeffergedicht, sondern hier mit aller Kraft ruft, schreit es der Gottesknecht dem Gegenüber zu: „Ich weiß, dass ich nicht zuschanden werde. Nahe ist mir die Macht, die mich gerecht macht. Gott, die Macht über uns hilft mir, darum werde ich nicht beschämt. Schaut, Gott, die Macht über uns hilft mir." Was für ein Fundament für den Gottesknecht! Gott gibt ihm Halt. An Gottes Macht hält er sich fest.

Ob in Jesus Sätze wie diese lebendig waren? Ich kann es mir nicht anders vorstellen, denn in dieser Tradition ist er zu Hause, in den Synagogen und auf Wallfahrten groß geworden. Was trägt Jesus aus Nazareth? Was trägt Jesus um Himmels Willen da durch? Was trug er in sich? Auf welchem Fundament ist Jesus gegangen?

Die Antwort ist: Gott. Ja, um des Himmels Willen, sagt Jesus im Garten Gethsemane ein letztes Mal: „Ja, Ich nehme den Kelch, ich gehe weiter." „In Gott bleibe ich", so weiß es Bonhoeffer, vielleicht gar nicht groß und sicher, aber doch so, dass eine Stärke im Leiden wachsen kann, die aushält, bis zum Ende und darüber hinaus. Ich stelle mir vor, wie lebendig Gott in den Heilsworten seines Volkes Jesus getragen hat. Unter seinen Füßen gab dieses Fundament Halt. „Wie der Gottesknecht werde ich an Dir, Gott, festhalten. Ja, ich bin dein Knecht, dein Diener, Gott. Du hilfst mir." So könnte Jesus hindurch gegangen sein, nicht siegreich sicher, nein, ringend, sich immer neu festhaltend, am Glauben anderer vor ihm. Gott führt hindurch – bis Ostern.

Bin ich Jesus? Bin ich Jesajas Gottesknecht? Sind wir Bonhoeffer? Nein, aber wir sind das Volk. Nicht das Volk Israel. Aber ein Volk auf Erden, das ebenso wie alle anderen dafür mitverantwortlich ist, dass eines Tages der große Schalom sich auf der Erde ausbreitet. Gewiss ist das eine große Utopie, doch eine, für die Jesus den Weg ans Kreuz auf sich genommen hat. Was ist meine Aufgabe heute? Wohin führt unser Weg – um Himmels Willen? Vor allem aber, auf welchem Fundament gehen wir? Was gibt uns Kraft? – du, Gott! Dein bin ich, o Gott. In deine Hände befehle ich meinen Geist. Schaut, Gott, die Macht über uns, hilft mir. Amen.

Vorschläge für das Predigtlied

EG 81, 1.2.9.10 Herzliebster Jesu

EG 65, 1.2.3.7 Von guten Mächten

Fürbittengebet

„Dein bin ich, o Gott." Für uns beten wir. Wir möchten lernen, uns hineinfallen zu lassen in dich Gott. In Situationen, die aussichtslos sind, die wir nicht ändern können, da hilf uns, dir zu vertrauen.

„In deine Hände befehle ich meinen Geist." Für Menschen mit großer Verantwortung beten wir. dass sie ein sicheres Fundament trägt. Dass Glaubenserfahrungen anderer ihnen Kraft geben. Schenke ihnen offene Ohren für deine Worte.
„Schaut, Gott, die Macht über uns, hilft mir." Danken möchten wir für alle, die mutig deine Heilshoffnung in der Welt leben. Für alle, die dafür Leiden auf sich nehmen bitten wir dich Gott. Lass es am Ende aller Leiden in deiner Welt Ostern werden. Amen.

Ruth-Elisabeth Schlemmer

Gründonnerstag

1. Korinther 10,16–17

Der Predigttext wird zu Beginn verlesen. Die Überschriften werden mitgelesen.

Liebe Gemeinde!
Die Erfahrung des Abendmahls: Eine Begegnung eigener Art, einander intensiv zu begegnen und Gott nahe zu sein: Etwas von der „Fülle des Lebens" – Brot und Wein als einfache, aber doch überschwängliche Zeichen.

Wo eine Gemeinde nicht im Abendmahl diese Erfahrung macht, da fehlt etwas Entscheidendes, da fehlt ihr etwas von der Gegenwart Gottes und von der Gemeinschaft der Heiligen. Da fehlt ihr die Erfahrung von göttlicher Fülle und menschlicher Solidarität, von geistlicher Einheit und menschlicher Vielfalt. Da fehlt der Gemeinde die Erfahrung, wie nahe Gott ihr gerade in ihrer Schwäche und Verletzlichkeit, in ihren Zweifeln und ihrer Mutlosigkeit kommt. Die Gemeinschaft des Leibes Christi ist seine Gemeinschaft mit den Schwächsten, den Verlassenen, den Ausgeschlossenen und den Abgelehnten. Die Gemeinschaft seines Leibes ist die Gemeinschaft der Sünder, die er an seinem Tisch heiligt. Wo es in Gottesdiensten diese Erfahrung gibt, da ist die Gemeinschaft des Leibes Christi, da erfahren Menschen in Brot und Wein die freundliche und stärkende Gemeinschaft mit Gott.

Genau darauf läuft auch dieser kleine Abschnitt aus dem Korintherbrief hinaus, der uns heute in der Predigt beschäftigt: Paulus ruft den Korinthern ins Bewusstsein, was sie an der Abendmahlsgemeinschaft haben – vor dem Hintergrund, was sie aufs Spiel setzen, wenn sie sich davon entfernen!

Da schreibt er vom Götzendienst, den die Korinther meiden sollen – und das Beispiel, das er anführt, kommt ganz harmlos daher: Bei einer Einladung wird der Gast von seinem griechischen Gastgeber darauf hingewiesen, dass er das Fleisch zur Ehre des Zeus oder der Demeter (Ernte) oder des Hermes (Geschäft) oder einer anderen Gottheit essen möge – und davor eben warnt Paulus: Ihr könnt nicht zugleich den Kelch des Herrn trinken und den Kelch der Dämonen, der Schicksalsmächte – beides geht nicht miteinander.

Mit solchen Dämonen und Götteropfern haben wir es ja vorderhand nicht mehr zu tun – und wo die Predigt sie heraufbeschwört, da empfinde ich das immer als eine künstliche Dramatisierung, die nicht überzeugt. Aber etwas entscheidendes liegt doch in dieser Unterscheidung: Es gibt immer wieder Punkte, an denen man sein Leben nur als eines, als ein Ganzes leben kann – man kann nicht das Abendmahl feiern und gleichzeitig meinen, man könnte die Gegenwart Gottes noch anders und besser erfahren als in den einfachen Gaben von Brot und Wein und den Worten, die mit ihnen die Gemeinschaft des Leibes Christi verbinden.

Die in Brot und Wein erfahrbare, von seinem Wort gestiftete Gemeinschaft ist tatsächlich die höchste und tiefste Erfahrung der Gegenwart Gottes und der Gemeinschaft in seinem Namen: Und Paulus begründet das auf dreifache Weise:

1. Der gesegnete Kelch – die Gemeinschaft des Blutes Christi

Da erinnert Paulus an die Abendmahlsworte Jesu, wie er sie – gemeinsam mit dem Evangelisten Markus – aus der Überlieferung der Jünger und der Apostel kennt. Aber er kehrt die Reihenfolge von Brot und Wein um. Der Kelch rückt den Gedanken des alten und neuen Befreiungsbundes an den Anfang, den Gott mit seinem Volk Israel und darüber hinaus in Christus mit den Völkern der Welt geschlossen hat.

Wenn von der Gemeinschaft des Blutes Christi gesprochen wird, dann ist das nicht im wörtlichen Sinne zu verstehen, oder gar bezogen auf den Kelch, aus dem wir trinken! Wein bleibt Wein! Aber mit seinem Wort wird der Wein zum vollkommenen Zeichen dafür, dass dieser Bund mit dem „teuren Blut" Christi besiegelt ist – keine Menschenopferphantasie und kein göttlicher Sadismus – die letzte Realität menschlicher und göttlicher Hingabe ans Leiden. Der Lobpreis über den Weinbecher eröffnet das Passahmahl am Sederabend: die Erinnerung an die Befreiung aus Ägypten. Paulus stellt das Abendmahl in die Passahfesttradition und in die Tradition der Deutung Jesu. Der Kelch ist der neue Bund in meinem Blut. Der Bund, den Gott in Christus stiftet – Befreiung und Gemeinschaft – könnte nicht tiefer besiegelt werden.

2. Das Brot, das wir brechen, ist die Gemeinschaft des Leibes

Der Auferstehungsleib hat eine zweifache Dimension, er ist zugleich der Leib des Auferstandenen und die leibliche Gemeinschaft der Menschen in seiner Kirche. Die in Brot und Wein empfangene und im Wort Jesu gedeutete, von ihm gestiftete Gemeinschaft ist seine leibhaftige Gegenwart unter den Menschen, die leibliche Gegenwart des Auferstandenen in der Welt!

Das Abendmahl ist Jesu Antwort auf die Frage nach der Gegenwart des Auferstandenen, die Jesus den Jüngern schon vor seinem Tod gegeben hat – ohne dass sie sie verstehen konnten, bevor sie ihm nicht als dem Auferstandenen begegnet waren: die Erzählung von den Emmaus-Jüngern – der Karfreitag ohne Abendmahl. Jetzt in der Erinnerung an Jesus so zu feiern, als wäre er es selbst, der Brot und Wein spendet, das verbindet uns heute am Gründonnerstag mit dem letzten Abend seiner Gegenwart bei den Jüngern!

3. Ein Brot, ein Leib

Da macht Paulus etwas bewusst, was bei den Worten Jesu nur indirekt gesagt ist: Die Teilhabe an Brot und Wein stiftet Gemeinschaft – alle haben Anteil am selben, am neuen, geheiligten Leben, das es nur in der Verbindung untereinander gibt, am Reich Gottes: Wir haben Anteil, einen leibhaftigen Anteil an der Gemeinschaft des Lebens, indem wir Brot miteinander teilen und aus dem selben Kelch trinken.

Darin ereignet sich etwas zutiefst Fremdes in unserer hochindividualisierten Gesellschaft: Niemand möchte dem anderen zu nahe kommen, das ist die Grunderfahrung in der modernen Gesellschaft. Wir halten immer ein wenig Abstand, eine Armeslänge. Das ist der allgemeine bürgerliche Abstand, den wir nur im Raum persönlicher Intimität durchbrechen.

Hier wird die Distanz selbst zwischen Menschen durchbrochen, die sich fremd sind. Ja, die sich sogar feind sein könnten. Eine Begegnung jenseits der Grenzen unseres bürgerlichen Lebens ereignet sich. Wir kommen mit dem anderen, mit seiner leibhaftigen Existenz und ihren Eigenheiten und Schwächen in direkten Kontakt. Nicht ein für allemal wird die Distanz aufgehoben, aber es wird doch grundsätzlich die Möglichkeit erfahren, dass sie aufgehoben werden kann, ja, aufgehoben ist, wo wir uns in der Gemeinschaft des Leibes Christi begegnen. So kommt die christliche Gemeinschaft auf den Weg der Verwandlung – auf dem Weg der Entwicklung von Gemeinschaft im Glauben – und das heißt auch des eigenen Glaubens.

Die Erfahrung des Abendmahls wird dort intensiv, wo es so gefeiert wird: In der Hoffnung auf Verwandlung, auf die Verwandlung des eigenen Glaubens, auf die Verwandlung der Gemeinschaft im Glauben, ja, auf die Verwandlung der ganzen Welt zur Fülle des Reiches Gottes. Entscheidende Abendmahlserfahrungen ereignen sich dort, wo diese Hoffnung zu einer lebendigen Erfahrung wird. Abendmahlsfeiern bleiben dagegen starr und unlebendig, wo diese Verwandlung und Entwicklung keine Rolle spielt. Dann wird das Abendmahl zu einer toten Pflichtübung, die alles zerstört, was die Gemeinschaft des Leibes und Blutes Christi an Segen über uns und die Kirche bringen kann.

Die Verwandlung macht nicht halt vor den Grenzen unserer Erfahrungen von Scheitern und Schuld, von Versagen und Ohnmacht: Erinnerung an die letzte Nacht heißt immer: Erinnerung an den Verrat. Durch den Verrat hindurch kommt Gottes Reich – auch zum Verräter: Im Abendmahl wird die Kirche jedes Mal wieder neu, trotz des Verrates an der Sache und an Jesus – mit unserem Scheitern haben wir Anteil an der Gemeinschaft und an dieser Verwandlung der Welt zur Fülle und zum Heil.

Auch in der Erinnerung an das Abschiedsmahl Jesu wird daraus keine düstere Feier – als wären die Sünden nicht wirklich vergeben – sondern vielmehr: ein Freudenfest, dass die Liebe den Verrat überlebt: Der Tod Jesu nimmt mir eigene und fremde Schuld aus der Hand – damit die Liebe alle Freiheit hat, durch die Nacht zu gehen. Amen.

Vorschläge für das Predigtlied

EG 221	Das sollt ihr, Jesu Jünger, nie vergessen
EG 229	Kommt mit Gaben und Lobgesang

Fürbittengebet

Jesus Christus, unser Herr,
im Abendmahl bist du mitten unter uns und machst uns zu deiner Kirche. Wir danken dir für das Zeichen deiner Liebe. Sei uns ein Beispiel und höre unsere Bitten für unsere Geschwister im Glauben:
Sende deinen Geist, um Spaltungen zu überwinden und Gemeinschaft an deinem Tisch zu ermöglichen. Hilf uns teilen und helfen, wo Menschen von Sorgen bedrückt werden oder krank und hilfsbedürftig sind. Lass uns denen Mut spenden, die belächelt und ausgegrenzt werden, damit sie ihren eigenen Weg finden und gehen können.
Bleibe bei uns, von nun an bis in Ewigkeit, Amen.

Georg Lämmlin

Karfreitag

Hebräer 9,26b–28

Der Predigttext wird zu Beginn nach der hier abgedruckten Übersetzung verlesen.

Jetzt, am Ende der Zeiten, ist Christus *ein für allemal erschienen,* um durch seine Hingabe als Opfer die Sünde aufzuheben. Und wie es den Menschen bestimmt ist *einmal* zu sterben, danach aber das Gericht: so ist auch Christus *einmal* geopfert worden, um die Sünden vieler wegzunehmen; zum zweiten Mal wird er nicht der Sünde wegen erscheinen, sondern denen, die auf ihn warten, zum Heil.

Liebe Gemeinde!
Heute, an Karfreitag, blicken wir auf das Kreuz. In so gut wie jeder Kirche hängt eines, jedes mit einer besonderen Geschichte. Kaum eines sieht aus wie das andere, es ist der Fingerabdruck des Kirchengebäudes. Wissenswertes zu erzählen, in welchem Jahrhundert welcher Künstler oder welche Künstlerin daran warum wie gearbeitet hat, erzeugt oft einen seltsamen Effekt: Distanz; sicherer Abstand zu diesem Kreuz, das meist groß und zentral vor uns hängt.

Wir brauchen diesen Abstand zwar. Wir brauchen eine Distanz zu diesem Zeichen unseres Glaubens. Auch der große Theologe am Ende des ersten Jahrhunderts nach Christi Tod, der den Hebräerbrief geschrieben hat, hat diesen Abstand zum Kreuz gewahrt. Er ist Theologe, er schreibt über das Geschehen auf Golgatha im Abstand von etwa 60 Jahren, und er erklärt es uns. Und durch die Erklärung sind wir und er in der Lage, sich dem Ganzen zuzuwenden, vorsichtig nachdenkend. Man muss sehr vorsichtig sein und sich selbst viel erklären oder erklären lassen, um mit der Kreuzigung Jesu umgehen zu können.

Ich will auch vorsichtig bleiben in meiner Predigt. Es geht um schreckliche Zusammenhänge. Es geht um einen Menschen, der gefoltert wurde, bevor er qualvoll starb. Einer von vielen, die in brutalen Zeiten durch staatliche Machtausübung zu Tode gequält wurden. Wer zählt die Leichen? Wer kann es aushalten, an die Schmerzen, die Angst und die Verzweiflung auch nur zu denken, in denen Menschen unzählige Male bis heute zu Grunde gehen müssen. Wir ahnen genau, worum es geht. Ich werde nichts davon ausmalen, wir sind Brüder und Schwestern und wir werden heute dem Leiden, das in der Welt tobt, gegenüber respektvoll bleiben. Wir schauen auf das Kreuz und aus Respekt vor dem vielen, was Menschen erleiden, bleiben wir stumm und ratlos.

Das ist etwas, was zu Karfreitag gehört. Zu wissen, wie der Theologe im Hebräerbrief schreibt, dass das Ende der Zeit erreicht ist, wenn man sich dem Leiden nähert. Wer leidet, wer gequält auf den Tod zugeht, sieht keine Zeit mehr, hat keine Zukunft und keine Vergangenheit über diese endgültigen Momente des Leidens hinaus. Egal ist, was vorher war, ununterscheidbar vom Schmerz des Augenblicks ist das, was kommen wird. Wer immer behauptet, dass Leiden einen Sinn hat, der verliert den Respekt vor dem Leiden. Leiden hat keinen Sinn und im Leiden tritt das Ende der Zeit ein. So ist Jesus gestorben, wie unendlich viele Menschen auch. Karfreitag: Ende der Zeit, Ende der Zukunft, Ende der Zeiten.

Vorsichtig, ratlos und respektvoll bleiben wir zurück. Denn wir leben und wir haben Zukunft und eine Vergangenheit, die uns bis zu diesem Moment hat werden und wachsen lassen. Wir haben Erfahrungen gesammelt bis heute, Erfahrungen von Freude und Liebe, Freiheit und Glück genauso, wie Erfahrungen von Schuld, Schmerzen, auch Leid, Angst und Versagen. Wir wissen nicht, was noch alles auf uns zukommen wird.

Der Hebräerbrief nennt vom Verlauf des menschlichen Lebens nur eine aufs äußerste konzentrierte Kurzfassung: „Es ist dem Menschen bestimmt zu sterben, danach aber das Gericht." Eine Kurzfassung, die sich auf die Karfreitagsaspekte des Lebens beschränkt, Tod und Verantwortung für das Gewesene, Gericht. An diesen beiden Stellen sind wir unvertretbar, kann es nur mit uns um uns gehen. Man kann auch sagen, im Sterben und in der Verantwortung für unser Leben stehen wir ganz allein da. Hören wir dem respektvoll distanzierten Theologen, der den Hebräerbrief geschrieben hat, noch einmal zu:

Jetzt, am Ende der Zeiten, ist Christus ein für allemal erschienen, um durch seine Hingabe als Opfer die Sünde aufzuheben. Und wie es den Menschen bestimmt ist einmal zu sterben, danach aber das Gericht: so ist auch Christus einmal geopfert worden, um die Sünden vieler wegzunehmen; zum zweiten Mal wird er nicht der Sünde wegen erscheinen, sondern denen, die auf ihn warten, zum Heil.

Menschen können nicht über Gott verfügen, soviel ist sicher. Aber an Karfreitag sind die Gesetze der Schöpfung aufgehoben. Und zwar zu Gunsten der Menschen und zu Lasten Gottes. Karfreitag bedeutet für uns Menschen alles und für Gott Selbstaufgabe, Hingabe, nennt es der Hebräerbrief, ja Opfer. Gott übernimmt Verantwortung für etwas, das niemand außer den Menschen, den verantwortlichen Verursachern selbst, verantworten kann.

Liebe Schwestern und Brüder, liebe Gemeinde, ich scheue mich oft, von Sünde zu reden. Eigentlich müsste ich davon reden, wer sonst sollte es tun? Aber Sünde ist so etwas Intimes, etwas, das uns nahe geht, uns bloß stellt und uns demütigt. Sünde ist peinlich, peinigend. Da sind die Dinge, die wir tun, getan haben, die wir uns selbst nicht verzeihen. Das sind die Sachen, für die wir uns vor uns selbst dauernd rechtfertigen müssen, wieder und wieder, wie im Zwang, und es gibt keine Entlastung. Sünde ist eine Realität in unserem Leben und wir bestätigen diese Realität gerade dadurch, dass wir gerne weggucken, vieles verdrängen. Ich habe Bedenken, zu oft von Sünde zu reden, weil ich weiß und es Ausdruck meines Glaubens ist, dass von Sünde nur richtig geredet werden kann, wenn man auch vom Karfreitag richtig redet. In aller Vorsicht und mit größtem Respekt. Denn an Karfreitag, dem Tag des Sterbens und des Hingerichtet-Werdens, wird die Sünde entmachtet. Wir haben es oft gehört, es gehört mit zu den frommen Sprüchen und abgenutzten Wendungen des christlichen Glaubens: „Christus ist am Kreuz für unsere Sünden gestorben." Das ist die Wahrheit. Aber man kann sie nicht begreifen. Man kann ihre Wortgestalt zum frommen Spruch herabwürdigen. Man kann auch einfach darüber schweigen. Man wird sie nicht begreifen können. Dafür ist unser Verstehensvermögen einfach nicht ausgelegt. Das widerspricht allem, was wir wissen, wissen können und erhoffen dürfen nach ehrlicher Einschätzung der Lage der Dinge.

Aber wir leben von dieser Wahrheit. Ich möchte an Karfreitag daran erinnern, dass dies großen Respekt erfordert. Respekt vor der Wahrheit, dass in Christus Gott selbst uns entlastet und entschuldigt, Gott selbst das Leiden mit uns teilt. Heute ist deshalb also Zeit für Realismus, Ehrlichkeit dem Leiden gegenüber. Im Leiden, in allem, was Menschen so bezeichnen und ertragen, steckt Gott, der für die Sünde stirbt. Was wir tun, ist nicht folgenlos oder egal. Was wir tun, betrifft uns, die anderen und Gott. Im Leiden kommt all dies zusammen. Leiden wird dadurch nicht besser, einfacher oder sinnvoll. Aber es ist begrenzt durch Gott, der mitleidet.

Im Abendmahl wird das deutlich. Wer Brot und Wein im Sinne Jesu teilt und isst, der bekommt ein Stücken und ein Schlückchen Hoffnung. Wir stehen gemeinsam unter dem Kreuz und teilen unsere Hoffnung. Die Hoffnung muss für uns alle reichen. Wir sind eine Gemeinde von Ernstgenommenen. Gott nimmt ernst, was Sünde bedeutet, was Leiden ist und was der Tod anrichtet. Und weil Gott uns am Kreuz ernstnimmt, können wir ihn ernstnehmen, hoffen wir auf mehr als wir von Menschen erhoffen würden.

Nach Karfreitag wartet die Welt, die Schöpfung auf die Erlösung, sie seufzt und stöhnt, als ob sie in Wehen liegt, wie eine schwangere Frau. So schreibt es 40 Jahre vor dem Hebräerbrief der Apostel Paulus in seinem Brief an die Römer. Wir alle sehnen uns nach dem Osterlicht. Wir wissen es auch schon heute, mit Jesus Christus, dem am Kreuz Sterbenden, ist die Hoffnung in dieser Welt. Mit ihm wird das alles ernst genommen, was Menschen nicht verantworten, nicht wieder gut machen können. Mit ihm gibt es im Leiden eine Zukunft, durch alles hindurch, was uns von Gott und unseren Hoffnungen trennt.

Das Kreuz im Altarraum hat schon viele Karfreitage gesehen. Durch die Jahrhunderte hat es als Zeichen für Gottes Selbstaufgabe und für seine Liebe über den Tod hinaus in dieser Gemeinde gewirkt. Es verbindet uns mit den Hoffnungen der Menschen, die vor uns waren, die Hoffnung auf Ostern im Leben und im Sterben. Amen.

Vorschläge für das Predigtlied

EG 97	Holz auf Jesu Schulter
EG 85	O Haupt voll Blut und Wunden

Fürbittengebet[1]

Barmherziger Gott,
wir blicken auf das Kreuz, an dem dein Sohn starb, uns zum Heil. Er war ein Opfer sinnloser Gewalt und Intrige, die sich durch die Menschheitsgeschichte ziehen und auf deren Ende wir warten und hoffen. Wir denken an die Frauen und Männer, die heute schreckliche Leiden bis zum Tod ertragen müssen, weil sie Würde und Menschenrechte der Ärmsten eingefordert und die Willkür der Herrschenden Herren beim Namen genannt haben. Opfer von Herrschern und Religionsführern, die meinen, ihrer Herrschaft oder ihrem Gott einen Dienst zu erweisen. Unter ihnen Glaubensgeschwister aus den Gemeinden Jesu in aller Welt, weil es angeblich „besser ist, dass einzelne Mensch sterben", als dass die Ordnung ins Wanken gerät. Schenke ihnen eine Stimme über den Tod hinaus, die uns den Weg weist. Amen.

Wiebke Köhler

1 Nach: www.brot-fuer-die-welt.de/gemeinden/fuerbitte/2014-karfreitag/

Osternacht

1. Thessalonicher 4,13–14

Der Predigttext wird erst im Verlauf der Predigt verlesen.

Liebe Gemeinde!
Selten rückt uns eine Nacht so nahe wie die Osternacht. Wer zuhause bleibt, erholt sich vielleicht von Ostervorbereitungen und dämmert auf dem Sofa ein. Wer sich noch einmal aufmacht, sieht Lichter, riecht vielleicht Osterfeuer auf den Feldern. Vereinzelt ein Lichtschimmer in Kirchenfenstern.

Manch ein Kirchenbesucher ist gespannt auf den Gottesdienst in dieser besonderen Nacht. Der Gottesdienst lässt uns den Wechsel miterleben; vom Dunkel hin zu strahlendem Licht, aus den Erinnerungen an Jesu Tod hin zum festlichen Gesang: „Christ ist erstanden!“ Die Auferstehung wirkt schon in die Dunkelheit hinein und belebt von Anfang an die Ahnung: Es wird nicht dunkel bleiben in unserer Kirche!

Nicht nur die Geschichten von Jesu Leiden und Tod sind zu hören. Auch die anderen Geschichten werden gelesen: Er ist auferstanden. Er lebt und durch ihn auch ich! Mein Sterben verändert sich durch sein Sterben. Meine Hoffnung blüht auf durch ihn. Mitten in der Nacht schon die Zuversicht: Jesu Tod ist nicht das Ende, mein Leben wird anders durch das, was diese Nacht mir bringt!

I

In der Bibel ist ein kleines Schreiben aufgehoben, das von dieser Hoffnung spricht. Es ist das älteste Zeugnis der Auferstehungshoffnung, die auf Jesu Tod und Auferstehung gründet. Es ist der erste Brief, den Paulus an die Gemeinde in Thessalonich geschrieben hat. Wohl der erste überhaupt von all den Paulusbriefen. Er schreibt darin im vierten Kapitel:

[Lesung des Predigttextes]

Es sind nur zwei knappe Sätze. Offensichtlich antwortet Paulus auf Fragen, die ihm aus der Gemeinde zugetragen wurden: Wie kommt das neue Leben von Gott? Was wird mit uns? Dahinter steht die damals von vielen Menschen geteilte Erwartung: Es geht zu Ende, die *ganze Welt* ist ihrem Ende nahe. Es wird Zeit, sich auf dieses Ende einzustellen. Paulus denkt so, seine Freunde in Thessalonich ebenso: „Vielleicht ist es Morgen schon so weit, vielleicht erst in einem Jahr – aber dann … "

Als solidarische Gemeinschaft sorgen sich die Christen: Was wird aus denen, die gerade eben verstorben sind? So knapp bevor das großartige Licht Gottes über dieser Welt aufgeht – und dann verstorben? Bei dieser Vorstellung schüttelte es die Menschen, die auf Jesus hofften und zur Gemeinde gehörten: „Es kann doch wohl nicht sein, dass Gott so kleinlich ist und unseren verstorbenen Freunden seine Herrlichkeit vorenthält – oder?! Nein! Paulus beruhigt:

[Lesung des Predigttextes]

„Wir wollen euch nicht im ungewissen lassen!" Das sagt Paulus mal eben so. Als könnte er den Schleier lüften. Wie wird es sein? Keiner weiß es. Paulus auch nicht. Schließlich kam die Welt doch nicht unmittelbar zu ihrem erwartet frühen Ende. Es fällt mir schwer, mich in diese Erwartung von damals hinein zu versetzen. Ich teile nicht die Sorgen von vorgestern. Ich habe auch schon zu viele Geschichten vom *liebenden* Gott gehört, von dem Vater, der seine Arme ausbreitet und beide Söhne aufnimmt. Ich vertraue der Fürsorge Gottes und gestehe mir ein, dass die Zukunft verborgen vor mir ist und rechne nicht stündlich mit dem Ende der Welt.

Aber mit den Thessalonichern teile ich das Lebensgefühl, dass mich die Dunkelheit immer wieder zurückhält. Ich komme nicht so schnell im Osterlicht an. Ich schaue auf andere Menschen, gerade auf diejenigen, die leiden und grüble nach: Wie es wohl mit uns weiter geht? Ich will voran, komme aber nicht weiter. Ein typisches Traumszenario. Manchmal träume ich: Ein Ziel ist vor Augen, ich habe es fest im Blick, aber eine Kraft hält mich zurück. Eine fremde Hand an meinem Mantelsaum, ich versuche voran zu gehen, aber kann mich nicht frei machen.

II

Kennen sie Johannes vom Kreuz?[1] Er war ein Zeitgenosse Luthers – gerade noch. Er war drei Jahre alt als Luther starb und lebte am Ende des 16. Jahrhunderts in Spanien. Auch er ein Mönch; auch er hatte sich geärgert über Menschen, die den Glauben nicht ernst nahmen. Anders als Luther blieb er jedoch Mönch und begeisterte sich für Theresa von Avila und ihre strengen Vorschläge zur Erneuerung des Glaubenslebens. Er wollte sich nicht ablenken lassen in seiner Suche nach Gott, seinem Eifer für ein enthaltsames Leben. Das verlangte er auch von den Nonnen, die er als geistlicher Berater prägen wollte. In einer dunklen Winternacht wurde er entführt, aus dem Schutz seiner Klostermauern heraus verschleppt und in Toledo hinter andere dicke Mauern gesperrt. Es waren ebenfalls Klostermauern, aber die der gegnerischen Partei.

Er wurde in einem dunklen Verlies gehalten, durfte sich nicht waschen, bekam keine Ersatzkleidung, nur zu wiederholter Folter führte man ihn aus seiner Zelle. Dann nach zwei Monaten kam er in Einzelhaft, vollkommene Dunkelheit umgab ihn. Ein kleiner Mauerschlitz ließ einen Lichtschimmer hindurch. Hier begann Johannes seine Gedanken zu sortieren und auswendig zu lernen. Nach einiger Zeit gab ihm ein milder Wächter Stift und Papier, so dass er seine Ideen festhalten konnte. Nach neun Monaten gelang ihm eine abenteuerliche Flucht. Er veröffentlichte seine Gedanken aus der Gefangenschaft unter der Überschrift: „Die dunkle Nacht der Seele".

Bei dem Titel könnte man vermuten, dass er erzählt: „Ich wurde gefangen, in tiefster Dunkelheit lebte ich verzweifelt, doch Gott hat mich befreit, er brachte Licht nach der Nacht!" – Aber das ist nicht die Geschichte von Johannes. Er erzählt nicht viel über die Religion. Mitten in der Nacht, kann man Gott nicht ergreifen. In tiefer Nacht wird einem eher deutlich, dass die Ideen und Bilder, die man vorher von Gott hatte, halbgare Phantasien sind. Was wir über Gott denken, ist ein Hindernis. In seiner spanischen Muttersprache nennt Johannes die Leere der Dunkelheit *nada.* Gott ist kein Ding, nichts, das man ergreifen kann, sei es in einem Bild,

1 Wesentliche Anregungen zum Folgenden verdanke ich Barbara Brown Taylor, Learning to Walk in the Dark, HarperOne San Fancisco 2014.

sei es in einem Wort. Augustinus sagte: „Wenn du verstanden hast, so ist was du verstanden hast nicht Gott!"

Nada te turbe beginnt ein Taizélied, das die Gedanken der spanischen Mystik aufnimmt. Nichts soll dich ängstigen, nichts dich erschrecken. *Nada* – kein Ding soll mir Gott vorgaukeln, und erschiene es auf den ersten Blick auch noch so heilig. *Nada* steht am Anfang dieses meditativen Liedes, es endet mit *Sólo Dios. Basta.* Das muss man nicht übersetzen. Vollkommene Entäußerung, zugleich in Gott geborgen.

Johannes vom Kreuz, Juan de la cruz. Interessant finde ich seine Tiefe. Er springt nicht von einer Tradition zur nächsten oder hält sich mühselig mit theologischen Richtigkeiten über Wasser. Im Gegenteil! Johannes sagt, dass die Dunkelheit für ihn ein Geschenk war. Er wurde frei von dem, was er an seinem Glauben für richtig hielt, wurde frei, um sich in der tiefsten Einsamkeit von Gott finden zu lassen. Er konnte dort Gottes Gegenwart erleben und spüren, wie es ihm sonst nicht möglich gewesen wäre. Erst wenn unsere Sicherheitslichter ausgeschaltet sind, können wir erleben: Ich stolpere, ich weiß nicht wohin es geht, ich habe weder Karte noch Navi, nichts was ich mitgebracht habe, kann helfen. Dennoch bin ich geborgen! Nirgendwo anders möchte ich sein, getragen in dieser Gewissheit. Ich bin hier gut aufgehoben, auch wenn ich nicht einmal sicher bin, das mein Wort „Gott" für dieses Erlebnis überhaupt passt.

III

Mystiker muten uns einiges zu, gerade weil wir gewohnt sind, Argumente zu hören, oder wenigstens Bilder vor Augen gemalt zu bekommen. – Aber seelische Empfindungen?! Vielleicht ist die Osternacht der richtige Augenblick, die Dunkelheit einen Moment mehr sein zu lassen als die Negativfolie für die Auferstehungsherrlichkeit. Die Thessalonicher jedenfalls sind an die Grenzen ihrer eigenen Glaubens- und Denkwelten gestoßen. Ihnen begegnet Paulus in der ihm eigenen Art mit einem Argument. So ist er es gewohnt, so passt es zu seiner Biographie als Schriftkundiger, aber wir?

Wie können wir die Auferstehung Jesu Christi denken, an sie glauben, von ihr sprechen? Und zwar so effektiv, dass uns Menschen verstehen, mit denen wir über unseren Glauben und unsere Hoffnung sprechen. Gemeinsam ist uns die Sorge, schüchtern unsere Hoffnung. Wie unsere Nachbarn erleben wir eigene Vergänglichkeit und trauern um Verstorbene. Vielleicht zweifeln wir wie sie am traditionellen Vokabular des christlichen Glaubens: Schuld und Sühne, Licht und Leben. Vielleicht ist Gott uns gerade dann besonders nahe, wenn wir im Dunkeln sind, befreit von all dem, was wir für richtig und göttlich halten? Gleich ob wir uns in christlichen Traditionen heimisch oder fremd fühlen.

Die Osternacht erinnert daran, dass als Auferstehungssymbol nicht nur der helle Ostermorgen in Frage kommt. Ostern ist mehr als das strahlende Licht der Auferstehungsaltäre und erbaulichen Postkarten. Zurückgeworfen auf die Einsamkeit des Dunkels wird neues Leben möglich. Es beginnt mitten in unserer Dunkelheit und kommt von Gott. Es wird Ostern. Mitten in meiner Nacht wird es Ostern, wenn ich Gott nicht mehr begreifen und beschreiben kann und dennoch seine Gegenwart erlebe.

Die Dunkelheit, die Gottes Nähe zulässt, wirkt wie eine Höhle, in die man sich tief hinein wagt. Wer einmal die Chance hatte, weiter in eine Höhle hineinzugehen als die üblichen Touristenrouten mit Beleuchtung, Seil und Holzplanken, erlebt es sinnlich. Wenn der letzte Schimmer verblasst ist und man sich dann auch noch traut, die Taschenlampe und die Stirnlampe am Helm auszuschalten, wird es greifbar. Für den Augenblick, den ich zulassen kann, bin ich in vollkommener Dunkelheit und Stille. Ist die Höhle um mich weit und hoch? Wo war doch gleich der Ausgang? Wohl fühle ich mich da nicht. Allzu gerne vertraue ich auf meine Sinne, meine Wahrnehmung mit Augen und Ohren.

Ich werde an die Geschichte erinnert, dass Jesu Körper in eine Grabeshöhle gelegt wurde. Verschlossen durch den großen, vorgerollten Stein. Dann kommt die Stunde Gottes, bevor Menschen mit Tüchern, Lappen und Töpfchen zur Pflege des Verstorbenen kommen können, setzt Gott einen neuen Anfang. Er selbst wirkt. In seiner Zeit und ohne Steigbügelhalter unserer Frömmigkeit.

Neues Leben kommt von Gott, deshalb ist es so wertvoll. Wir bringen es nicht hervor, wir bringen es auch nicht in Gefahr. Wenn ich loslasse, was ich an Göttlichem geschnitzt habe, wenn ich es ganz los lasse, dann ist es möglich, Gott zu erleben. Das Kerzenlicht der Osternacht soll das in Erinnerung rufen: Es kommt nicht von uns her, neues Leben kommt von Gott!

IV

Gerald May hat ein besonders schönes Buch über die spanischen Mystiker geschrieben. Er war lange krank und beobachtete: „Die Krankheit hat mich Gott und den Menschen um mich herum näher gebracht. Irgendwann habe ich aufgehört mit meinen Plänen, konnte nicht mehr selbst beschreiben, was für mich gut oder schlecht sei. Aber ich erlebte Gottes Nähe." May sagt: „Als ich alles drangegeben hatte, was ich an kleinen Glaubensschätzen gehortet hatte, an kleinen Tröstungen und Verlässlichkeiten, ergab sich eine große Leere. Aber was in dieser Leere verblieb, war ganz real. Ich war nicht mehr getrennt von dem, was ich suchte. Es gehörte zu mir. Ich gehörte mit ihm zusammen. Besser kann ich es leider nicht beschreiben." Mays Resümee: „Was auch kommt in meinem Leben, darauf möchte ich nicht mehr verzichten!"

Er schrieb diese Sätze vor etwa 10 Jahren und starb bald darauf. Aber wenn man ihn hört, wird deutlich: Er lebt in Gott. Die Leere ist nicht fern von Gott, sie macht die Begegnung, ja das vertraute Erleben der Gegenwart Gottes möglich. Gott ist kein Glaubenssatz, den ich *nachsprech*e und für richtig halte. Gott ist zugleich viel weniger und viel mehr. Er ist ganz anders als ich verstehen und ergreifen kann. Ich erlebe seine Nähe um mich und in mir. Werde ergriffen von seiner Gegenwart.

V

Seitdem das leere Grab entdeckt wurde, gibt es uns zu denken auf. Schon die Jünger grübelten, Generationen von Glaubenden und Zweifelnden folgten. Gedankengebäude wuchsen empor und fielen zusammen. Vielleicht erlebe ich Ostern neu und tiefer, wenn ich meine Glaubenssätze zur Seite räume, die Richtigkeiten und Selbstverständlichkeiten, die ich im Laufe der Jahre in meiner Osterschachtel einsortiert habe, wie den Schmuck, den ich Jahr für Jahr hervorhole und auf dem Sideboard ausbreite: Bunte Eier, Moos und Häschen.

Ob es gelingen kann, leer und zugleich neugierig zu sein? Ob ich den Lebendigen in mir erlebe, weil mich nichts ablenkt? In dieser Nacht ist es vielleicht besser möglich als sonst. Nicht Paulus nimmt mich an die Hand und reißt mich aus der Ungewissheit. Gott selbst wird es tun! Amen.

Vorschläge für das Predigtlied

EG 107	Wir danken dir, Herr Jesu Christ
EG 99	Christ ist erstanden

Fürbittengebet

Wir loben dich, Gott des Lebens und der Hoffnung. Dich erleben wir nicht, weil wir ein hübsches Bildchen frommer Andacht für dich gebastelt haben; sondern weil du zu uns kommst, wenn Raum da ist. Wir geben es auf, unsere eigene Phantasie anzustrengen, dass ihr göttliche Gedanken erwachsen, die grobes Holz mit andächtigem Blattgold überziehen. Auferstehung begreifen und verstehen wir nicht, aber du kannst in uns auferstehen, kannst uns selbst auferstehen lassen zu neuem Leben, zu ewigem Leben, zur Hoffnung auf dich.

Wir bitten dich für deine Kinder in unserer Kirche und in der weiten Welt: Hilf den Hungernden, die sich über verhärmte Äcker beugen, die längst keine Frucht mehr bringen. Hilf den Fliehenden, die allen Schutz der Heimat in ihrer Not drangegeben haben. Hilf den Kranken in der Einsamkeit der Nacht. Hilf uns allen und lass uns zuversichtlich bleiben, dass du uns nicht zurücklässt.

Keinen lässt du zurück, der auf dich hofft, im Leben – und im Sterben – und im *neuen* Leben deiner Osterherrlichkeit. Amen.

Volkmar Latossek

Ostersonntag

1. Samuel 2,1.2.6–8a

Der Predigttext wird erst im Verlauf der Predigt in der hier angegebenen Übersetzung (Zürcher 1942) verlesen. Die Zwischenüberschriften gliedern den Text, werden aber nicht vorgelesen.

[Ein Triumphschrei?]

Liebe Gemeinde!

„Hoch ragt mein Horn!" Das singt nicht das letzte Einhorn. Auch kein Mann, der stolz auf seine Kraft ist, sondern eine Frau: „Hoch ragt mein Horn!" Darin ist Triumph! Eine lange Verspottete ist endlich frei. Eine Frau, die einen harten Weg gehen musste, ist endlich am Ziel. Hanna, deren Schoß verschlossen schien, hat einen Knaben geboren. „Hoch ragt mein Horn!" Jetzt hat sie es allen gezeigt.

Der Predigttext für den heutigen Ostertag ist ein Triumphlied. Aber was für eins! Wie hört sich das Triumphlied des Lebens über den Tod an? Um das besser zu verstehen vorher diese Frage: Welche Triumphlieder werden heute gesungen? Wie hören sie sich an? Wer singt sie? Was machen sie mit uns?

[Triumphlied 1: We are the champions]

„We Are the Champions" der englischen Rockgruppe Queen ist die Hymne des Triumphs. Die durchdringende Stimme von Freddie Mercury, die gleichsam aufheult, das „wir" in den Himmel jagt wie eine Sirene, lässt ganze Fußballstadien einstimmen. Es feiert einen Sieg, ist gleichsam der Triumph selbst. Aber vorher, bevor die eine Stimme alle Stimmen vereint, bevor die Musik aufbraust, ist die einzelne unbegleitete Singstimme zu hören, die von den Schwierigkeiten berichtet, die unser Held durchzustehen hatte. Der Sand, der ihm ins Gesicht gekickt wurde, die Fehler, die er gemacht hat, die Beteuerung, es sei keine Freudenfahrt gewesen. Und dann die Beschwörung dessen, was den Sieg brachte und ihn immer bringen wird: nicht aufhören, weiterkämpfen, immer weiter und weiter und weiter. Die Beschwörung der Schwierigkeiten, die man durchstanden hat, um schließlich das Ziel zu erreichen. Das gehört offenbar in jedes Triumphlied.

[Triumphlied 2: I did it my way]

Denn auch Frank Sinatras großes Chanson „My Way" spricht von den Schlägen, die er einstecken musste und dass er zuweilen mehr abgebissen hat, als er kauen konnte. Bezeichnenderweise ist „My Way" ein Lied vor dem Tod: Bald wird der letzte Vorhang fallen, heißt es gleich in der ersten Zeile. Und angesichts des Endes ist der Showstar nicht nur froh, dass er es geschafft hat, sondern auch, dass er es auf seine Weise geschafft hat: „I did it my way!" Und die Stimme, mit der er den Refrain singt, ist zwar nicht zum Nach-Grölen in Fußballstadien geeignet, aber sie steigt doch an, wird strahlend und zeigt eben das unverwechselhafte Etwas, das ihn einzigartig gemacht hat und das noch heute eine Gänsehaut erzeugen kann: „I did it my way!" Das ist das Triumphlied eines Einzelnen. Es erzählt die Geschichte, wie einer er selbst geblieben ist – und es doch geschafft hat.

[Triumphlied 3: Chase the sun]

Mein drittes Beispiel hat fast keinen Text, erzählt auch keine Geschichte, sondern vermittelt ein Gefühl: das Abheben. Ich spreche von der Hymne des Dart-Sportes „Chase the Sun". Die Melodie wurde in britischen Dart-Hallen zum Kult, wo 5.000 Menschen verfolgen, wie gestandene Männer um die 50 kleine Pfeile auf hölzerne Scheiben werfen. Wird die Höchstzahl erreicht, wird eine Melodie gespielt, die alle zum Fliegen bringt. „Jag' der Sonne nach!" oder „Ziel auf die Sonne!" formuliert sie höchste Ansprüche. Der Text besteht aus fünf Zeilen, die immer wieder wiederholt werden. sie sprechen davon, mit dem Wind zu fliegen, am Himmel zu kreisen und eben die Sonne zu jagen. Urgefühl des Triumphes: Das Fliegen in Richtung großer leuchtender Ball.

[Triumphlied 4: Hannas Lied]

Wie hört sich der Osterjubel an? Wie klingt Christi Triumph über den Tod? Und zuvor: Wie klingt Hannas Freudenlied, das wir heute, am Ostertag, hören? Es ist ein Lied des Anfangs. Noch gibt es keine Könige in Israel, keinen Saul, keinen David, keinen Salomon. Aber mit Samuel, Hannas Sohn, der David zum König salben wird, beginnt das alles, beginnt die große Zeit des Gottesvolkes Israel.

Hanna hebt an. Und Hanna betete und sprach: Mein Herz ist fröhlich in dem Herrn; hoch ragt mein Horn durch meinen Gott. Weit tut sich auf mein Mund wider meine Feinde, denn ich freue mich deiner Hilfe. Niemand ist heilig wie der Herr; denn außer dir ist keiner, und es ist kein Fels wie unser Gott! Der Herr tötet und macht lebendig, er stößt in die Grube und führt herauf. Der Herr macht arm und er macht reich, er erniedrigt und er erhöht. Er richtet den Dürftigen auf aus dem Staube, aus dem Kot erhebt er den Armen, dass er sie setze neben den Fürsten und ihnen den Ehrenthron gebe.

[Hanna schreit nicht: Sie spricht]

Die erste Beobachtung: Hanna schreit nicht, sie spricht. Sie betet dieses Lied, das man Hannas Psalm genannt hat. Sie hat schon einmal so gebetet, als sie Gott um ein Kind gebeten hat. So innig war ihr Gebet, dass der Priester Eli sie aus dem Tempel schmeißen wollte. Er hielt sie für betrunken. Sie verhielt sich also etwa so wie die Jünger, als der Heilige Geist über sie kam. Die hielt man auch für betrunken. Hanna betet innig. Selbstvergessen und unbekümmert nach außen hat sie ihr Danklied gesprochen.

[Die großen Gefühle]

Und dann kommen doch die großen Gefühle, der Triumph, der sie flutet. Mein Herz ist fröhlich in dem Herrn; hoch ragt mein Horn durch meinen Gott. Weit tut sich auf mein Mund wider meine Feinde, denn ich freue mich deiner Hilfe. Ihr Mund ist weit auf. Das erinnert nun doch an einen Schrei. Stark und hoch erhoben fühlt sie sich. Und das ist auch schon der zentrale Unterschied: Sie fühlt sich erhoben. Hoch gehoben. Gott hat sie aufgerichtet. In ihrem Jubel steckt schon der Dank. Auch sie könnte, wie die Männer in den heutigen Triumphliedern, auf die Schwierigkeiten zurück blicken, die sie überwunden hat. Sie war die zweite Frau des Elkana. Die andere, Peninna hatte ihm Kinder geboren, Hanna nicht. Trotzdem wurde sie von ihrem Mann geliebt. Er behandelte sie gut, sogar zuvorkommend. Aber Peninna verspottete sie heimlich. Manchmal sagte ihr Mann zu ihr: „Was brauchst du Kinder, du hast doch mich!“ Das war lieb gemeint, tat aber trotzdem weh. Aber Hanna gab nicht auf. Sie hörte nicht auf zu beten und zu hoffen. Sie versuchte alles Mögliche, bis das Wunder geschah. Und nun sagt sie nicht: „Ich habe nie aufgehört zu kämpfen und schließlich habe ich es erreicht!“, sondern: Ich freue mich über Gottes Hilfe. Er hat mich groß gemacht.

[Der heilige Gott]

Und dann hört sie auch schon auf, von sich zu sprechen und spricht von Gott, als sei ihr, da sie ihn schon einmal genannt hat, der Mund übergegangen: Niemand ist heilig wie der Herr; denn außer dir ist keiner, und es ist kein Fels wie unser Gott! Warum nennt Hanna Gott „heilig“? Ich vermute, weil sie ihn sich größer denkt als die Mächte, die ihr Leben bestimmen. Er muss in und außerhalb ihrer Welt sein, sie umgreifen, um der starke Fels zu sein. Sie spürt die erschütternde Größe dessen, der gewillt ist, in die Welt einzugreifen, um zu richten und zu retten. So wie er ihr Leben umgestürzt hat, kann er alles in der Welt bewegen, das unterste zu oberst kehren und umgekehrt.

[Die veränderliche Welt]

Und was sie in ihrem eigenen Leben begriffen hat, buchstabiert nun sie für ihren Lebenskreis: Die veränderliche Welt und der sie bewegende Gott. Die Verse sind gesättigt vom Gefühl des Triumphs. Hören wir sie noch ein Mal:

> Der Herr tötet und macht lebendig, er stößt in die Grube und führt herauf. Der Herr macht arm und er macht reich, er erniedrigt und er erhöht. Er richtet den Dürftigen auf aus dem Staube, aus dem Kot erhebt er den Armen, dass er sie setze neben den Fürsten und ihnen den Ehrenthron gebe.

Tod und Leben, arm und reich, Staub und Ehre. Es wirkt wieder wie betrunken, wie sie Gott alles zu Füßen legt. Tod und Leben, arm und reich, Staub und Ehre. Das sind die Koordinaten einer veränderlichen Welt, in der Gott das letzte Wort hat. Deshalb ist dieser Text ein Ostertext. Er bezeugt den Sieg Gott über die Mächte der Welt, den Tod eingeschlossen: Der ist nichts als eine solche weltliche Macht.

[Der Triumph Christi]
Wie sieht Christi Sieg über den Tod aus? Welches Lied singt er? Bestimmt nicht „We are the Champions", denn er kam nicht wie ein Sturm mit den Wolken und präsentierte sich nicht als der neue Herrscher. Schon eher: „I did it my way", denn die Art, wie er den Tod besiegte, war unerwartet, am meisten wohl für diesen selbst. Als er dachte, ihn fest zu haben, war er schon wieder frei und schwenkte sein Siegesfähnchen, wie es die alten Maler und Dichter gerne zeigen. Aber Sinatras „My Way" erzählt von einem Einzelnen, der sich triumphal gegen die anderen durchsetzt. Christus aber ist verbunden mit Gott und den Seinen, ihm geschieht, was den anderen deswegen erspart bleibt. Er litt für uns und räumte den Weg frei, den auch wir jetzt gehen können. Die Schwere der Welt erdrückte uns gestern. Heut ist der Tag, den der Herr gemacht. Wir können jetzt – abheben! Amen.

Vorschläge für das Predigtlied

EG 99	Christ ist erstanden
EG 116	Christ ist erstanden

Fürbittengebet

Gott, unser Vater,
voller Freude und Vertrauen besingen wir deinen Triumph über den Tod. Wir bitten dich für alle Ostergemeinden: Sende sie in die Welt, die gute Nachricht zu verbreiten. Wir bitten dich für alle neu Getauften, dass sie im Glauben wachsen und fröhlich ihrer Straße ziehen. Wir bitten dich für die, die ihre Hoffnung einseitig auf weltliche Mächte und Gewalten setzen: Zeige ihnen, wieviel mehr das Kreuz und deine Liebe die Welt überwunden hat. Tröste und schütze die Opfer von Krieg, Vertreibung und Katastrophen und lege deinen Frieden in ihr Herz. Amen.

Frank Hiddemann

Ostermontag

1. Korinther 15,50–58

Der Predigttext wird erst im Verlauf der Predigt verlesen.
Die Zwischenüberschriften gliedern den Text, werden aber nicht vorgelesen.

[1. Draußen im Garten – Suchen und Finden]

Liebe Gemeinde!
Freudestrahlend laufen die Kinder hinaus in den Garten. Es ist Ostern! Da tut sich etwas. Da passiert etwas in ihrem Leben. Sie suchen und sie finden. Hier ein Ei und dort ein Ei, hier ein gekochtes und dort eines aus Schokolade. Da sitzt ein Osterhase zwischen den Blumen, auch er wird gefunden.

Es ist Ostern. Grund zum Jubel. Für die Kinder zuallererst einmal im Garten. Das Versteckte wird gefunden, das Verborgene wird sichtbar. Die Kinder jubeln und ihre hellen Stimmen durchdringen den Ostermorgen. Die Bäume schlagen aus, die Blumen stehen in voller Pracht: Osterglocken, Tulpen, Krokusse, vereinzelt steht noch ein Schneeglöckchen dazwischen. Bienen summen und Vögel zwitschern.

[2. Drinnen in der Kirche – Osterjubel in allen Facetten]

Fröhliche Orgelmusik ertönt. Die Gemeinde stimmt ein in den Osterjubel. „Christ ist erstanden von der Marter alle, des solln wir alle froh sein." Die Ostergeschichte wird gelesen. Und jeder ist froh, dass die Frauen, die zuerst am Grab waren, die frohe Botschaft weitergesagt haben. Diese Kunde muss in die Welt getragen werden. Bis heute! Osterlachen weist den Tod in die Schranken! Hallelujahahahahaha! Das Unglaubliche ist passiert. Freude kehrt ein. Die Passionslieder haben keinen Platz mehr, die Zeit der Trauer ist zu Ende. Die Freude greift um sich. Die Gemeinde singt und viele Stimmen, hohe und tiefe, durchdringen den Ostermorgen.

[3. Draußen im Garten – Die Biene]

Die Kinder spielen, sind fröhlich, rennen über die Wiese und durch die Blumen. Der Frühling ist da. Ostern. Alles ändert sich. Die Welt blüht auf. Die Kinder auch. Doch plötzlich großes Geschrei. Was ist passiert? Da kommt der kleine Junge angerannt. Tränen fließen ihm über die Wangen. Er zeigt seine Hand. Angeschwollen ist sie, dick und rot. In seiner Freude hat er Blumen gepflückt, viele, ganz viele. Und dabei hat er die Biene gescheucht und sie hat sich gewehrt. Zugestochen. Aus Notwehr. Doch das weiß der kleine Junge nicht. „Blöde Biene, tut mir einfach weh!" Die Mutter nimmt ihn in den Arm, wiegt ihn hin und her, kühlt die Schwellung. Sie erklärt ihrem Sohn, dass die Biene nicht ihn ausgesucht hat, dass sie sich verteidigt hat. „Weißt du", sagt sie, „die Leidtragende ist die Biene selbst. Sie hat dich gestochen. Und jetzt muss sie sterben. Eine Biene kann dich nur einmal stechen. Weil sie sich bei diesem Stich verletzt, stirbt sie." Der Junge schaut sie ungläubig an: „Mama, ganz im Ernst? Die Biene ist jetzt tot?

[4. Der Apostel schreibt der Gemeinde: Ostern verwandelt die Menschen und bleibt ein Geheimnis]

Die Auferstehung Jesu Christi ist schwer zu verstehen. Sie berührt unser Leben, verändert die Welt und lässt sich doch nur schwer in Worte fassen. Und doch versuchen das Menschen seit dem ersten Osterfest immer wieder. Sie suchen nach Worten und Bildern, weil nur mit diesen das Unglaubliche, der große Liebesbeweis Gottes ausgedrückt werden kann. Und so hat für beinahe 2000 Jahren der Apostel Paulus seiner Gemeinde in Korinth geschrieben und debattiert über Leben, Tod und Auferstehung:

[Lesung des Predigttextes]

[5. Die Gemeinde und das Einerseits und Andererseits]

Die Gemeinde sitzt in der Kirche und hört den Predigttext. Sie versteht und versteht doch nicht. Ostern ist wichtig. Ostern ist Neuanfang. Doch wie kann man sich das vorstellen? Wie begreifen? Der Pfarrer predigt, erzählt in vielen Bildern von der Auferstehung. Das tut so gut. Zu spüren, dass Gott in die Welt eingreift, die Welt verändert und den Menschen eine neue Hoffnung schenkt.

Aber dennoch bleibt ein schaler Geschmack. Da ist der Glaube einerseits und da ist der Blick auf die Realität andererseits.

Einerseits hat Gott Jesus Christus von den Toten auferweckt. Davon haben die Frauen voller Freude erzählt und auch sie haben damals schon ungläubige Blicke geerntet und in fragende Gesichter geschaut. Doch sie haben weiter erzählt, übersprudelnd, von dem, was sie erfahren haben: Jesus lebt. Die Engel haben es gesagt, der Auferstandene ist ihnen erschienen. Und die Menschen ließen sich anstecken von dieser Freude, erzählten es weiter, konnten die frohe Kunde nicht für sich behalten. „Hört, hört", hallte es durch die Straßen und Gassen. „Jesus ist auferstanden. Gott hat den Tod besiegt. Der letzte Feind hat verloren. Und wir Menschen sind daran beteiligt. Wir stehen nicht nur dabei, sondern auch uns gilt dieser Sieg." Diese frohe Botschaft vernimmt die Gemeinde bis heute. Und stimmt ein in diesen jahrhundertealten Jubel.

Andererseits erstickt die Welt, in der wir leben, immer wieder diesen Osterjubel. Vom Neuanfang Gottes mit seiner Schöpfung ist nicht allzu viel zu spüren. Es gibt noch immer Orte auf dieser Welt, an denen gefoltert wird, Länder, in denen Meinungen unterdrückt werden. Der alte Mann im Haus nebenan ist noch immer einsam und allein. Die junge, kranke Frau weiß noch immer nicht, ob sie eine Zukunft hat und wenn, ja, welche. Der Arbeitslose hat 30 Bewerbungen geschrieben. Fast alle sind mit Absagen zurückgekommen. Immer wieder ist das unsere Wirklichkeit.

[6. Der Stachel des Todes: Ostern und die Biene]

Die Biene ist tot. Gestorben. Ihr Stachel steckt in der Hand des kleinen Jungen. Sie hat sich ein letztes Mal verteidigt. Aus Notwehr. Sie hat alles versucht und hat mit dem Leben bezahlt.

Das ist Karfreitag. Der Tod hat alles versucht, seinen Stachel ausgefahren. Er hat zugeschlagen. Mit allem, was er hatte: mit Vorurteilen und falschen Anklagen, mit einem Urteil, das der Statthalter nur widerwillig ausgesprochen hat, mit Folter, Kreuz und großen Schmerzen. Jesus ist gestorben.

Doch der Tod hat seinen Stachel verloren. Steckengeblieben ist er im Kreuz, das nun leer ist. Gott hat ihm die Macht geraubt, ihm gezeigt, wo seine Grenzen sind. Jesus ist der Christus. Auferstanden von den Toten. Damit hat niemand gerechnet.

Auch der Tod nicht. Seine Macht, sein Einfluss sind in Schranken gewiesen, geringer geworden. Er kämpft noch immer gegen das Leben. Und scheitert bei jedem vermeintlichen Sieg.

Die Biene ist tot. Der Junge springt durch den Garten. Seine Hand tut noch immer weh. Aber er kann wieder lachen.

Es gibt noch immer Leid und Schmerz, Krankheit und Kummer in unserer Welt. Der Schrei Jesu an Karfreitag klingt noch immer nach. Aber der Osterjubel und die fröhlichen Gesänge sind lauter. Sie verkündigen auf ihre ganz eigene Weise das Unglaubliche: Jesus lebt!

[7. Der Stachel ist gezogen]

Gott selbst hat den Stachel des Todes gezogen. Ein neues Leben ist möglich. Die Spuren des Stachels bleiben. Es brennt. Es schmerzt. Der Tod selbst bleibt auch. Weil wir Menschen sterbliche Wesen sind, weil wir nicht ewig leben können. Der Tod begrenzt unser Leben hier. Aber wir müssen den Tod nicht mehr fürchten. Der Stachel ist gezogen. Lehre uns bedenken, auf dass wir sterben müssen, auf dass wir klug werden.

Ostern macht mich klug. Ostern zeigt mir: Gott weist den Tod in seine natürlichen Schranken. Und dann kommt der neue Anfang. Das neue Leben bei Gott. Das ist das Geheimnis von dem Paulus spricht. Und dieses Geheimnis wird an Ostern aufgedeckt. Gefunden. So wie die Eier im Gras. Was verborgen war, kommt ans Licht: das neue Leben bei Gott.

Und mitten im Leben können wir Ostern entdecken. Wir müssen die Augen offenhalten und suchen, aber wir werden finden. Menschen stehen auf und protestieren für ihr Recht auf freie Meinungsäußerung. Sie ziehen den Diktatoren dieser Welt den Stachel, zeigen, wie mächtig auch die einfachen Menschen sein können, wenn sie sich zusammen tun und füreinander und miteinander da sind. Der kleine Junge klingelt beim Nachbarn gegenüber und zeigt ihm voller Freude die Ostereier, die er gefunden hat. Und in diesem Moment springt Ostern über, ergreift den Mann. Vielleicht essen die beiden zusammen ein Ei, vielleicht war es aber nur dieser eine kurze Moment, der zeigt: Ostern passiert überall. Und der junge Mann bekommt die letzte Bewerbung zurück, noch hat er den Job nicht, aber es liegt ein Zettel dabei: „Bitte melden sie sich für ein persönliches Gespräch im Personalbüro!“

Und die kranke Frau? Sie hört den Schrei Jesu am Kreuz ganz deutlich, in ihren Ohren hallt er nach, aber es klingen auch die anderen Töne durch: „Er lebt!" „Er ist auferstanden!" „Tod, wo ist dein Sieg?" Diese Töne brauchen ihre Zeit. Sie müssen sich ihren Weg bahnen. Leise und laut, voller Gefühl, voller Sehnsucht nach mehr Leben. Nach einem Leben bei Gott.

[8. Die Gemeinde geht nach draußen]

Die Gemeinde steht auf. Noch ergriffen von den Worten des Apostels Paulus. Noch immer hängt der eine und die andere den eigenen Gedanken hinterher. Ostern! Neuanfang. Wo finde ich diesen in meinem Leben? Aber ich darf ja darüber reden, denkt so mancher. Das Geheimnis ist gelüftet. Ich darf es weitersagen: Ostern gibt es in meinem Leben. Immer wieder. Schon im Kleinen. Und das ist der Vorgeschmack auf das große Osterfest, das irgendwann einmal kommen wird und schon jetzt da ist.

Die Kirchentür öffnet sich. Der Pfarrer steht dort, wünscht jedem einzelnen noch einmal „gesegnete Ostern". Die Sonne scheint. Die Bäume schlagen aus, die Blumen stehen in voller Pracht: Osterglocken, Tulpen, Krokusse, vereinzelt steht noch ein Schneeglöckchen dazwischen. Bienen summen und Vögel zwitschern. Und dazwischen ertönen helle, jubelnde Kinderstimmen. Das Leben ist erwacht. Die Zeichen stehen auf Neuanfang. Es ist Ostern. Gott sei Dank, der uns den Sieg gibt durch unsern Herrn Jesus Christus. Amen.

Vorschläge für das Predigtlied

EG 113.1+57: O Tod, wo ist dein Stachel nun

EG 116,1–5: Er ist erstanden, Halleluja

Fürbittengebet

Gott, du machst das Unmögliche möglich:

Du warst tot und bist doch wieder lebendig. Du bist kein Gott des Todes, sondern des Lebens.

Stecke uns an mit österlichem Loben, so dass wir dein Wirken in unserem Leben erfahren.

Du hast dem Tod den Stachel gezogen, lass uns das Leben spüren, damit wir den Einsamen Gemeinschaft schenken, damit wir mit den Kranken ausharren und auf das Kreuz schauen, damit wir mit den Hoffnungslosen in die Zukunft blicken.
Du hast dem Tod den Stachel gezogen, lass uns ankämpfen gegen den Tod mitten im Leben, lass uns die Stimme der Verstummten sein, lass uns die Hände der Ohnmächtigen sein, lass uns das Herz der Gefühlskalte sein.
Du hast dem Tod den Stachel gezogen, damit wir leben. Stecke uns an mit österlicher Freude, lass uns die Botschaft vom Leben verkünden und miteinander das Leben gestalten.
Du zeigst uns das Ende des Lebens und das Leben bei dir. Du bist das Licht, das unser Dunkel erhellt. Du bist das Leben. Amen.

Sabine Schwenk-Vilov

Quasimodogeniti

Kolosser 2,12–15

[Lesung des Predigttextes]

I

Liebe Gemeinde!

„Sie feiern die Auferstehung des Herrn; denn sie sind selber auferstanden." Wer an Ostern oder eine Woche danach spazieren geht, dem kann es gehen wie einst „Faust" in Goethes gleichnamigen Theaterstück. Da wird geschildert wie Faust wohlgemut mit seinem Diener Wagner spazieren geht und eben dies wahrnimmt: „Vom Eise befreit sind Strom und Bäche … ". Die Natur erwacht wieder nach einem langen Winter. Es grünt und blüht. Vielleicht denken manche Zeitgenosse bei diesem Anblick auch an die Auferstehung Jesu. Dass sie aber mit ihm schon auferstanden sind, sieht man ihnen nicht an.

Wie auch? Die Liste der Beispiele, die das Gegenteil beweisen, ist lang. Ihre Bilder haben sich uns längst eingeprägt. Sie flimmern uns in den täglichen Nachrichten in die Wohnstube: Tote nach der Explosionen von Autobomben und nach Terroranschlägen, Tote in Kriegen und auf der Flucht, Tote nach Naturkatastrophen, dazu Elend ohne Ende: verendete Tiere, zerstörte Städte und Dörfer, Kinder mit Hungerbäuchen, ausgemergelte Erwachsene. Hinzu kommt die Ahnung, dass hinter der Fassade des Wohlstandes sich hierzulande viel Leid und Schmerzen verbergen: zerbrochene Beziehungen, unheilbare Krankheiten, schwere Depressionen. Wer genau hinhört, hört auch bei uns Klagen, Seufzer und Schreie. Wer könnte da behaupten: Ich bin schon auferstanden?

Wer zu predigen hat, kann zunächst einmal Menschen in ihrer Skepsis nur bestärken. Wir sind schon auferstanden!? Das haben die Schwärmer, die Enthusiasten immer behauptet – und gemeint: Wir brauchen die Bibel nicht mehr! Wir brauchen auch die Ordnungen der Kirchen nicht mehr! Denn wir sind ja schon auferstanden! Wir sind schon neue Menschen! Wir sind schon ganz und gar voll des Heiligen Geistes! Doch wer meint, der neue Mensch sei schon da, der sitzt einer Illusion auf.

Doch der Kolosserbrief beharrt darauf – aller Skepsis zum Trotz: „… mit ihm seid ihr auch auferstanden durch den Glauben aus der Kraft Gottes, der ihn auferweckt hat von den Toten." „Mit Jesus Christus seid auch ihr auferstanden!" Wer das behauptet, muss seine Gründe haben. Ostern ist für ihn immer und jetzt. Wer so aus dem Osterfest lebt, der blickt nicht bloß zurück auf ein Geschehen, das sich vor fast 2000 Jahren in Jerusalem ereignet hat. „Mit Jesus Christus schon auferstanden!" Wer so aus dem Osterfest lebt, der spekuliert nicht mehr darüber wie das alles vor 2000 Jahren gegangen sein soll mit der Auferstehung. „Mit Jesus Christus schon auferstanden!" Wer so aus dem Osterfest lebt, kann getrost das singen, was wir nachher gemeinsam singen werden: „Jesus lebt, mit ihm auch ich." Wer das singt, muss dann aber erst recht fragen: Wie wird das denn zusammengebracht – die Geschichte Jesu und meine eigene Lebensgeschichte?

II

Wir Menschen teilen alle ein Schicksal. Wir sind alle zum Tode verurteilt. Wir werden sterben. Es gibt also die Schicksalsgemeinschaft derer, die zum Tode verurteilt sind. Sie betrifft uns alle. Dieser Schicksalsgemeinschaft ist Jesus beigetreten. Er ist gestorben, wie wir alle sterben werden. Seine Anhänger haben aber sehr bald nach seinem Tod davon berichtet, dass er nicht im Tod geblieben ist. Vielmehr ist er ihnen in spektakulären Machterfahrungen wieder begegnet: „… auferstanden … aus der Kraft Gottes, der ihn auferweckt hat von den Toten. Und er hat euch mit ihm lebendig gemacht …". „Mit ihm seid auch ihr auferstanden durch den Glauben …". Und dieser Glaube lässt uns singen: „Jesus lebt, mit ihm auch ich!"

Es gibt also nicht bloß die Schicksalsgemeinschaft derer, die unter der Macht des Todes zu leiden haben. Es gibt zugleich auch die Lebensgemeinschaft derer, die vom Glauben an die Auferstehung erfasst sind: „Mit ihm seid ihr begraben worden durch die Taufe, und mit ihm seid ihr auch auferstanden durch den Glauben an die Kraft Gottes, die ihn von den Toten auferweckt hat." Auch in der Lebensgemeinschaft der Auferstandenen wird gestorben. Doch den entscheidenden Tod haben wir schon hinter uns. Christen haben in der Taufe ihr altes Leben verloren. Sie gehören nicht mehr all dem, was uns Menschen von Gott trennt. Sie gehören nicht mehr dem Tod und der Macht, die von ihm ausgeht.

An dieses Sterben in der Taufe werden wir ein Leben lang erinnert. Leben ist immer auch Sterbetraining. Wir verlieren Menschen, die wir lieben. Träume können zu Alpträumen werden. Krankheiten und Katastrophen zwingen uns dazu, unser Leben anders auszurichten. Wir sind in der Taufe gestorben. Die Krisen unseres Lebens bereiten uns auf den letzten Abschied vor. Irgendwann werden wir richtig begraben werden. Doch weil wir in der Taufe mit Jesus Christus verbunden sind, der für uns gestorben und auferstanden ist, sind wir ganz sein. Wir leben im Bereich seiner Macht. Die ist unüberwindlich. Vor den Worten, die wir hier miteinander bedenken, findet sich dazu der entscheidende Satz: „… in ihm wohnt die ganze Fülle der Gottheit leibhaftig, und ihr habt diese Fülle in ihm, der das Haupt aller Mächte und Gewalten ist." Wer im Einflussbereich Christi lebt, der wird hineingenommen in die göttliche Lebensfülle. Leibhaftig ist die Kraft Gottes in Christus da gewesen. Leibhaftig hat sich diese Kraft gegen den Tod durchgesetzt und Jesus auferweckt. Und der Glaube, den die Kraft Gottes in uns wirkt, macht sich leibhaftig in uns bemerkbar: in der Hoffnung, die nicht stirbt, auch nicht zuletzt – und in der Gewissheit, dass uns nichts trennen kann von der Liebe Christi.

„Wir feiern die Auferstehung des Herrn; denn wir sind selber auferstanden." Die Lebensgemeinschaft mit dem Auferstandenen gibt es schon. Darum gibt es auch immer wieder Beispiele für neue Lebenskräfte und ungeahnte Möglichkeiten. Die neue Welt, die der Glaube auftut, umschreibt der Text mit Wörtern, die die Welt umspannen. Das neue Leben kann man aber durchaus in den Konflikten des Alltags erfahren.

III

„Er hat uns alle Sünden vergeben, er hat unseren Schuldbrief getilgt, der mit seinen Forderungen gegen uns stand, und hat ihn weggeschafft und an das Kreuz geheftet." Keine Schuld kann uns trennen von Gott. Am Kreuz hat Jesus für alle Schuld bezahlt. In früheren Zeiten hätte man da in einer Predigt wohl noch einfach sagen können: Euch ist eure Schuld vergeben! Und man hätte darauf hinweisen können, dass hier ein zur Zeit Jesu gängiger Vorgang aufgegriffen wird: Es war üblich, seine Schulden auf einem Schuldschein zu bestätigen. Der Schuldschein wurde dann in einem gesonderten Haus aufbewahrt, damit der Gläubiger sie nicht zu seinen Gunsten verändern konnte. Wurde die Schuld beglichen, wurde der Schuldschein mit einem Kreuz für ungültig erklärt. Das wird auf das Kreuz Jesu übertragen – und damit gesagt: Im Glauben werden Menschen von ihrer Schuld befreit.

Das gilt natürlich auch noch heute. Doch wird man heute noch etwas anderes hinzufügen müssen, das tief hineinragt in die Konflikte des Alltags. Heutzutage sind bei vielen beschwerliche Schuldgefühle oder gar Schuldbewusstsein nicht mehr anzutreffen. Vieles ist offenbar angesichts des gegenwärtigen und vergangenen Elends dieser Welt und der damit verbundenen Schuld so unerträglich geworden, dass viele sie nicht mehr wahrhaben wollen: Die Schuld an zwei Weltkriegen und die vielen anderen bewaffneten Konflikte. Die Schuld am Holocaust. Die Schuld an der Ausbeutung von Menschen durch Menschen. Die Schuld der Umweltzerstörung. Die Schuld am Klimawandel. Und dazu all die Fehler und Verfehlungen, die wir im privaten Bereich, im Beruf, in der Familie auf uns laden. Doch der Kolosserbrief sagt: Unser Schuldbrief ist getilgt. Darum können wir auch zu unserer Schuld stehen und sie bekennen. In der Lebensgemeinschaft mit dem Auferstandenen werden die Gewissen geschärft – und zugleich gesagt: Dir ist deine Schuld vergeben!

Mehr noch – alle dämonischen und politischen Instanzen haben ihren Anspruch auf absoluten Gehorsam verloren: „Er hat die Mächte und Gewalten entwaffnet und sie öffentlich zur Schau gestellt und hat über sie triumphiert in Christus." Darum haben Menschen um des Glaubens willen immer wieder Verfolgungen ertragen. Oder sie haben sich staatlicher Willkür widersetzt, weil sie Gott mehr gehorcht haben als den Menschen. Gerade in Zeiten, in denen Populisten mit einfachen Lösungen für komplexe Probleme und mit Anfeindungen und Ausgrenzungen auf Stimmenfang gehen, ist daran zu erinnern: Es gilt Gott mehr zu gehorchen als den Menschen!

Deine Schuld ist dir vergeben! Gott gilt es mehr zu gehorchen als den Menschen! Das hat seinen guten Grund: Wir feiern die Auferstehung des Herrn, denn wir sind schon selber auferstanden – hineingenommen in die Lebensgemeinschaft mit dem Auferstandenen. „Jesus lebt, mit ihm auch ich. Tod, wo sind nun deine Schrecken?"

Vom Eise befreit sind mit Ostern nicht bloß Bach und Flur, sondern auch unser Leben von der Angst vor dem Tod. Jesus hat das Schicksal des Todes mit uns geteilt. Aber uns auch in die Lebensgemeinschaft mit ihm dem Auferstandenen hineingenommen. Und so bewahre der Friede Gottes, welcher höher ist denn all unsere Vernunft, unsere Herzen und Sinne in Jesus Christus, unserem Herrn. Amen.[1]

Vorschläge für das Predigtlied

EG 115	Jesus lebt, mit ihm auch ich
EG 113	O Tod, wo ist dein Stachel nun?

Fürbittengebet

Herr, ewiger und allmächtiger Gott. Du hast uns gewollt und ins Leben gerufen. Du setzt unserem Leben eine Grenze. Du wirst uns mit Deiner unermesslichen Kraft in die Ewigkeit rufen. Wir danken Dir, dass Du bei uns bist heute und allezeit.

Du, Herr, hast in Jesus Christus, Deinem Sohn, unserem Bruder, das Schicksal des Todes mit uns geteilt. Deshalb bitten wir Dich für alle, die lebensmüde sind oder sich vor dem Tod fürchten: für die Einsamen und Verzweifelten, für die Kranken und die Sterbenden, für die Süchtigen und die Hungernden, für die Ausgebeuteten und Gefolterten, für die Fliehenden und Ausgebombten. Beende das Leid. Sorge für Hilfe.

Du, Herr, hast in Jesus Christus, Deinem Sohn, unserem Bruder, unter der Macht der Sünde gelitten. Deshalb bitten wir Dich für alle, die Böses erfahren oder vom Bösen bedroht sind: Lass die Mächtigen gerecht sein, den Reichen bringe das Teilen bei, den Gebildeten lehre Demut, die Frommen befreie von Selbstgerechtigkeit. Sie alle und auch uns befreie von dem Wahn niemals sterben zu müssen.

1 Wichtige Anregung verdankt diese Predigt einer Predigt von Manfred Josuttis, in: Wirklichkeiten der Kirche. Zwanzig Predigten und ein Protest, Gütersloh 2003, 90–94.

Du, Herr, hast an Jesus Christus, Deinen Sohn, unserem Bruder, die Kraft der Auferweckung bewiesen. Deshalb bitten wir Dich für alle, die von dieser Kraft erfasst sind: Lass die Suchenden Dich finden, die Getauften glauben. Den Hilfsbereiten stehe bei, schenke Rettungskräften neuen Mut, Psychologen und Seelsorgern lege gute und hilfreiche Worte in den Mund.
Deine Kraft, Herr, ist gewaltig. Durch Sterben führst Du ins Leben. Deine Gnade, Herr, ist unermesslich. Mit ihr schenkst du uns Sündern Vergebung. Deine Freiheit, Herr, ist unendlich. Mit ihr errettest du uns aus allem, was uns knechtet. Dafür sei dir Dank in diesem Leben und in Ewigkeit. Amen.

Dieter Splinter

Misericordias Domini

1. Petrus 5,1–4

[Lesung des Predigttextes]

Liebe Gemeinde!
Willkommen am Sonntag vom Guten Hirten bzw. von der „Barmherzigkeit des Herrn", wie der Name *Misericordias Domini* ins Deutsche übersetzt heißt! „Weidet die Herde Gottes" werden die Gemeindevorsteher und -verantwortlichen in unserem Predigttext ermahnt, und damit an eine ganz besondere Art der Fürsorge und Verantwortung für die ihnen anvertraute Gemeinde erinnert. Und „Pastor" ist ja das Wort, das wir im Deutschen mit „Hirte" übersetzen, aber genau hier setzen eine Reihe von Anfragen und Widersprüchen ein, die laut werden, wenn solche Bilder ins Spiel kommen. „Ich bin doch schließlich kein Schaf", sagen selbstbewusste Gemeindeglieder, die inzwischen häufig genug herangezogen werden, Aufgaben der Gemeindeleitung und -betreuung zu übernehmen. Denn es gibt an manchen Orten nicht mehr genügend Pastorinnen und Pastoren, die Sonntag für Sonntag die vielen Predigtstellen ausfüllen können, die zu ihrem Pfarrbereich gehören, geschweige denn, dass sie in der Woche in 10, 12 oder mehr Dörfern alle die besuchen können, die auf einen Besuch ihrer Pastorin oder ihres „Hirten" warten. Oder inzwischen eben auch nicht mehr warten!

Dazu kommt, dass inzwischen ein „Hirte", einer, der seine Schafe „weidet", für Erwachsene und gar für Kinder aus Berlin, München oder dem Ruhrgebiet gar kein aussagekräftiges Bild mehr ist: eine Schafherde rechts oder links der Landstraße, und in ihrer Mitte ein Hirte, ein Schäfer, mit weitem Mantel und großem Hut, einen Stock in der Hand, an dem unten eine kleine Schaufel befestigt ist, dazu noch zwei Hunde, die auf Zuruf des Hirten die Herde lenken und zusammenhalten, das ist ja auch für die Bewohner ländlicher Gebiete inzwischen ein seltenes Bild geworden.

Also suchen Religionslehrerinnen und Gemeindepädagogen nach Bildern, die den Begriff des Hirten, der nun mal im Alten und Neuen Testament ein zentraler und wichtiger Begriff ist, durch neue, heutigen Kindern und Erwachsenen verständliche Bilder zu ersetzen. „Der Herr ist mein Busschaffner" war der Vorschlag eines Kindes, das täglich mit dem Schulbus zur Schule gefahren wird und schon mitkriegt, welche Verantwortung auf dem jeweiligen Busfahrer liegt. Der wiederum wird nicht selten das Wort „Hammelherde" im Kopf haben, wenn mittags nach der Schule die heimwärts strebenden Kinder seinen Bus stürmen.

„Der Herr gibt mir das Arbeitstempo an. Ich brauche nicht zu hetzen," beginnt eine japanische Übersetzung des 23. Psalms. Hier wird der „gute Hirte" gewissermaßen umschrieben, aber nicht wenige, von ihrem Arbeitsalltag überforderte Mitmenschen werden das so nicht mitsprechen können.

Wenn also in unserem Predigttext die Ältesten ermahnt werden, „Weidet die Herde Gottes – nicht gezwungen, sondern freiwillig, nicht um schändlichen Gewinns willen, sondern aus Herzensgrund, nicht als Herren der Gemeinde sondern als Vorbilder der Herde", dann wird uns deutlich, dass sowohl Kirchenälteste als auch Pastorinnen und Pastoren heute nicht nur anderen Leitbildern folgen müssen, sondern überhaupt ganz anderen Fragen und Herausforderungen gegenüberstehen als unsere Schwestern und Brüder vor 100 Jahren oder noch länger her.

Obwohl: die Rechte des „Fußvolks" zu verteidigen und in Schutz zu nehmen gegenüber einem immer rücksichtsloser werdenden Wirtschaftssystem wäre eigentlich auch vor 150 Jahren schon die Aufgabe der Gemeinde und ihrer Hirten gewesen, und dass die Mühseligen und Beladenen schließlich eher ihr Heil bei Parteien und Gewerkschaften vertreten fanden, ist wohl auch ein Hinweis darauf, dass unsere Kirche mit ihren Hirten ihre Aufgabe nur sehr unzureichend erkannt und wahrgenommen hat.

In Frankreich waren es im vorigen Jahrhundert die „Arbeiterpriester", in Deutschland die „Religiösen Sozialisten", die in der Nachfolge des „Guten Hirten" Jesus die besondere Verantwortung unsrer Kirche für die am unteren Rand der Gesellschaft Angesiedelten ins Blickfeld zu holen versuchten. Einer dieser religiösen Sozialisten war Erich Hertzsch, Pfarrer in einem Arbeiterviertel in Eisenach, nach dem Krieg Oberkirchenrat und Professor für Praktische Theologie in Jena. Im „Evangelischen Brevier", einem Gebetbuch für alle Tage, das er all seinen Studenten geschenkt hat, hat er Psalmen, Lieder und Bibeltexte einander zugeordnet, die durch wöchentliche Wiederholung den Nutzern gewissermaßen in Fleisch und Blut übergehen, ein Stück geistigen Eigentums werden sollten, das ihnen zu Gebote steht auch wenn weder Gesangbuch noch Bibel zur Hand sind. In diesem Brevier ist dem 23. Psalm, dem Psalm vom Guten Hirten, der alttestamentliche Satz aus den Klageliedern Jeremias vorangestellt: „Die Barmherzigkeit des Herrn hat noch kein Ende, sondern sie ist alle Morgen neu, und Seine Treue ist groß."

Barmherzigkeit, Treue, Verlässlichkeit, dazu ruft uns ein Leben in der Nachfolge des Guten Hirten Jesus. Krankenschwester und Altenpflegerin, Busschaffner und Lokomotivführer sind Berufe, in denen wir solche Eigenschaften ganz besonders erwarten, aber eigentlich gibt es keinen Beruf und kein Lebensalter, wo Barmherzigkeit, Treue und Verlässlichkeit nicht unseren Alltag bestimmen sollen. Und wo Mut und Stehvermögen nötig sind, um gegen Habgier, Gedanken- und Rücksichtslosigkeit die Barmherzigkeit Gottes zu behaupten, da wird uns der nicht verlassen, von dem wir seit 2½ Jahrtausenden sagen: „Und ob ich schon wanderte im finsteren Tal, fürchte ich kein Unglück, *denn du bist bei mir*." Das wollen wir nicht vergessen. Amen.

Und der Frieden Gottes, der höher ist und mehr vermag als alles, was Menschen sich erdenken können, der bewahre unsre Herzen und Sinne in Jesus Christus, damit wir Menschen Seiner Liebe *bleiben* – und immer wieder *werden*. Amen.

Vorschläge für das Predigtlied

EG 482	Komm in unsre stolze Welt
EG 495,1–3	O Gott, Du frommer Gott

Fürbittengebet

Herr Gott, lieber Vater im Himmel, unser Wohlergehen ist das Ziel all deiner Gebote, all deiner Ermutigungen und Wegweisungen. Dass wir zu uns selbst finden und die Gaben, die Du schenkst, entfalten zu einem reichen und erfüllten Leben, und dass wir – rund um den Erdball – einander teilgeben an solch reichem Leben, das ist der Sinn des Weges, den du uns weist – und den du mit uns gehst.

Wir sehen mit Bestürzung und Trauer, wie viele Menschen täglich andere Wege gehen oder getrieben werden, und Opfer werden von Krieg, Gewalt und Terror, die aus Angst, Missgunst und Uneinsichtigkeit wachsen. Wir bitten dich für alle, denen Hunger und Ungerechtigkeit das Leben verdunkeln: Gib du ihnen Hilfe, und stell ihnen Menschen an die Seite, die solche Hilfe verwirklichen. Und lass uns erkennen, wo wir solche Menschen sein sollen.

Wir möchten vertrauen auf das, was Jesus getan, wie er gelebt hat, wollen seine Wege mitgehen und in unserer Welt umsetzen, wozu er uns ermutigt. Wir bitten um Phantasie, Räume für Leben neu zu entdecken und mutig zu gestalten: im Leben mit unseren Mitmenschen, im Umgang mit der Natur und in der Sorge um Frieden und Gerechtigkeit für alle, mit denen wir diese Erde teilen.

Lass auch durch uns deine Liebe wirksam werden, die Gemeinschaft begründet, Vertrauen schafft und unsre Welt wohnlicher macht. Und lass uns, wenn unser Leben zu Ende geht, getrost uns deiner väterlichen Güte anvertrauen, weil wir doch wissen, dass wir zu Hause sein werden bei dir. Als deine Kinder bitten wir:

Vater unser

Arnd Morgenroth

Jubilate

2. Korinther 4,14–18

Der Predigttext wird zu Beginn nach der hier abgedruckten Übersetzung (Bibel in gerechter Sprache und eigene Übersetzung) verlesen.

Wir wissen, dass die Macht, die Jesus, auferweckt hat, zu dem wir gehören, uns auch mit Jesus auferwecken und uns zusammen mit euch in ihre Gegenwart stellen wird. Alles geschieht ja für euch: So wächst die Zuwendung, indem eine immer größere Zahl von Menschen den Dank überfließen lässt zur Ehre Gottes. Deshalb verlieren wir nicht den Mut. Wenn auch unser äußerliches Menschsein verfällt, so erneuert sich doch das Innere Tag um Tag. Denn die augenblickliche geringe Menge unserer Bedrängnis erwirkt im Überfluss bis zum Übermaß die ewige Fülle an Herrlichkeit für uns, wenn wir nicht auf das Sichtbare achten, sondern auf das Unsichtbare; denn das Sichtbare ist augenblicklich, das Unsichtbare aber ewig.

I

Liebe Gemeinde![1]

Der Herr ist auferstanden, und es ist Osterzeit. Eine Woche um die andere feiern wir. Alles wird durch Jesu Auferstehung berührt und verändert, und jede Woche erkennen wir mehr davon. Um Jubel, großen Jubel aus der ganzen Schöpfung geht es heute. Mehr Freude, immer mehr Dankbarkeit sieht Paulus, für die übermäßige Fülle an Glanz und Herrlichkeit hat er fast keine Worte. Sie liegt noch in der Zukunft, aber sie berührt ihn schon jetzt, und er möchte uns gern anstecken mit seiner übersprudelnden Osterfreude.

1 Die Predigt braucht als Lesung den im Revisionsvorschlag vorgesehen Predigttext III aus dem AT: Spr 8,22–36.

Uns hilft dabei alles glänzend Neue in der Schöpfung um uns herum. Immer mehr Vögel singen im Morgenkonzert. Nach den Veilchenkissen duften die Traubenkirschen und bald der Flieder. Jeden zweiten Tag entfaltet ein anderer Blütenbusch seine Farbe, immer neue Grünschattierungen leuchten am Waldrand auf. All unsere Sinne werden berührt und wecken Freude. Und das alles geschieht noch in der Schöpfung, ist nur ein Gleichnis für Gottes neue Schöpfung.

II

Brauchen wir denn eine neue Schöpfung, wenn diese Welt schon so schön ist? Warum sollte der Jubel über sie so groß sein? „Eine zweite Chance“, sagt der halbwüchsige Junge, der sich und seine kleine Schwester durch den Tag manövriert, weil die Mutter schon morgens betrunken ist und der Vater wer weiß wo. Diese äußere Welt ist nicht nur Blütenschaum. Was gibt es doch alles für chronische Krankheit, körperliche Hinfälligkeit, menschliche Feindschaft und eben – mit Paulus' Wort – was für „Bedrängnis“ aller Art. Müssen wir das einfach für eine Weile ausblenden, damit wir in Osterfreude feiern können?

Die Lesung aus dem Buch der Sprüche hat uns an die allmähliche Entstehung dieser ganzen Welt, ja des Alls, erinnert. Eine ungeheure Macht ist hinter und in der Entstehung des Alls wirksam. „Er setzte dem Meer seine Grenze“ – ja, aber wie mächtige Ozeane schoben sich auf der Erdkugel hin und her, bis sie so in ihren Grenzen zu liegen kamen. Und wie verheerend ist für uns Menschen eine bloße Sturmflut oder zwei Zentimeter mehr zum Meeresspiegel! Was für Gewalten wüteten, als die Berge sich hoben und senkten, bis sie nun so stehen, und wir über sie hin wandern! Und wie viel verwüstet ein kleines Nachwehen, ein Tsunami, ein Vulkanausbruch in unserer Menschenwelt! Zu schweigen von den unermesslichen Energien, mit denen ein Stern mit all seinen Trabanten kollabiert, ein anderer neu aufstrahlt und Meteore auf die Umgebung schleudert. All diese Gewalten sind vollkommen gleichgültig gegen die Erscheinung Mensch. Und Schöpfermacht, die hinter ihnen steht warum sollte die nicht gleichgültig sein? Es ist nicht selbstverständlich, dass die Schöpfermacht etwas Gutes für uns Menschen bedeutet.

Im Buch der Sprüche haben wir auch gelesen, wie wir das glauben können, dass Gott, der mächtige Schöpfer, nicht gleichgültig ist gegen Menschen. Gottes Weisheit ist zu allererst entstanden. Und diese Weisheit hatte von Anfang an uns Menschen im Blick. Gottes Zuwendung zu den Menschen hat er sich schon vorgenommen, ehe er mit allem anderen je begann. In all den Gewalten können wir deshalb, nur deshalb existieren, weil Gottes Weisheit durch alles Schöpfungshandeln ihm als „Werkmeisterin" zur Seite war, Begleitung, Orientierung, Zielsetzung für die Schöpfung. Naturwissenschaftlich feststellen können wir das nicht. Aber wenn es uns mit Erstaunen berührt, dass wir in all den weit übermenschlichen Gewalten am Leben sein und uns freuen können, dann können wir so an Gott und seine Weisheit glauben.

III

Dennoch erleben wir all die Bedrängnis. In dieser Schöpfung sind sie ganz normal. Ohne die Perspektive auf uns gibt es einfach Wechselfälle und andere Lebewesen aller Art. Wir aber nennen sie „Un-wetter" und „Miss-ernte", „Schädlinge" und „Raubtiere". Für einzelne Menschen und ganze Gemeinschaften liegt immer wieder die Frage nahe, ob wir denn Gott gleichgültig sind? Und selbst wenn wir ahnen und glauben, dass Gott für uns ist, ringen wir mit der äußeren Welt. Und in diesem Ringen vergessen wir oft, dass wir uns doch auf Gottes Zuwendung stützen können. Immer leben wir in der Sorge um uns selbst und machen uns gegenseitig das Leben schwer.

Gottes Weisheit hat nicht nur die Schöpfung begleitet, sie ist auch unsere Lehrerin. Und das ist es, was sie uns lehrt: Vertraut darauf, dass der Schöpfergott ein Gott für uns ist, und dann geht so miteinander um. Nicht nur Bedrängnis sehen wir in dieser Schöpfung, sondern auch Gottes Weisheit lässt sich erkennen. Überall, wo dieses All und dieser Erdball uns einen Flecken zum Leben in Freude lassen, sehen wir etwas davon. Und weil wir aus Gottes Weisheit leben, pflegen wir kranke Menschen, selbst wenn es gefährlich ist, und nehmen Fremde auf, auch wenn wir sie nicht eingeladen haben. Wir trauen einander zu, dass wir es gut und ehrlich miteinander meinen und müssen Energie aufwenden auf Gemeinheit und Lüge.

Wie nun Gottes Weisheit aussieht, mit einem menschlichen Gesicht, und wie sie vollkommen gelebt wird, mit einem „äußeren Menschen", das erzählen uns die Evangelien von Jesus Christus. Das haben die Theologen im ersten und zweiten Jahrhundert geglaubt und ausgedrückt. Sie haben Jesus Christus mit der Weisheit

Gottes identifiziert. „Im Anfang seines Weges hat Gott sie geschaffen" – und: „Am Anfang war das Wort, und war bei Gott". Jesus Christus hat aus Gottes Weisheit gelebt. In seinem ganzen Leben hat er daran festgehalten, dass Gott *für* ihn ist, und er sein Liebling. Der Sorge um sich selbst hat er keine Macht eingeräumt. Und er ist auferstanden. Nun feiern wir keine Illusion, wir feiern, weil Gottes neue Schöpfung angebrochen ist, eine Schöpfung *für* uns Menschen. Christus ist auferstanden, und das bedeutet: Es wird eine Schöpfung geben, in der nichts anderes mehr gilt, nur noch dies: Gott ist *für* uns Menschen.

IV

„Eine zweite Chance" – diese Sehnsucht allerdings wird nicht erfüllt durch die neue Schöpfung. Wir glauben nicht an eine Wiederholung mit besseren Ausgangsbedingungen. Es würde gar nichts ändern. Wir wären immer noch die Geschöpfe der alten Schöpfung. Wir würden also immer noch so leben, dass wir mitkommen in dieser Welt. Wir freuen uns ja nicht nur an Blütenschaum, sondern auch, wenn wir einen Konkurrenten überwunden haben; wenn wir uns in eine Gefahr begeben und sie überstehen können; wenn wir Probleme vorgelegt bekommen, die wir bewältigen können. Paulus' Briefzeilen sind voll von den Gegensätzen, die in dieser Welt gelten und die nicht nur Bedrängnis sind, sondern unsere Lebendigkeit ausmachen. „Wenige" und „viele" ist so ein Gegensatz, und: Wachsen, immer mehr Menschen, die glauben, immer mehr dankbarer Jubel – was für ein Grund für Stolz und Hoffnung! Bedrängnis gegen Herrlichkeit, augenblicklich die eine, für ewig die andere, eine geringe Menge die eine, eine Fülle die andere. All die Vergleiche – ohne diese vergängliche Welt gäbe es sie nicht, und all die frohe Aussicht, die Paulus an sie knüpft, gäbe es auch nicht. Mit allem, was uns in dieser alten Schöpfung Freude bereitet und lebendig hält, beschreibt Paulus, was er sich von der neuen Schöpfung erwartet. So ahnen wir etwas von der neuen Schöpfung, aber, liebe Gemeinde, wir merken dabei auch: Wenn wir Mitgeschöpfe in der neuen Schöpfung sein wollen, brauchen wir selbst eine Verwandlung. So, wie wir jetzt und hier sind, können wir uns das Leben in der neuen Schöpfung nicht vorstellen: Leben ganz und gar aus dem Vertrauen in Gottes Wirken für uns. Wir selbst müssen neu geschaffen werden, unserer „Inneres", wie Paulus sagt, unsere Zugehörigkeit zur neuen Schöpfung, muss auf sie zu wachsen. Wir selbst brauchen noch die Auferweckung. Für dieses Wachsen ist uns die Lebenszeit gegeben – noch hier in der vergänglichen Welt und zugleich schon in Christus und als neue Kreatur. Amen.

Vorschläge für das Predigtlied

EG 326	Sei Lob und Ehr
EG 432,1–3	Gott gab uns Atem

Fürbittengebet[2]

Gott, Schöpfer aller Dinge, wir danken dir für deine guten Gaben: Dass nach durchschlafener oder durchwachter Nacht jeder Morgen ein neues Geschenk ist, das neue Möglichkeiten bietet. Hilf uns zu erkennen, was dem Leben dient, aber auch, worauf wir besser verzichten um unserer Kinder Zukunft willen. Behüte uns vor Schwarzseherei, die unsere Welt noch dunkler machen würde, und gib uns einen wachen Blick, was wir zum Guten wenden können, um Schritte ins Helle zu tun. Gott, du schaust uns freundlich an, hilf uns, ebenso freundlich auf die Menschen und das Leben zu schauen. Amen.

Isolde Meinhard

2 Frei nach: www.ekiba.de/html/content/dank_bitte_fuerbitte909.html

Kantate

Apostelgeschichte 16,23–34

[Lesung des Predigttextes]

Liebe Gemeinde!
Die Geschichte von Gott, der die Mauern zerbricht, ist eine wunderbare Geschichte. Erfreulich für jeden, der noch hoffen kann auf das, was sich nicht planen lässt. Ärgerlich für jeden, für den die Welt nichts anderes ist als ein großes Rechenexempel. Und das Wunder hat viele Gesichter. Das erste Gesicht:

„Pass auf sie auf", hatten die Oberen gesagt. Und der Kerkermeister hatte verstanden. Die beiden sollten ihm nicht davonlaufen. Die beiden sollten nichts zum Lachen haben. Dafür würde er schon sorgen. Und er setzt sie fest. Mitten im Gefängnis, da, wo noch keiner alleine wieder rausgefunden hat. Ihre Füße sichert er im Block. Sicher ist sicher. „Selber schuld", denkt er. „Sie hätten es ja auch ganz anders haben können, die beiden. „Warum hatten sie sich mit den Oberen angelegt? Warum ihren Mund nicht gehalten? Warum diese Frau bedroht im Namen des Gottes, den doch keiner kennt?" „Selber schuld", denkt er. Töricht, wer so Unruhe stiftet. Dumm, wer so Interessen verletzt. Lebensmüde, wer so auffällt. Noch einmal prüft er die Fesseln. Sicher ist sicher.

Aber dann bebt die Erde. Und als der Kerkermeister aufwacht, stehen die Tore offen. „Zufall!", ist sein erster Gedanke. „Unglücklicher Zufall!" Aber was heißt hier Zufall? Wem ist denn da etwas zugefallen? Den Gefangenen etwa? Und von wem? Etwa von dem Gott, den keiner kennt, für den aber ins Gefängnis geht, wer an ihn glaubt? Der Kerkermeister ist irritiert. „Sicher ist sicher", hatte er gedacht. Auf die Mauern hatte er vertraut. Was für ein Irrtum! Hätte er mehr gewusst, von dem Gott, der Wagen und Speere zerbricht; hätte er mehr gewusst von dem Gott, der die Niedrigen erhebt und die Mächtigen vom Thron stößt; hätte er die Wächter fragen können, die das Grab Jesu vergeblich bewachten, er hätte sich nicht gewundert. So aber muss er es erst noch lernen. Sicher ist nicht sicher vor Gott. Und frei ist, wer ihm vertraut.

[Musik / Chor / Lied]

Liebe Gemeinde, die Geschichte von dem Gott, der die Mauern zerbricht, ist eine wunderbare Geschichte. Erfreulich für jeden, der dem Wunder die Hand hinhalten möchte. Ärgerlich für jeden, für den die Welt aufhört, wo die Vernunft endet. Und das Wunder hat viele Gesichter. Das zweite Gesicht:

Schrecklich, im Gefängnis zu leben. Kein Weg führt nach draußen. Die Tür öffnet sich nur von außen. Die Phantasie spielt verrückt. Malt ihre Gespenster an die Wand. Die Gedanken drehen sich im Kreis: Wie langsam die Zeit vergeht! Stunden werden zu Ewigkeiten. Schier endlos ist die Nacht. Schrecklich im Gefängnis zu leben. Wer's bedenkt, fängt an zu klagen. Was aber taten die Gefangenen damals? Sie staunen nicht schlecht. Die beiden Neuen, Paulus und Silas, loben Gott. Sie loben, sie klagen nicht. Ob es Gewohnheit ist, die sie so singen lässt? Ob sie auch in dieser Nacht nur dem gehorchen, was ihnen ihr Glaube gebietet? Ob ihnen danach zumute ist zu singen? Wer weiß es. Entscheidend ist doch nur: Mitten im Gefängnis ein Lob. Lieder mitten in der Nacht. Und die anderen lauschen.

Gelobt seist du, Herr, du Gott unserer Väter, und sollst gepriesen und hochgerühmt werden ewiglich.
Herzlich lieb hab ich dich, Herr, meine Stärke,
mein Fels, meine Burg, mein Erretter.
Als mir Angst war, rief ich den Herrn an
und schrie zu meinem Gott,
da erhörte er meine Stimme von seinem Tempel.
Die Erde bebte und wankte
und die Grundfesten der Berge bewegten sich.
Ja, du machst hell meine Leuchte,
du machst meine Finsternis licht.
Mit meinem Gott springe ich über Mauern.

Darum will ich dir danken, Herr, unter den Heiden und deinem Namen lobsingen." (Psalm 18)

Eigentlich seltsam, liebe Gemeinde, die beiden loben Gott und sitzen doch noch im Gefängnis und wissen nicht, was kommt. Der Lobgesang der zwei Männer erfolgt nicht hinterher, wenn es leicht fällt, dankbar zu sein und zu loben. Nein, noch vor ihrer Rettung stimmen sie ihren Lobgesang an. Hinterher lobt der Kerkermeister. Hinterher müssen es auch die Oberen einsehen. Ganz am Ende werden alle Gott loben. Paulus und Silas aber tun schon vor ihrer Rettung, was getan werden muss und was seinen sichtbaren Sinn erst noch bekommt. „Um Mitternacht aber heißt es, „beteten Paulus und Silas und priesen Gott mit Gesängen" und die in Fesseln Gelegten lauschten ihnen.

[Musik]

Liebe Gemeinde, die Geschichte von dem Gott, der Mauern zersprengt, ist eine wunderbare Geschichte. Erfreulich für den, der mehr hören will, als er schon kennt. Ärgerlich für den, der sich eingerichtet hat in der Welt, die ihm vertraut ist. Und das Wunder hört nicht auf. Es hat ein drittes Gesicht:

„Tu dir nichts an!" hatte Paulus gerufen. „Wir sind ja alle da." Gerade noch rechtzeitig hatte er gerufen. Damit dem Kerkermeister das Leben gerettet. Der hatte sich in sein Schwert stürzen wollen. Den Schlaf der Sicherheit hatte er geschlafen. Dann hatte ihn etwas geweckt. Auffahrend aus dem Schlaf hatte er die Tore gesehen. Offen! „Katastrophe!", war es ihm durch den Kopf geschossen. „Die Gefangenen sind weg! Das wird man mir anhängen, das überleb ich nicht." Dass die Gefangenen noch da sein könnten. Dass sie die Gelegenheit zur Flucht nicht nutzen würden –, niemals hätte er das für möglich gehalten. Nein, niemals! Der Kerkermeister versteht die Welt nicht mehr. Gefangene, die nicht fliehen, obwohl die Tore offenstehen. Gefangene, die sich um den Kerkermeister sorgen. Verkehrte Welt? Neue Welt?

Neue Welt, liebe Gemeinde, denn frei ist, wer dienen kann. Frei ist, wen Gott gelöst hat von der Sorge um das eigene Leben. Frei ist, wer gehen kann oder bleiben, gerade so wie es für den anderen gut ist. Der Kerkermeister hat die Botschaft übrigens verstanden. Er nimmt die beiden zu sich. Mögen andere von ihm denken, was sie wollen. Mögen sie ihn dafür vielleicht sogar bestrafen. Er wäscht ihnen die Schlagwunden. Führt sie hinauf in sein Haus. Deckt ihnen den Tisch. Lobt mit ihnen zusammen Gott. Denn er hat es an Paulus gesehen und will es auch für sich glauben, was Martin Luther viel später so formuliert hat: *Ein Christenmensch ist ein freier Herr über alle Dinge und niemandem untertan und ist doch zugleich ein dienstbarer Knecht aller Dinge und jedermann untertan.* Amen.

Vorschläge für das Predigtlied[1]

EG 66,1.2 / 3.4 / 5.8	Jesus ist kommen
EG 65,1.2 / 3.4 / 5–7	Von guten Mächten
EG 378, 1.2 / 3.4 / 5	Es mag sein, dass alles fällt ..
EG 628,1–3 Regionalteil Baden:	Ich lobe meinen Gott, der aus der Tiefe mich holt, damit ich lebe

Fürbittengebet

Herr, unser Gott,

wir danken dir für die Lieder, für die Freude, die sie uns bringen, für den Trost, den sie uns spenden, für die Hoffnung, die sie wecken.

Wir bitten dich: Lass diese Lieder ganz tief in uns leben, dass sie uns auch dann noch tragen, wenn uns nicht zum Singen zumute ist. Du Retter und Befreier, vor dich bringen wir die Gefangenen dieser Erde:

die, die zu recht ihre Strafe verbüßen, alle, die Leid gebracht haben über andere, alle, die schuldig geworden sind; vor dich bringen wir aber auch die Vielen, die unmenschlichen Gerichten ausgeliefert sind und waren, alle, die einfach weggesperrt werden, und alle, die um ihrs Glau-

1 Die Liedvorschläge sind auch gedacht für Lieder, die zwischen den drei Teilen der Predigt gesungen werden können.

bens willen gefangen sind. Wir bitten dich: Lass Recht einkehren, wo Unrecht regiert, steh den Gefangenen bei, den Schuldigen und den Unschuldigen, stärke alle, die leiden unter unwürdigen Haftbedingungen.

Gnädiger Gott, du kennst auch die inneren Gefängnisse, in die wir uns einschließen, und die Mauern, die wir errichten, weil wir uns fürchten. Löse die Fesseln, lass Luft und Licht herein, lass neue Vorstellungen Altes in Frage stellen, bring Bewegung in unser Denken und Tun, mach uns wach, öffne uns, befreie uns! Hilf uns zu werden, wie du uns gewollt hast. Amen.

Eva Böhme

Rogate

Kolosser 4,2–4

[Lesung des Predigttextes]

I

Liebe Gemeinde!
Das Gebet scheint in unserer Smartphone-Welt so fremd zu sein wie ein Telefon mit Wählscheibe – zugleich aber auf eine geheime Art und Weise selbstverständlich, unerlässlich und durch nichts zu ersetzen.

Das Thema Beten wird in unserer Lebenswelt in der Öffentlichkeit vornehm beschwiegen. Es kommt im Alltag kaum vor. Und es würde sich wohl mancher wundern, wenn am Ende eines Tages der Sprecher im Kaufhaus nicht nur sagen würde „Sehr verehrte Kundinnen und Kunden, das Kaufhaus schließt in wenigen Minuten. Wir wünschen Ihnen einen guten Nachhauseweg und einen schönen Abend." Sondern, wenn er dann auch noch hinzufügte: „Und bleiben Sie beharrlich im Gebet und in der Fürbitte, denken Sie darin auch an uns und unsere Mitarbeiterinnen und Mitarbeiter." Die meisten würden sich wohl die Ohren reiben und fragen, ob sie sich da gerade verhört haben. Vielleicht würden einzelne auch schmunzeln und fragen, ob in der Nähe eine versteckte Kamera aufgebaut ist. Jedoch vermute ich, Lachen im Sinne von „Auslachen" würden die Wenigsten. Dazu ist Angelegenheit mit dem Gebet zu heilig. Vielleicht würde bei manchen von uns vor dem inneren Auge auch ein Film ablaufen mit möglichen Lebenssituationen, denen die Mitarbeiterinnen und Mitarbeiter des Kaufhauses ausgesetzt sein könnten. Was kommt im Leben nicht alles vor! Und was machen Menschen nicht alles durch im Blick auf die eigene Gesundheit, die Kinder, die alten Eltern, den Lebenspartner, die Kollegen. Wenn man sich nur für einen Moment vorstellt, was im Leben oder in den Familien von 150 Menschen, die vielleicht in einem Kaufhaus arbeiten, los sein könnte (und wahrscheinlich auch auf die eine oder andere Art und Weise auch los ist), dann ist die Aufforderung, sie ins Gebet zu nehmen, alles andere als abwegig. Alkoholkranke Tanten, Kinder, die Drogen nehmen oder die Ausbildung abgebrochen haben, ungute Diagnosen, Paare, denen die Liebe abhanden gekommen ist, Streit mit den Kollegen – das alles kommt in den „besten Familien" vor. Und es kommt – Hand aufs Herz – auf die eine oder andere Art und Weise auch bei uns vor. Wo wäre all das, was Menschen bewegt, zum Lachen oder zum Weinen bringt, besser aufgehoben als in einem Gebet?

II

Das Gebet scheint in unserer Smartphone-Welt so fremd zu sein wie ein Telefon mit Wählscheibe – zugleich aber auf eine geheime Art und Weise selbstverständlich, unerlässlich und durch nichts zu ersetzen.

Angesichts von Ereignissen, die uns nicht nur persönlich, sondern kollektiv erschüttern, ist die öffentliche Aufforderung zum Gebet ganz und gar selbstverständlich. Kein Mensch würde sich darüber wundern oder gar erheben. Wir hätten uns hingegen sehr wohl gewundert, wenn die Kirchen und Religionsgemeinschaften nach dem Terroranschlag auf den Weihnachtsmarkt am Berliner Breitscheidplatz nicht zu einem Mahn- und Bittgottesdienst eingeladen hätten. Die Kaiser-Wilhelm-Gedächtniskirche war bis zum letzten Platz gefüllt. Der Gottesdienst wurde nicht nur auf den Platz vor der Kirche, sondern zur besten Sendezeit live im Fernsehen übertragen. Das gab Menschen in ganz Deutschland die Möglichkeit, Anteil zu nehmen, ihre Sorgen und Ängste, ja die ganze Fassungslosigkeit und widerstreitende Gefühle vor Gott zu bringen. Im Fall von Katastrophen und Unglücken ist die öffentliche Einladung zum Beten so selbstverständlich, wie das Fürbittgebet im sonntagtäglichen Gottesdienst. Warum das so ist? Ich glaube, weil wir ganz besonders in diesen Situationen einen Halt suchen, den wir uns nicht selbst geben können. Die Frage nach dem Sinn angesichts einer solchen Gewalttat kann nicht beantwortet werden. Denn es gibt keinen Sinn. Es gibt keinen Zusammenhang zwischen Opfern und Täter. Und so werden wir im Leben immer wieder mit Situationen konfrontiert, die nicht deutbar sind. Im Gebet bringen wir sie vor Gott und vertrauen darauf, dass er sich ihrer annehmen wird: Der Menschen, die zu Opfern wurden, des ungelebten Lebens, der Verzweiflung von Angehörigen, der Fragen, auf die es keine Antwort gibt.

Im Gebet nehmen wir Rast bei größerem Frieden, als wir ihn selbst uns zu geben in der Lage sind. Und wir hoffen, dass dieser Friede – der Friede Gottes – die Opfer, jene, denen wir nicht helfen konnten und letztlich auch uns selbst auf dem Weg durch unser endliches Leben erfasst. Insofern ist ein Gebet – so sehr es auch Fremdkörper sein mag in unserer Welt, in der alles machbar zu sein scheint – durch nichts zu ersetzen.

III

Das Gebet scheint in unserer Smartphone-Welt so fremd zu sein wie ein Telefon mit Wählscheibe – zugleich aber auf eine geheime Art und Weise selbstverständlich, unerlässlich und durch nichts zu ersetzen.

Es kann geradezu heilsam sein. Wer vor dem reich gedeckten Tisch – und bei den meisten Menschen ist der Tisch reich, manchmal sogar überreich gedeckt – die Hände faltet und betet, bringt das Essen mit der Güte Gottes in Verbindung. D.h., Menschen, die bei Tisch beten, halten für einen Augenblick inne. Sie danken Gott für Käse und Brot und machen sich bewusst, dass das alles nicht selbstverständlich ist. Möglicherweise denken sie sogar an jene, deren Tisch – und das sind viele auf unserem Globus – weniger reich gedeckt ist und nicht selten sogar das Nötigste entbehrt. Mit jeder Mahlzeit wird uns Segen zuteil, der nicht „auf unsere Kappe geht". Das haben wir nicht gemacht. Und auf die Tatsache, dass wir auf der Nordhalbkugel dieser Erde geboren sind und leben, hatten die wenigsten von uns Einfluss. Für einen Augenblick des Tages machen wir dies zu Thema und üben uns in Dankbarkeit vielleicht sogar in Demut.

Das Besondere an dem Predigttext ist, dass er nicht isoliert vom Gebet spricht, sondern in den Zusammenhängen des Lebens in der Welt. Er fordert nicht allein zu Gebet und Fürbitte auf, sondern auch zu Weisheit im Verhalten, zu verantwortlichem Umgang mit der Zeit und zu freundlicher Rede gegenüber jedermann. „Verhaltet euch weise, kauft die Zeit aus. Eure Rede sei allezeit freundlich und mit Salz gewürzt." Diese Nähe zwischen Gebet und dem Leben im Alltag der Welt erinnert an Martin Luthers Verständnis vom Beruf. Er verstand unter dem Beruf des Menschen jedwedes Handeln in der Welt, sei es als Mutter oder als Kanzler, Richter oder Küster, Fürst oder Knecht. Alle Berufe haben ihm zufolge die gleiche Würde. In jedem Beruf geht es darum, Gott zu ehren und dem Nächsten zu dienen. Er unterstreicht die hohe Wertschätzung des Tätigseins in der Welt, in dem er Arbeit und Gebet miteinander verbindet. So sagt er mit einem Sprichwort: „Wer treu arbeitet, betet zweifach." Gemeint ist, dass ein gläubiger Mensch auch in seiner Arbeit an Gottes Gebot denkt. Er werde sich daran orientieren, um nicht jemandem Unrecht zu tun, jemanden zu übervorteilen oder gar Eigentum zu veruntreuen. Dieses verantwortliche Handeln in der Erinnerung an Gottes Gebot ist für ihn Gebet. Für einen Christen – so dachte Luther und wir werden ihm aus ganzem Herzen zustimmen – versteht es sich von selbst, dass er verantwortlich handelt und dass der Gottesdienst am Sonntag Konsequenzen hat für das Leben im Alltag der Welt. Christlicher Glaube hat eine Praxis und diese Praxis ist ein von tiefstem Herzen gesprochenes Gebet. D.h., wir treten auch durch die Art und Weise, in der wir unser Leben gestalten und unsere Tage füllen (also: die Zeit auskaufen) mit Gott in Kontakt. Vielleicht sollte man sogar sagen, durch die Art und Weise, wie wir die Welt sehen und auf sie eingehen, sind wir mit Gott im Gespräch. Und so kann selbst ein deutsches Kraftwort, das einem angesichts eines schreienden Unrechts über die Lippen fährt, ein zutiefst aufrichtiges Gebet sein. Das Gleiche gilt für den Jubel angesichts erfahrenen Glücks.

IV

Das Gebet scheint in unserer Smartphone-Welt so fremd zu sein wie ein Telefon mit Wählscheibe – zugleich aber auf eine geheime Art und Weise selbstverständlich, unerlässlich und durch nichts zu ersetzen.

Ohne unsere Gebete, egal ob sie im Gottesdienst wohl formuliert werden oder in Stoßgebeten nur aus Wortfetzen bestehen, wären wir arm dran. Deshalb sind sie unerlässlich und durch nichts zu ersetzen. Wir hätten nur uns selbst mit unserer kleinen Kraft, mit unseren Möglichkeiten das Leben zu halten und zu schützen. Damit sollen die Möglichkeiten, Leben zu retten und zu schützen nicht kleingeredet werden. Im Gegenteil: Sie sind bisweilen atemberaubend. Und über die Fortschritte, die in der Wissenschaft und insbesondere in der Medizin gemacht werden, kann man nur staunen. Insofern gehören Wissenschaft und Medizin wohl zu den Dingen, die bei vielen von uns Grund großer Dankbarkeit sind. Aber wenn es um den letzten Halt des Menschen geht, dann sind wir in den eigenen Händen denkbar schlecht aufgehoben.

Wer betet, vertraut auf größeren Halt. Nimmt Rast bei größerem Frieden. Trinkt aus der Quelle ewigen Lebens. Wer betet, bringt sein endliches Leben in Verbindung mit Gottes Ewigkeit. Wer betet, bringt die eigene Friedlosigkeit in Zusammenhang mit Gottes Frieden. Wer betet, vertraut mehr als auf die eigene Kraft, den eigenen Mut und tankt beides für den Weg, der vor einem liegt.

Das Gebet, es mag wie ein Fremdkörper erscheinen in unserer Welt, dann wieder ist es ganz selbstverständlich, unerlässlich und durch nichts zu ersetzen. Amen.

Vorschläge für das Predigtlied

EG 288	Nun jauchzt dem Herren, alle Welt
EG RWL 600	Meine engen Grenzen

Fürbittengebet

Barmherziger Gott,
du hast uns ermutigt, zu dir zu kommen, mit allem was uns auf der Seele und am Herzen liegt. Und so sind wir hier und breiten vor dir unser Leben aus, gute Zeiten und schlechte Tage, Gelungenes und Verwirktes. Wir bitten dich, nimm dich unser an, wende in Segen, was wir verwirrt haben. Sei bei uns und denen, die zu uns gehören mit deiner Kraft.
Barmherziger Gott, wir sind beschenkt mit einem Dach über dem Kopf, mit Brot auf dem Tisch und Kleidung für den Leib. Wir danken dir dafür und legen dir jene ans Herz, denen das Nötigste zum Leben fehlt: die Hungernden und Notleidenden dieser Erde, Menschen in Dürre oder Kriegsgebieten. Jene, die aus dem Kreislauf von Armut, Not und Gewalt nicht hinauskommen. Zugleich bitten wir dich, öffne unsere Herzen und Hände für sie.
Barmherziger Gott, wir leben in Wohlstand und Frieden. Die Welt führt uns Tag für Tag vor Augen, dass dies nicht selbstverständlich ist. Wir bitten dich um Frieden für die Welt. Stehe den vielen Flüchtlingen bei. Sende ihnen Helfer zu, gib den Friedenstiftern Kraft, und lass sie nicht müde werden in ihrem Bemühen um Verständigung.

Barmherziger Gott, wir schließen all jene ein in unser Gebet, die an diesem Tag größere Sorgen haben als wir. Wir denken an die Kranken und Sterbenden. Zugleich beten wir für Menschen, die an diesem Tag einfach nur glücklich sind. Schütze das Glück der Liebenden und behüte die Kinder in ihrer Unbefangenheit und Fröhlichkeit. Schenke uns Zuversicht und Glauben, stärke unser Vertrauen in deine Nähe. Amen.

Matthias Blume

Tag der Himmelfahrt Christi

Offenbarung 1,4–8

[Lesung des Predigttextes]

I

Liebe Gemeinde!

Der Himmel gehört zu den ganz großen Sehnsuchtslandschaften der Menschheit. Vielleicht ist er die größte Sehnsuchtslandschaft überhaupt. Er ist weit. Er ist fern. Er ist unermesslich. Wenn die Sonne über den blauen Himmel strahlt, geht uns das Herz auf und die Lungen atmen tief durch. Wenn der Himmel voller düsterer Wolken hängt, suchen wir schnell ein sicheres Dach. Und dann schauen wir voller Hoffnung auf, wann das Unwetter sich verziehen mag.

Die Sehnsucht nach dem weiten Himmel mag ein Grund dafür sein, dass dieser Donnerstag – zehn Tage vor Pfingsten – so ein beliebter Tag geworden ist: Hinaus ins Freie! Weg von der Arbeit! Flucht aus dem Alltag. Und besonders dann, wenn zu Ostern schlechtes Wetter gewesen ist, machen viele aus diesem Wochenende den ersten fröhlichen Urlaub im Jahr: Mal einen Tag, oder ein paar Tage ganz anders als den Alltag!

Der Himmel ist aber auch ungreifbar, unbegreiflich. Er ist Symbol für etwas ganz besonders Gutes, nach dem wir uns je mehr sehnen desto weniger wir es greifen können. Wenn jemand sich „himmlisch" fühlt, ist er dem normalen Leben entrückt. Die Sehnsucht der Menschen möchte den Himmel ganz nah herbei holen. Man müsste sich einhüllen können in den Himmel wie in einen weiten, weichen Umhang. Man müsste sich bergen können in dem Himmel wie in einem Schutzmantel, von dem alles Schlechte und Gemeine außen abprallt.

II

Die Mächtigen dieser Erde und die, die zur Macht drängen, kennen diese Sehnsucht. Immer wieder versprechen sie den Himmel auf Erden. Was sie unter Himmel verstehen, kann nach Bedarf auch anders heißen. Er kann heißen: Wohlstand und Fortschritt. Er kann heißen: Sozialismus und Gerechtigkeit. Der Himmel kann auch heißen: absolute Kontrolle und sichere Grenzen. Der Himmel kann auch heißen: strenge Sitten und einheitliche Meinungen.

In verschiedenen Farben haben die Menschen den Himmel ausgemalt. Verschiedene Wunschbilder und Alternativen zur Wirklichkeit haben die Menschen in die Wolken des Himmels projiziert. Allerdings haben oft genug die, die den Himmel auf Erden versprachen, die Erde zur Hölle gemacht. Die Geschichte der Menschheit ist voller Beispiele. Man kann sie mit Händen greifen. Es sind zu viele, um sie heute aufzuzählen: die utopischen Entwürfe von einer neuen Welt bis hin zu den Glücksverheißungen von Sozialismus und freier Marktwirtschaft. Im Moment sind jene Leute besonders lautstark und erfolgreich, die mit simplen Lösungen, forschen Sprüchen und kurzen Prozessen den Himmel auf Erden versprechen.

III

Schon der Dichter Heinrich Heine wollte darum den Himmel lieber den Engeln und den Spatzen überlassen und sich um Ordnung auf der Erde kümmern. Als vor einem halben Jahrhundert der Russe Juri Gagarin eine kleine Runde im erdnahen Weltraum drehte, gab es Lehrer, die vor ihre Schulklasse traten mit der Botschaft: „Die Sowjetunion hat bewiesen, dass es keinen Gott gibt! Juri Gagarin war im Himmel und hat ihn nicht gesehen!“

Heute lachen wir über solch dumme Reden. Aber was machen wir mit dem Himmel? Das mögen sich auch die Jünger von Jesus gefragt haben, als sich die Wolken um ihren Herrn schlossen und er für immer ihren Augen entzogen war. Was machen wir mit dem Himmel? Was machen wir mit unserem Glauben? Wo ist Jesus, wenn er nicht mehr hier ist? Wo ist Gott, wenn er nicht mehr in der Welt ist?

IV

Wenn der Himmel weiter nichts wäre als ein von allen Sorgen und Nöten gereinigtes Erdenglück, stünden wir ziemlich dumm da. Wenn die Ewigkeit weiter nichts wäre als eine ins Unendliche und Unangreifbare verlängerte Erdenzeit, wären wir sterblichen Menschen ziemlich traurig dran.

Doch ab und zu reißt der Vorhang auf. Und einer sieht mehr als den Himmel über uns – egal ob blau oder bewölkt. Einer sieht mehr. Einer sieht durch. So einer schreibt das letzte Buch der Bibel, die Offenbarung des Johannes. Eigentlich sitzt der Johannes weit ab vom Schuss: auf der Insel Patmos, die schon in der Antike für ihre karge Unwirtlichkeit bekannt war. Keinen einzigen Baum soll es dort gegeben haben. Doch was der Johannes dort sieht, ist mehr als er mitten im Weltstadttrubel sehen könnte.

V

Das letzte Buch der Bibel ist voller Bilder. Diese Bilder sind oft verwirrend, befremdlich. Man kann sie nicht so leicht verstehen. Am besten kommen wir zurecht, wenn wir sie ruhig und aufmerksam betrachten: mehr mit Herzen und Ohren als mit den Augen und dem Verstand. Die ersten Kapitel der Offenbarung bestehen aus sieben Schreiben an sieben Gemeinden. Diese Gemeinden sind beispielhaft für alle Gemeinden der Christenheit. Und vor diesen sieben Briefen stellt der Briefschreiber erst einmal seinen Auftraggeber vor. Es ist eine gewaltige Vorstellung. Schon in dieser eröffnenden Begrüßung steckt ein ganzes Glaubensbekenntnis: „Gnade sei mit euch und Friede von dem, der da ist und der da war und der da kommt, und von den sieben Geistern, die vor seinem Thron sind, und von Jesus Christus."

Johannes hat sich seinen Auftrag nicht selber gegeben. Gütige Zuwendung und beständiger Frieden werden den Gemeinden zugesprochen von einem Gott, der mehr ist als irgendein höheres Wesen in irgendeinem Niemandsland namens Himmel. Es ist der Gott, der immer schon da war: am Anfang der Schöpfung und beim Gottesvolk in der Wüste. Es ist der Gott, der immer da ist: auch wenn wir nichts von ihm sehen und nichts von ihm wissen wollen. Es ist der Gott, der immer noch da sein wird: auch wenn unsere Zeit und unser Horizont nicht ausreichen, ihn zu erfassen.

Mitten unter uns ist er mit seinem Geist: ein siebenfacher Geist. Im Geist Gottes kommen himmlische und irdische Welt zusammen. Drei – die Zahl Gottes. Vier – die Zahl der Erde mit ihren vier Jahreszeiten, vier Himmelsrichtungen, vier Elementen: Feuer, Luft, Wasser und Erde. Die Zahl sieben ist die Zahl der Vollkommenheit; einer letzten Vollkommenheit, die wir auf Erden niemals erreichen.

VI

Johannes hat seinen Auftrag von Jesus Christus, der nun zwar nicht mehr auf dieser Erde lebt. Der aber doch lebendig war und bleibt, in dem, was er zu uns gesagt und für uns getan hat: Er ist der treue Zeuge, der Erstgeborene von den Toten und Herr über die Könige auf Erden! Er hat unter uns gelebt als Verkünder der Liebe Gottes zu seinen Menschen. Er ist als erster von den Toten auferweckt worden. Und damit hat Gott ihn über alle gesetzt, die auf dieser Erde leben. Gott hat ihn auch über die gesetzt, die auf dieser Erde meinen, über Tod und Leben entscheiden zu dürfen.

Wir müssen nicht mehr versuchen, in den Himmel zu klettern, wenn wir Gott nahe sein und nach seinem Willen leben wollen. Gott ist in die Welt gekommen in Jesus Christus. Und auch wenn Jesus nun nicht mehr da ist, bleibt Gott in der Welt als Herr über alle Herren. Mit Jesus Christus wird diese Welt vollendet – ihre Geschichte und ihr Schicksal. Es gibt nichts, was darüber hinaus ginge: über Gott, Jesus und Gottes Geist.

VII

Diese gewaltige Botschaft wird nun nicht weit weg von uns an einen fernen Himmel geschrieben. Sie wird uns persönlich zugewendet in dem, *der uns liebt und uns erlöst hat von unsern Sünden mit seinem Blut und uns zu Königen und Priestern gemacht hat vor Gott, seinem Vater.*

Uns, die wir Jesus nachfolgen, hat Gott sein Wort und seine Herrschaft anvertraut, dass wir sie auf der Erde ausbreiten: eine Herrschaft der Liebe, eine Herrschaft der Befreiung, eine Herrschaft auf Zukunft: Siehe, er kommt mit den Wolken, und es werden ihn sehen alle Augen und alle, die ihn durchbohrt haben, und es werden wehklagen um seinetwillen alle Geschlechter der Erde.

Der Himmel ist nicht nur eine Sehnsuchtslandschaft. Der Himmel ist auch eine Zukunftslandschaft. Gott können wir nicht sehen. Aber Jesus werden wir immer wieder vor Augen haben. Wir werden ihn vor Augen haben als den, der einst für die Liebe Gottes ans Kreuz gegangen ist. Wir werden ihn immer wieder vor Augen haben als den geringsten Bruder unter uns.

Daran, wie wir umgehen mit den geringsten Schwestern und Brüdern entscheidet sich alles: wird die Erde eine Ahnung vom Himmel sein, oder verkommt sie zum Vorhof der Hölle. Und immer wieder wird es Grund zu Kritik und Klage geben, weil unsere Ansprüche viel größer sind als unsere Leistungen, unsere Sprüche immer wieder größer als unsere Taten. Den Himmel auf Erden werden wir niemals errichten können. Aber die Hoffnung darauf dürfen wir uns niemals ausreden lassen.

VIII

Der Himmel ist nicht nur eine Sehnsuchtslandschaft und eine Zukunftslandschaft. Der Himmel ist auch eine Wahrheitslandschaft. Solange wir leben, bleibt unser Blick getrübt. Es ist ja nicht nur so, dass uns die Wolken den Blick zum Himmel verhüllen. Wolken verhüllen oft genug unseren Blick auf die Erde und das Leben: unseren Blick auf andere Menschen, unsern Blick für die Wirklichkeit. Immer wieder lassen wir uns den Blick vernebeln von eigenen Wünschen und Bequemlichkeiten, von leichtfertigen Parolen und angeblichen Beweisen. Immer wieder haben wir gegen Nebelwände und Nebelkerzen anzukämpfen, mit denen vermeintlich gute Freunde oder eigennützige Geschäftemacher uns die klare Sicht rauben.

Aber immer wieder einmal reißen die Wolken auf und wir kriegen eine klare Sicht: Der Blick in den offenen Himmel öffnet uns die Augen für die Verhältnisse auf der Erde. In einem Kanon heißt es: „Der Himmel geht über allen auf, auf alle über, über allen auf." Darum überlassen wir nicht den Himmel den Engeln und den Spatzen. Wir richten kein Wolkenkuckucksheim für weltfremde Träume ein, wenn wir vom Himmel reden.

Wir reden von einer Wirklichkeit, die all unser Leben und Sein überspannt. Der Seher sieht nicht irgendwas – nicht irgendein namenloses Prinzip. Er sieht *jemanden*. Er sieht den, der war und der ist und der kommt. Er sieht den Anfang und das

Ende – das A und das O. Wie eine Klammer umgreift Gott unser ganzes Sein: Alpha und Omega – A und O – der erste und der letzte Buchstabe im griechischen Alphabet.

IX

Der angeblich in den Himmel verflüchtigte Jesus sagt: Ich bin doch da – was hast du Angst?! Ich bin nicht bloß in der Theorie da, und nicht bloß in den Gedanken und Wünschen. Ich bin da mit meinem Wort und meiner Kraft. Und du hast doch gelernt, dass das alles stärker ist als der Tod. Wovor also fürchtest du dich? Ihr kennt ihn doch: den, der war und der ist und der kommt! Diese drei Dinge in einem Atemzug, die kann man von nichts und keinem sagen, was eure Welt und euer Denken beherrscht. Der glänzende Fußballtrainer wird gefeuert, wenn seine Mannschaft patzt. Der mächtige Parteifürst wird angesichts von Wahlen und Meinungsumfragen zum Karnickel vor der Schlange. Der reichste Wirtschaftsboss kann sich Liebe nicht kaufen und von Krankheit und Tod nicht freikaufen.

Gott ist der Eine und Einzige, der von sich sagen kann: Ich war und ich bin und ich werde sein! Und du lebst von Gottes Liebe; von Gottes Nähe unter Gottes Himmel. Gewiss – das war schon immer da, schon immer bekannt, weil es ja schon immer gepredigt wird. Es ist nur manchmal verschüttet unter all den Sorgen und Weisheiten deines Erden-Lebens. Der Himmel bringt Gnade und Friede zurück; bringt sie zu dir.

Darum lasst uns vom Himmel reden – immer wieder. Als Menschen, die noch Hoffnung haben – auf dieser Erde und für die Menschen, in deren Mitte wir leben. Hoffnung auf eine neue, auf eine ganz andere Welt. Hoffnung auf die himmlische Welt Gottes. Jesus ist gekommen, damit für uns alle der Himmel aufgeht. Wovor fürchtest du dich noch?! Amen.

Vorschläge für das Predigtlied

EG 153,1–5	Der Himmel, der ist..
EG 331,5–9	Dich, Gott Vater auf dem Thron …

Fürbittengebet

Jesus Christus;

du bist dort und wir sind hier. Du: im Himmel, zur Rechten Gottes. Wir: Hier auf der Erde, allein unter den Menschen.

Gott, unser Vater; lass uns verstehen, dass du Jesus nicht weggeholt hast von der Erde, sondern erhöht über alle Welt. Erhöht über unsre Vorstellungen und Pläne. Erhöht über unsere Möglichkeiten und Wünsche. Erhöht über all die Beschränkungen, denen unser Leben in Raum und Zeit unterworfen ist.

Gott, Heiliger Geist; lass die Verbindung nicht abreißen: Die Verbindung von Himmel und Erde, die Verbindung von Gott und Welt. Komm du aus Gottes Himmel, dass unsere Erde nicht zur Hölle werde. Du hast doch schon überwunden, was uns hier noch zu schaffen macht.

Darum schenk uns Zuversicht, Mut und Fantasie für unsere Welt, damit wir helfen, deine gute Herrschaft in ihr auszubreiten. Hilf uns, dass wir damit anfangen: heute und hier, wo wir leben. Mit den Menschen, die du uns anvertraut hast. Mit den Aufgaben, die du uns täglich stellst. Mit den bescheidenen Mitteln, die wir haben.

Damit auf unserer Erde dein Himmel sich ausbreitet. Damit die Tyrannei der Mächtigen gebrochen wird durch deine Herrschaft. Damit dein neues Leben aus der Auferstehung den Sieg gewinnt zum Heil der Menschen in der Welt und zum Lobe deines Namens. Amen.

Friedrich Teubner

Exaudi

Jeremia 31,31–34

Der Predigttext wird erst im Verlauf der Predigt verlesen.

Lektor(in) 1: Liebe Gemeinde!
Jeremia ist mir als Mensch und Sprachrohr Gottes sympathisch und vertraut. Einerseits kommt er nicht von Gott los. Andererseits spricht er in seinen Bekenntnissen offen von seinen inneren und äußeren Anfechtungen. Er klagt über das Glück der Frevler und der Treulosen, über sein Amt und seine einsame Stellung. Er bittet sogar um Rache an seinen Gegnern und fragt, wann endlich das angesagte Gotteswort eintreten mag, damit er nicht zum Spott wird. Er fühlt sich von Gott getäuscht und will sich schließlich seinem Dienst entziehen. Solche Gedanken kenne ich. Wer will denn Gottes Wort noch hören? Und wohin geht unsere Kirche? Unsere Kirchen sind nur am Heiligabend und bei Trauergottesdiensten gut besucht. Ich beklage Gottlosigkeit, mangelnde Demut, den allmählichen Verlust des Einfühlungsvermögens zwischen den sogenannten Eliten und Teilen der Bevölkerung, fehlende Emotionen, zunehmende Ängste, Hass und Druck, die Spaltung unserer Demokratien. Manchmal ist diese Spannung nur schwer auszuhalten: Dass sich hierzulande an Gottes Wort immer weniger Menschen orientieren. Und dass ich dennoch glaube, wir brauchen gerade jetzt dringend seine Gebote und Verheißungen für diese Welt. Wieder und wieder lese ich diesen schönen, altvertrauten Text Jeremias, zu finden im 31. Kapitel:

[Lesung des Predigttextes]

Darüber soll ich predigen. Aber wie? Ich nehme die Bücher zur Hand, in denen theologische Lehrerinnen und Lehrer ihre Erkenntnisse aus der Erforschung biblischer Texte dargelegt haben. Sie sind mir immer eine wertvolle Hilfe für die Vorbereitungen auf eine Predigt:

Lektor(in) 2: Wir erforschen und lehren Theologie, die Lehre von Gott, wie sie uns in der Bibel überliefert ist. Wir überprüfen Bibeltexte nach ihren Ursprüngen, ihren Autoren, ihrem „Sitz im Leben" des Gottesvolkes, der Urgemeinden. Wir vergleichen sie miteinander, suchen nach den besonderen Anliegen der Autoren in ihrer Beziehung zu Gott und den Menschen. Wir betreiben Exegese, Auslegung. Fassen wir den Predigttext einmal zusammen: Unsere Lage, unser Stand vor Gott ist von gleichbleibendem unheilvollem Ernst. Dass Gott uns von Anbeginn an die Hand nahm, hält uns nicht davon ab, mit ihm zu brechen. Aber wenn wir auch die Hand Gottes abschütteln wollen: Er lässt nicht locker. Gott hat unsere Zukunft schon längst, seit Urzeiten, geschaffen. Diese geschaffene Zukunft ist uns heute möglich. Jede Prophezeiung ist ein Aufruf, in Gottes geschaffene Zukunft einzusteigen. Jede Predigt ist ein solcher Aufruf! Aber wie verwirklicht sich der Neue Bund, zu dem aufgerufen wird? Im Wort allein? Zum Bund gehört das Bundesmahl! Die Gemeinschaft im Abendmahl. Gott allein, in der Person seines Sohnes, ist der Garant einer neuen Heilszeit, die schon angebrochen, aber noch nicht vollendet ist. Gott übernimmt nun selbst, was er von seinem Volk zu tun gefordert hat, nämlich ihn zu erkennen. Das ist einzigartig im Alten Testament. Siehe, es kommt die Zeit. Eine Wendezeit. Der alte Bund ist die Zeit zu hören und einander zu belehren. Der neue Bund ist die Zeit zu verstehen, einfach so, gottgegeben. Und das geschieht nicht einem einzelnen Menschen allein, sondern dem ganzen weltweiten Gottesvolk. Das angekündigte Neue ist gegen jeden Augenschein schon da. Es ist beschlossen und abrufbar. In diesem Neuen verhalten sich Menschen dann nicht mehr auf irgendeine Art und Weise zu Gott, sondern Gottsein und Menschsein gehören wesentlich zusammen.[1]

Lektor(in) 1: Das zu hören, tröstet und ermutigt mich. Siehe, es kommt die Zeit. Dann gehören Gottsein und Menschsein wesentlich und für immer zusammen. Dann werden sich auch die Menschen ändern. Gott selbst sagt uns das durch Jeremia zu.

1 Predigtstudien, Kreuz Verlag, Zur Perikopenreihe IV für das Kirchenjahr 1994, Zweiter Halbband, 68 ff. Ebenda für das Kirchenjahr 1999/2000, Erster Halbband, S. 313 ff, ebenda für das Kirchenjahr 2005/2006, Erster Halbband, S. 290 ff

Neulich zuhause schalte ich den Fernseher ein, klicke mich durch die Programme. Bleibe hängen an einer Folge der Amerika Saga. Bewegende Filmausschnitte dokumentieren die schwarze Bürgerrechtsbewegung. Der Marsch auf Washington DC. Martin Luther King redet, schlicht und einfach: Ich habe einen Traum. Wie oft habe ich diese Bilder schon gesehen und seine Rede gehört. Und immer wieder bin ich tief bewegt. Ich stand mit meinem Sohn und seiner Patentochter vor seinem Denkmal in Washington, in dessen Stein seine berühmten Worte eingemeißelt sind. Tränen steigen in mir auf. Und Erinnerungen. Martin Luther King, ein Vorbild als Pastor und Bürgerrechtler für Wendezeiten. Die Jugendgottesdienste, in denen wir *We shall overcome* sangen. Die bewegenden Gospelkonzerte der afroamerikanischen Soulsängerinnen, deren kraftvolle Stimmen wie Gebete in den Kirchen erklangen und ihre Mauern durchdrangen. Ist es nicht genau das, wovon Jeremia spricht? Wie erinnern sich Christen unserer Gemeinde an diese Zeit?

Lektor(in) 3: Wir waren dabei, als Martin Luther King in Deutschland weilte. Willy Brandt hatte ihn nach Westberlin eingeladen. Er kam am 12. September 1964. Dort sprach er anlässlich der Berliner Festwochen auf der Waldbühne vor etwa 20 000 Menschen und besichtigte den Todesstreifen.

Lektor(in) 4: Ich erinnere mich, wie meine Eltern von seinem Besuch in Ost-Berlin erzählten, als ich noch ein Kind war. Im Internet habe ich es nachgelesen: „Vor dem Checkpoint Charlie hielt eine Limousine. Die Insassen wollten an diesem Sonntagabend ohne gültige Ausweise nach Ost-Berlin reisen. Eigentlich war der Fall für die Grenzer klar. Aber im Fond des Wagens saß ein Schwarzer – zu dieser Zeit eher ungewöhnlich. Er forderte vehement, durchgelassen zu werden – zu dieser Zeit sehr ungewöhnlich. Er werde in Ost-Berlin erwartet, sagte er. Die Soldaten zogen sich zur Beratung auf ihren Posten zurück, bis einem von ihnen dämmerte, um wen es sich handelt. Martin Luther King, Baptist, Bürgerrechtler, begnadeter Rhetoriker und erst im Jahr zuvor vom Magazin Time zum ‚Mann des Jahres' gewählt, hatte seinen größten Erfolg, die Aufhebung der Rassentrennung, gerade erst hinter sich – und seine größte Auszeichnung, den Friedensnobelpreis, unmittelbar vor sich. (…) Über seine Pläne, Ost-Berlin zu besuchen, war man nicht informiert. (…) Ein Stasidokument lässt erahnen, in welcher Zwickmühle sich die Grenzer befanden: Verwehrten sie King die Einreise, beraubten sie die DDR-Propaganda einer einmaligen

Möglichkeit. Ließen sie ihn durch, nahmen sie ein unkalkulierbares Risiko auf sich. Schließlich teilte man King mit, dass er passieren könne. Er müsse sich aber ausweisen. King zeigt seine American-Express-Kreditkarte."

Lektor(in) 3: „Warum aber fuhr er überhaupt nach Ost-Berlin? Warum wagte er sich ohne seinen Pass, den ihm die Amerikaner in West-Berlin, vermutlich aus Sicherheitsgründen, entzogen hatten, über die innerdeutsche Grenze?"

Lektor(in) 4: „Anlass könnte ein Vorfall gewesen sein, der nur wenige Stunden zurücklag: Gerade erst hatte ein junger Mann versucht, über die Mauer zu fliehen. Grenzsoldaten eröffneten das Feuer, der Mann wurde getroffen, ging im Niemandsland zu Boden und drohte zu verbluten, bis ein amerikanischer Sergeant eingriff. Er warf eine Rauchgranate und zog ihn mit einem Seil in die Freiheit. King besichtigte die frischen Einschusslöcher in der Stallschreiberstraße. Anwesenden Journalisten sagte er: ‚Das ist unfassbar.' (...) Die Mauer musste ihn interessieren. Zeit seines Lebens hatte er sich mit der Spaltung der Gesellschaft beschäftigt, sie selbst erfahren, und hier ragte sie als sichtbares Symbol in den Himmel. Die Mauer war für King eine politische Ungerechtigkeit wie die Rassentrennung."[2]

Lektor(in) 3: Die Geschichte geht noch weiter: „Pfarrer Gerhard Schmitt, damals 53, ist evangelischer Generalsuperintendent von Ost-Berlin und Patenonkel des damals noch gänzlich unbekannten Joachim Gauck (...) Was ‚Staatsfeind' Schmitt an jenem Spätsommerabend erlebt, wird er bis an sein Lebensende nicht vergessen (...) Vor der Marienkirche (...) drängen sich schon am späten Nachmittag Tausende von Menschen. Die geplante Abendveranstaltung ist dabei nirgendwo öffentlich bekanntgemacht worden. Lediglich am Eingang des Gotteshauses kündigt eine Tafel mit Steckbuchstaben einen Ökumenischen Gottesdienst mit einem Gastprediger an: Reverend Martin Luther King Jr. an. Obwohl der Gottesdienst erst in einer Stunde beginnen soll, ist die Menge vor der Marienkirche bereits um sechs Uhr unüberschaubar. Niemals werden alle diese Menschen in die Kirche hineinpassen (...) Ein Teilnehmer erinnert sich, dass es an jenem Abend in der Marienkirche

2 Freidel, Morten, Und die Stasi nahm die Predigt auf, Frankfurter Allgemeine Zeitung, 15.09.2014, Nr. 214, S. 7, http://www.faz.net/aktuell/gesellschaft/menschen/ddr-ueberraschungsbesuch-martin-luther-kings-ueberforderte-die-behoerden-13153264.html

so eng gewesen sei, dass man in dem riesigen Kirchenraum ‚kaum noch Luft' bekommen habe (…) Er überbringe Grüße aus West-Berlin und aus Amerika, sagt King. ‚Es ist wahrhaftig eine Ehre, in der Stadt zu sein, die Symbol der Teilung durch Menschen auf dieser Erde ist', fährt er fort. ‚Hier sind auf beiden Seiten der Mauer Gottes Kinder, und keine durch Menschenhand errichtete Grenze kann diese Tatsache auslöschen.' Die Gemeinde lauscht gebannt. ‚Überall, wo Menschen die trennenden Mauern der Feindschaft abbrechen, da erfüllt Christus seine Verheißung', ruft der Bürgerrechtler."[3]

Lektor(in) 4: Martin Luther King ahnte, dass ihm politische Gegner nach dem Leben trachteten. „Gelegentlich denke ich an meinen eigenen Tod und meine eigene Beerdigung … Ich möchte, dass jemand an jenem Tag sagt: Martin Luther King versuchte, Liebe zu üben."[4] Am 4. April 1968, vor fünfzig Jahren, wurde er in Memphis, Tennessee, ermordet. Sein unerschütterlicher Glaube an die göttlichen Verheißungen gab ihm Kraft und Mut für sein politisches Handeln.

Lektor(in) 1: Die Geschichte von Martin Luther King, die ihr gerade erzählt habt, drückt genau das aus, was Jeremia zu uns sagt. Diese Geschichte ist in sich schon eine Predigt. Siehe, es kommt die Zeit, verkündete Jeremia vor bald 3000 Jahren. Und Martin Luther King: „Es ist jetzt die Zeit, die Versprechen der Demokratie zu verwirklichen (…) Es ist jetzt die Zeit, die Gerechtigkeit zu einer Realität der Kinder Gottes zu machen (…) Ich habe einen Traum, dass eines Tages jedes Tal erhöht und jeder Hügel und Berg erniedrigt werden. Die unebenen Plätze werden flach und die gewundenen Plätze gerade, ‚und die Herrlichkeit des Herrn soll offenbart werden und alles Fleisch miteinander wird es sehen.' Dies ist unsere Hoffnung."[5]

Lektor(in) 3: Ja, das ist unsere Hoffnung. Uns umhüllt als Familie Gottes die Verheißung eines neuen Himmels und einer neuen Erde. Menschen leben in Frieden und Eintracht, weil ihr Herz nicht mehr anders kann, als im Takt der Liebe Gottes zu schlagen.

---

3 Appelius, Stefan, Let my people go, SPIEGELonline, http://www.spiegel.de/einestages/martin-luther-king-in-ost-berlin-a-948492.html

4 Martin Luther King, zitiert nach www.ev-kirche-huenfeld.de/archiv.php?qid=269#1

Lektor(in) 4: Ja, es ist jetzt die Zeit. Aus Herz und Herz kommt der, der uns hören, sehen und fühlen lässt, was der neue Bund bewirkt. Er verzeiht vor der Schuld, er lebt vor der Zeit, er ist eines Herzens mit Gott und mit uns. Er, so wagen wir Christen es zu sagen, hat göttliche Gestalt. Amen.

Vorschläge für das Predigtlied

EG 153,1–5	Der Himmel, der ist
EG 262,1–7	Sonne der Gerechtigkeit

Fürbittengebet

Lieber Vater im Himmel,
wir danken dir, dass du selbst deine Gebote in unser Herz geben und in unseren Sinn schreiben willst! Wir danken dir, dass du unser Gott sein willst und wir zu deinem Volk gehören dürfen! Du hast uns an deine Hand genommen. Aber wir haben sie losgelassen und uns mehr vertraut als dir. Wir sind unsere Wege ohne dich gegangen:
Wege vom Frieden zum Krieg.
Wege der Eintracht zur Zwietracht.
Wege der Demut zum Hochmut.
Wege der Liebe zum Hass.
Wege des Mitleids zur Eigenliebe.
Wege der Verantwortung zur Verantwortungslosigkeit.
Wege der Zufriedenheit zur Steigerung des Gewinns.
Wege des Lebens zum Tod.

5 Martin Luther King, I have a dream, zitiert nach www.medienwerkstatt-online.de/lws_wissen/vorlagen/showcard.php?id=15812

Wir sind zerrissen zwischen unserer vermeintlichen Allmacht und unserer spürbaren Ohnmacht. Du lässt uns dennoch nicht los. Du bist an uns noch nicht verzweifelt.. Du hast deinen Sohn Jesus Christus zu uns geschickt.. Durch ihn vergibst du uns unsere Missetat und gedenkst unserer Sünde nicht mehr. Durch ihn zeigst du uns deine Liebe zu uns Menschen und zu allen deinen Geschöpfen. Durch ihn und deinen guten Geist tröstest, kräftigst und ermutigst du uns, für andere da zu sein trotz all unserer Begrenztheit, bis wir dich in deiner Vollkommenheit erkennen und anerkennen. Amen.

Christine Voigt

Pfingstsonntag

1. Korinther 2,12–16

Der Predigttext wird erst im Verlauf der Predigt in der hier angegebenen Übersetzung verlesen.

Liebe Gemeinde!
Heute ist ein guter Tag, um verrückt zu werden. Denn Christsein heißt ja: verrückt sein. Und Christwerden deshalb auch verrückt werden. Schon als der Heilige Geist am ersten Pfingsttag auf die ersten Jünger herab schwebte, wurden sie erst einmal verrückt. Beobachter hielten sie für betrunken. Aber sie waren eigentlich verrückt. Das sagt jedenfalls unser Predigttext, in dem Paulus versucht, die Verrücktheit der Christen zu erklären. Der zentrale Satz lautet so: Der natürliche Mensch aber vernimmt nichts vom Geist Gottes; es ist ihm eine Torheit und er kann es nicht erkennen.

Ich meine, das ist ein hoher Anspruch! Wenn die natürlichen Menschen so auf uns Christen blicken, sind wir da eigentlich verrückt genug? So, dass sie uns gleich erkennen? Oder sind wir nicht verrückt genug. So dass sie uns am Ende auch für natürliche Menschen halten, für Normalos sozusagen. Oder mit einem anderen Wort: für geistlos? Was ist das für eine Art von Verrücktheit, an der man Christen erkennt? Oder noch anders gefragt: Welche Gründe gibt es eigentlich, verrückt zu werden?

Harry Haller, der Steppenwolf aus dem gleichnamigen Buch von Hermann Hesse hatte einen ganz speziellen Grund. Ihm hatte jemand einen Zettel zugesteckt. Auf dem stand: Heute Nacht von vier Uhr an magisches Theater – nur für Verrückte – Eintritt kostet den Verstand. Harry Haller hatte gerade gehen wollen. Es war ein rauschender Ball – und er hatte sich trotzdem gelangweilt, wie das manchmal so ist. Aber dieses Zettelchen hat ihn plötzlich elektrisiert. Er stürzte sich zurück in die Menge und seine Persönlichkeit löste sich im Festrausch auf, steht da im Buch, wie Salz im Wasser. Der Steppenwolf war ein Mann der äußerlich ganz normal war, ein biederer Bürger, der es gern hatte, wenn alles nach Ordnung und Sauberkeit roch. Aber in ihm hauste der Wolf mit seinen glühenden Augen, unstet, immer allein und mit nichts einig. Der Wolf sah die ganze Welt nur mit Verachtung an. Nichts schien ihm auch nur von Ferne akzeptabel. Die Welt – ein hässliches Theater, in dem sich die Menschen ihr Leben gegenseitig vorspielten. Mehr hatte Harry Haller nicht drauf. Entweder er war total angepasst oder total angepi … oder sagen wir vorsichtiger angenervt. Dazwischen pendelte er hin und her. Der Verstand spielte dabei eine wichtige Rolle. Der redete ihm ein, dass es eben nur so ginge: Schön angepasst sein – sonst würden einen die Menschen alle ablehnen – oder auslachen – oder eben für verrückt halten.

Aber als er dann nachts um vier in das magische Kabinett trat, da musste er eben den Verstand abgeben und deswegen konnte er verrückt sein. Der Ort sah aus wie die Zwischenwelt im Film Matrix zwei. Langer Gang mit schmalen Türen, soweit man sah. Hinter jeder Tür lauerte eine Geschichte. Hinter jeder Tür lag ein ganzes Leben. Denn der Zauberer Pablo hatte Harry vor einen Spiegel gestellt und aus dem waren hunderte von Persönlichkeiten gefallen. Nicht mehr nur: „normal“ oder „verrückt“, sondern ein hässlicher Zwerg, der immer alles wegkicherte, was ihm vor die Augen kam, ein gelockter Jüngling, dem alles leicht fiel, ein gebückt gehender Greis, der immer alles machte, wie es schon immer gemacht wurde und darüber lahm und alt geworden war und viele andere: da waren ernste und lustige, würdige und komische, gut gekleidete und zerlumpte, auch ganz nackte Harrys. Und er erkannte alle wieder, die verschiedenen Persönlichkeiten, die in ihm herumwuselten. Alle echt, alle er, und normalerweise gut verpackt in den Tiefen seines Selbst. Aber im magischen Theater hat Harry Haller in den Bildersaal seiner Seele geguckt, alle seine Möglichkeiten gesehen, nicht nur die, die er immer parat hatte, nämlich total angenervt sein oder total angepasst. Aber leider ist er gescheitert. Die große Aufgabe, sich selbst zu akzeptieren, hat er schließlich nicht hingekriegt. Wie genau das passiert ist, müsst Ihr schon selbst lesen – so verrückt bin ich auch nicht, das ich das hier von der Kanzel aus sage.

Dafür füge ich gleich die erste praktische Lehre fürs Leben hinzu. Wenn Ihr einmal verrückt werdet, dann schaut euch gut um unter den Gestalten eurer Seele und dann seht zu, wie ihr wieder die Balance findet, wie ihr wieder in Form kommt! Es kann einen schon schwindelig machen, wenn man sieht, wie viele Möglichkeiten das Leben hat, wie viele Möglichkeiten wir selbst haben, was alles in uns steckt, und wie wenig davon wir gleichzeitig leben können. Vor allem, wie viele eklige Gestalten da auch in uns sind. Solche, die uns nicht gefallen, die aber zu uns gehören, wie viel Bereitschaft, den anderen hintenrum zu erledigen, wenn nicht sogar vorne herum. Wie viel Gestalten überhaupt, die man nicht will, nicht sehen will, obwohl man ahnt, oder sogar weiß, dass sie zu einem gehören. Wie kommt man zurecht mit dem, was man an sich selbst nicht mag? Wie versöhnen wir uns – mit uns selbst?

Auf diese Frage antwortet der christliche Glaube. Nicht du musst dich akzeptieren. Gott hat dich akzeptiert. Christus ist für dich gestorben. Gott hat dich angenommen. Er kennt auch die Seiten an dir, die du nicht magst, die du geheim hältst. Er liebt dich, wie du bist. Er liebt den ganzen Zoo deiner verschiedenen Seelen, die Raubtiere und die Kapuzineräffchen, die Schlangen und die nachtaktiven Kuscheltiere mit den großen Augen, die zufriedenen Alpakas und die nervösen Gazellen, die hässlichen Spinnen und die pinkfarbenen Flamingos mit ihrer steifen Grazie. Er kennt deine Möglichkeiten, auch die dunklen und versucht, dich zu ihm heraus zu locken. Denn solange man das eigene Leben nicht gefunden hat, ist man eben entweder total angepasst oder total angenervt, überlässt sich dem Willen anderen oder der eigenen Wut. Es ist der Geist, der einen aus dieser Situation heraus holt. So jedenfalls verstehe ich unseren Predigttext, den ich euch, fast schon zum Schluss meiner Predigt, doch noch vorlese, er steht im zweiten Kapitel des 1. Korintherbriefs:

> Wir aber haben nicht empfangen den Geist der Welt, sondern den Geist aus Gott, dass wir wissen können, was uns von Gott geschenkt ist. Und davon reden wir auch nicht mit Worten, wie sie menschliche Weisheit lehren kann, sondern mit Worten, die der Geist lehrt, und deuten geistliche Dinge für geistliche Menschen. Der natürliche Mensch aber vernimmt nichts vom Geist Gottes; es ist ihm eine Torheit und er kann es nicht erkennen; denn es muss geistlich beurteilt werden. Der geistliche Mensch aber beurteilt alles und wird doch selber von niemandem beurteilt. Denn „wer hat des Herrn Sinn erkannt, oder wer will ihn unterweisen?“ Wir aber haben Christi Sinn.

Der Satz der mich unter diesen Worten am meisten berührt ist dieser: Der geistliche Mensch aber beurteilt alles und wird doch selber von niemandem beurteilt. Da blitzt die Vielzahl der Möglichkeiten auf. Der geistliche Mensch aber beurteilt alles und da steht die Souveränität, mit der man sein Leben leben darf: und wird doch selber von niemandem beurteilt. Der Geist Gottes nimmt uns die Angst. Deswegen haben wir so viele Möglichkeiten. Aus Angst macht man sich klein und eng. Wer keine Angst hat urteilt über alles. Und nimmt sich heraus, was er zum Leben braucht. Er könnte auch Dinge tun, die alle für verrückt halten. Aber es geht auch nicht darum, möglichst verrückt zu sein, wie ich es zu Anfang der Predigt gedacht habe.

Es geht vielleicht nur darum, ruhig seine Runden zu ziehen und dabei weder Tod und Teufel zu fürchten und auch nicht das Lachen der anderen, und auch nicht das Lachen in einem selbst. Wir müssen zwar sehen, wie wir heil und erfolgreich durchs Leben kommen, deswegen müssen wir manchmal klug sein, Rücksicht nehmen, vorsichtig sein, aber wie wir leben wollen, grundsätzlich leben wollen, das diktieren uns weder die anderen, noch unsere eigenen Ängste. Wohl sind wir manchmal genervt, wohl passen wir uns manchmal an, aber wohin uns der Geist führt, wohin wir gehen mit seiner Hilfe, das bestimmen wir, frei und schön, wenn wir uns ergreifen lassen vom Geist der Kraft, des Mutes und der Besonnenheit, vom Geist Gottes, der uns geschenkt wird. Amen.

Vorschläge für das Predigtlied

EG 127,4	Komm, Feuer Gottes
EG 268	Strahlen brechen viele

Fürbittengebet

Schöpfer Geist,

in Freude und Dankbarkeit feiern wir das Pfingstfest. Wir bitten: Durch dich sind Himmel und Erde erschaffen; komm zu uns und erneuere die Erde! Du bist der Atem der ersten Menschen,

schenke deiner Kirche neue Jugend und belebe durch sie die ganze Welt! Durch deine Kraft trug Jesus sein Kreuz und erlöste die Welt, nun verwandle allen Hass in Liebe, alles Leid in Freude und jeden Krieg in Frieden! Du bist Feuer und willst, dass es mächtig brenne; entzünde unsere Herzen mit der Kraft des Glaubens, der Hoffnung und der Liebe!
Herr, unser Gott, dein Geist ruft und betet in uns. Schenke darum der Welt Verzeihung und Frieden durch Christus, unseren Herrn. Amen.

Frank Hiddemann

Pfingstmontag

Freunde des Glaubens

Epheser 4,11–16

[Lesung des Predigttextes]

I

Liebe Gemeinde!

Elf Freunde: Glauben und Fußball schließen sich nicht aus. Auch Gottesdienstbesucher nehmen auf der Couch Platz, wenn im Fernsehen wichtige Spiele der Champions League laufen. Fußball ist zu einem Milliardengeschäft geworden, in dem Nationalspieler, Trainer, Berater und Vereinspräsidenten kühl ihre Ziele verfolgen. Zwar treffen sich noch viele Kneipenmannschaften am Samstagnachmittag auf dem Bolzplatz zum Kicken, aber die wahren Fans pilgern in die riesigen Stadien, um eine Mannschaft aus tätowierten und vollbärtigen Hipstern mit Undercut anzufeuern, die für ihre Profikarriere einiges geopfert haben.

In den vermeintlich guten alten Zeiten herrschte ein anderer Geist: „Elf Freunde müsst ihr sein", hieß ein Fußballroman über eine Schulmannschaft in Berlin-Wilmersdorf aus dem Jahr 1955. Der Titel geht auf die Victoria zurück: Diese Statue einer geflügelten Siegesgöttin überreichte der Fußballbund zwischen 1903 und 1944 dem deutschen Fußballmeister. Auf dem Sockel ist der Satz eingraviert: „Elf Freunde müsst ihr sein, wenn ihr Siege wollt gewinnen." Das klingt nach Gemeinschaft, Freundschaft, Zusammenhalt, trotz Anstrengung und Kampf bis zum letzten Freistoß.

Nur gemeinsam sind wir stark! Jahrzehnte später kleidete der französische Nationaltrainer Didier Deschamps diese romantische Aussage in kalte, technische Worte: „Es zählt allein das Kollektiv." Die älteren erinnert das an die aufgeblasene mechanistische Kampfsprache der sozialistischen DDR. Der französische Trainer aber wollte seine Truppe von extravaganten, zu Alleingängen neigenden Individualisten zu mehr Gemeinschaft und Zusammenarbeit verpflichten. Denn wer die eigenen Dribblings und Flanken über den Erfolg der Mannschaft (= Tore) stellt, der kann nicht Europameister werden – und auch nicht Schulmeister im Bezirk Wilmersdorf. Der kantige Sepp Herberger hat mit dieser Überzeugung seine Mannschaft 1954 zum Weltmeistertitel geführt. Heute steht der Trainer dauerhaft unter enormem Erfolgsdruck. Nach einer Serie von Niederlagen entlässt ihn die Vereinsführung unter dem Beifall von Presse und Fans. Die Mannschaft, die schlecht gespielt hat, kann bleiben.

II

Eine starke Gemeinschaft! Gemeinschaft und Kooperation sind wichtige Themen. Im Fußball wird das irgendwo zwischen hohlem Pathos und Geldverdienen verhandelt, mit Hilfe der abgelutschten Phrasen aus dem Slang der Fernsehreporter. In der Politik neigt man dazu, Gemeinschaft durch Abgrenzen herzustellen. Wir bauen einen Zaun, dann sind wir wieder die weißen Amerikaner in unserem eigenen Land, ohne die mexikanischen Einwanderer. In der Wirtschaft besteht Gemeinschaft im Sammeln von Visitenkarten, um Netzwerke zu bilden. Vielleicht kann mir der Kollege, mit dem ich gerade ein Bier trinke, irgendwann noch einmal nützlich sein. Die Werbung sorgt dafür, dass Gemeinschaftsgefühle zum Kauf anreizen: Wenn du das bestellst, dann gehörst du dazu. Eine starke Gemeinschaft! Zusammen verwirklichen wir Ideen. Mit Mut, mit Weitsicht. Miteinander.

Gemeinschaft kann stärken und mutig machen. Gemeinschaftsgefühle erzeugen eine Heimat, ein Zuhause, und deswegen nutzen Fußball, Wirtschaft, Politik und Werbung solche Gefühle gerne aus. Unter der Oberfläche jedoch verfolgen sie oft ganz eigene, sehr selbstsüchtige Interessen. In der Regel gebrauchen die Meinungsmacher, Trainer und Berater dafür eine Sprache, die vor Klischees und Gefühlen trieft, Gemeinsamkeiten beschwört, zum Mitmachen bewegt. Interessen, Argumente und Vernunft schiebt sie in den Hintergrund. Gemeinschaftsgefühle können missbraucht werden, aber das weiß heute jeder Stadtrat, jeder Vorstandsvorsitzende und jeder Fußballtrainer in der Amateurliga. Wie verhält es sich eigentlich mit Gemeinschaft und christlichem Glauben?

III

Glaube und Gemeinschaft: Die Passage aus dem Epheserbrief werden auch Fußballtrainer, Politikberater und Werbeprofis mit Interesse lesen. Pfingsten im Stadion, im Parlament und an der Litfass-Säule. Oder Fußball, Werbung und Abstimmung im Gottesdienst? Glaube, Fußball, Politik und Werbung sind in gleicher Weise auf eine Gemeinschaft bezogen: auf die Gemeinde, auf die Mannschaft, auf die Gesellschaft und auf die Käufer einer Marke.

Doch wer den Epheserbrief liest, dem fallen neben dieser Gemeinsamkeit auch wichtige Unterschiede ins Auge. Im Glauben wird Gemeinschaft nicht zum Selbstzweck, den die Einzelnen benötigen, um sich in schwierigen Zeiten mittragen und trösten zu lassen. Der Glaube begründet unterschiedliche Aufgaben und Ämter. Genannt werden Apostel, Propheten, Evangelisten, Hirten und Lehrer.

Das ähnelt schon einer Fußballelf, mit Verteidigern, Stürmern, Mittelfeldspielern, dazu Trainer, Physiotherapeut und der Vereinspräsident. Aber die Fußballelf arbeitet zusammen, um zuerst und vor allem Tore zu schießen, was manchmal gar nicht so einfach ist. Die Tore lassen sich jedenfalls weder strategisch noch taktisch berechnen. Ein Moment von Zufall bleibt stets dabei.

Der Epheserbrief nennt vier Aufgaben des Glaubens, die dem Toreschießen im Fußballmatch entsprechen. Er spricht von einem Dienst, das ist das erste. Er spricht von der Erbauung des Leibes Christi. Und das bestimmt er noch genauer als drittens die Erbauung des Leibes und viertens die Erkenntnis des Sohnes Gottes.

Es geht um Dienst, nicht um das Ausüben von Macht, nicht um die Entfaltung von klerikaler Bürokratie, die gar zu gerne Gemeinschaftsgefühle für die eigene Institution ausnutzen würde. Der Dienst gilt dem Leib Christi, der vor allem anderen als eine Einheit verstanden wird. Zur Zeit der Abfassung des Epheserbriefes zeichnete sich schon ab, dass die ersten Gemeinden in Kleinasien in unterschiedliche Gruppierungen auseinanderfallen. Und in der Gegenwart, zweitausend Jahre später, hat sich dieser Prozess noch verstärkt: Spaltungen des Glaubens in Ost- und Westkirche, in katholische und protestantische Konfessionen, in Frei- und Großkirchen haben das Christentum bunt und vielfältig gemacht, aber eben auch Streitpunkte geschaffen. Kleinigkeiten und regionale Unterschiede haben sich ausgebildet, die an das eigentlich Wichtige gar nicht mehr heranreichen. Gerade im Jahr nach dem großen Reformationsjubiläum stellt sich die Frage nach Dienst und Einheit des Christentums auf eine neue, bedrängende Weise.

IV

Mündigkeit: Die evangelische Gemeinde jedenfalls besteht nicht aus Glaubenssoldaten, die alles von der Gesinnung bis zur Uniform – das vermeintliche christliche Mannschaftstrikot – gemeinsam haben. Gerade die evangelischen Gemeinden haben in einem manchmal schmerzhaften Prozess gelernt, mit Vielfalt und Unterschieden zwischen Glaubensorientierungen umzugehen. Wenn es gut geht, leben in einer Gemeinde nicht nur Menschen mit verschiedenen Ämtern und Aufgaben, sondern auch Menschen unterschiedlicher nationaler Herkunft, Menschen mit und ohne Migrationshintergrund, Menschen unterschiedlicher sexueller Orientierung, Menschen unterschiedlichen Bildungsgrads und aus verschiedenen sozialen Milieus. Das ist aber nur ein Schritt. Der Glaube reicht über die Akzeptanz von Unterschieden weit hinaus.

Evangelischer Glaube rüstet den Menschen für den aufrechten Gang aus. Er begründet Mündigkeit. Mündigkeit hängt mit Mut zusammen. Das Zeitalter der Aufklärung verband Mündigkeit mit der eigenen Vernunft. Wer mündig war, konnte selbst nachdenken, konnte Argumente abwägen, ein eigenständiges Urteil fällen und sich damit frei, sicher und selbstbestimmt in einer Gemeinschaft von Bürgerinnen und Bürgern bewegen.

Im Christentum herrscht ein anderes Verständnis von Mündigkeit. Wer im Sinne der Vernunft mündig ist, trifft seine Entscheidungen nach eigener intellektueller Abwägung, ohne die Einflüsterungen anderer, die ihn zu beeinflussen versuchen. Wer im Sinne des Glaubens mündig ist, der lebt sein Leben in Freiheit vor Gott, ohne sich den Einflüssen anderer vermeintlicher Götter preiszugeben. Die Mündigkeit des Glaubens ist eine Gewissheit des Heils, die alle anderen, schmächtigeren Heilsversprechen zum Verschwinden bringt. Wer mündig ist, kann sich seines eigenen Glaubens gewiss sein. Ich bin zusätzlich überzeugt, dass die Mündigkeit des Glaubens und die Mündigkeit der Vernunft eng aufeinander bezogen sind. Aber das soll jetzt nicht weiter entfaltet werden.

V

Böen des Zeitgeistes: Mündigkeit des Glaubens benötigen die zweifelnden Menschen, weil das Leben etwas Anderes ist als ein Fußballspiel, bei dem nach neunzig Minuten oder spätestens nach dem Elfmeterschießen eine Entscheidung über Sieg oder Niederlage gefallen ist. Im Leben und in der Gesellschaft herrschen viel unüberschaubarere Verhältnisse. Um ein Bild zu gebrauchen: Es wehen aus allen Richtungen und um alle Ecken herum heftige Böen, die die Menschen bald hierhin, bald dorthin treiben. Moden, Zeitgeist, öffentliche Meinung, soziale Medien schaffen Stimmungen und Atmosphären, denen sich niemand ganz entziehen kann.

Der Epheserbrief zeigt ein ganz realistisches Bild von Menschen: Sie lassen sich, nicht nur außerhalb, sondern auch innerhalb der Gemeinde, „umhertreiben". Sie geben sachfremden Einflüssen nach, lassen sich von Gefühlen überwältigen, wo Vernunft angebracht wäre, sie liefern sich Wünschen und Begehren aus, wo eigentlich zuerst Nachdenken und Abwägen am Platz wären. Menschen, Glaubende wie Nicht-Glaubende, versuchen Kontrolle auszuüben, aber alle diese Versuche enden in Sackgassen und Einbahnstraßen. Im Letzten lässt sich Leben nicht kontrollieren. Der Epheserbrief schreibt dazu: Es ist ein trügerisches Würfeln, das verführt und betäubt. Es ist Unübersichtlichkeit, Unberechenbarkeit, eine Welt, in der Zufall, vielleicht Unglück und bestimmt Bosheit herrschen. Und dagegen müssen sich die zweifelnden Menschen wappnen, durch Mündigkeit, Freiheit und Glauben.

VI

Glaube und Gemeinde: Im Epheserbrief erscheint der Glaubende in einer doppelten Perspektive. Zum einen ist er mündig, ein Bürger des Himmels und darum in seinem Gewissen der Freiheit verpflichtet, die ihm Gott geschenkt hat. Zum anderen ist er eingebunden in die Gemeinde seiner Mitchristen, über die konfessionellen Grenzen hinweg. Die Gemeinde ist nicht zuerst auf die Kirchenleitung bezogen, das ist ein Berufsirrtum von Oberkirchenräten, Superintendenten und Prälaten. Nach dem Epheserbrief sammelt sich die Gemeinde um den, „der das Haupt ist", nämlich um Jesus Christus. Das ist anders als bei einem Fußballtrainer, der als kluger Kopf seiner Mannschaft Aufstellung und Taktik des Spiels bestimmt. Die Gemeinde lebt nicht als eine Versammlung von abhängigen, sondern von mündigen Menschen. Wer mündig ist, kann sich frei bewegen, er benötigt nicht den Schutz irgendeines Kollektivs. In der Gemeinde verbinden sich die Glaubenden mit dem auferstandenen Christus. „Von ihm aus gestaltet der ganze Leib sein Wachstum, sodass er sich selbst aufbaut in der Liebe (…).“ Das geschieht in der Feier des Gottesdienstes und des Abendmahls, im seelsorglichen Gespräch, im Konfirmandenunterricht und in verschiedenen Kreisen.

Die Gemeinde unterscheidet sich von einem Verein, von einem Club und einer Clique, denn diese vereinen alle Gleichgesinnte, um Fußball zu spielen, zu stricken oder einmal im Monat einen Ausflug zu unternehmen. Die Gemeinde versammelt die Verschiedenen, die mündigen Menschen, die bei allen Unterschieden ihr Vertrauen auf den gesetzt haben, der das Haupt ist. Von ihm her wächst die Gemeinde, von ihm her wächst die Liebe, die in eine Gemeinde bestimmen soll. Die Gemeinde ist charakterisiert durch die Beziehung auf Christus. Aber was folgt daraus?

VII

Glaube und Liebe: Das ist zuerst ein Grund zu feiern, an Weihnachten die Geburt Jesu, an Ostern seine Auferstehung und an Pfingsten den Heiligen Geist, der dort wirkt, wo die Glaubenden Mündigkeit und Freiheit entdecken und dann um so mehr von beidem Gebrauch machen. Die Freiheit des Glaubens lädt ein zum gemeinsamen Feiern und Fröhlichsein. Das findet seinen Ausdruck in Brot und Wein, aber auch im gemeinsamen Singen. Die russische Schriftstellerin Ludmila Ulitzkaja hat einmal gesagt, das Christentum sei die Religion des Unmöglichen. Es geschieht, was eigentlich gar nicht sein kann: Menschen gewinnen im Glauben und in Christus ihre Mündigkeit und Freiheit zurück. Das ist das „volle Maß der Fülle Christi“. Amen.

Vorschläge für das Predigtlied

EG 136,1–4	O komm, du Geist der Wahrheit
EG 360,1–3	Die ganze Welt hast du uns überlassen

Fürbittengebet

Barmherziger Gott,

stoße uns sanft an, damit wir von unserer Freiheit und Mündigkeit Gebrauch machen. Öffne uns die Augen für die Menschen, die zweifeln und unsere Hilfe benötigen, im Gespräch, im Zuhören, in der Zeit, die wir ihnen schenken. Wir bitten dich für die Kranken und die Sterbenden, für die dementen Alten, die längst in ihrer eigenen Welt leben. Wir bitten dich für die Kinder, die noch lernen. Lass uns ihnen helfen, der Welt mit Neugier und Glauben gegenüberzutreten. Wir bitten dich für die Menschen, die politische Verantwortung übernommen haben. Stärke ihren Mut, sich gegen Vereinnahmungen zu wehren. Lass sie in Politik und Öffentlichkeit mutig und frei auftreten. Stärke du diejenigen, die mit dir zusammen in dieser Gemeinde feiern wollen, die Kirchenmusiker und die Prediger, die Ältesten und die Kirchendiener. Lasse du den Heiligen Geist der Gemeinschaft des Glaubens wachsen. Amen.

Wolfgang Vögele

Die besondere Predigt „Nichts an Finsternis sprang ab“ Österliche Bilder und Szenen

Liebe Gemeinde!

„Ostermorgen.“ So heißt ein Gemälde von Caspar David Friedrich, Öl auf Leinwand, 34 mal 44 cm groß, zwischen 1830 und 1835 entstanden.[1] Drei Frauen gehen nebeneinander einen leicht abschüssigen Weg entlang zwischen schlanken, hoch aufragenden Bäumen auf einen Friedhof zu. Man meint außer den leisen Schritten der Frauen nichts zu hören, sie sprechen nicht miteinander, auch sonst ist kein Laut zu vernehmen. In einigem Abstand vor den Frauen stehen vereinzelte Grabsteine. Die Bewegung geht in die Tiefe des Bildes und des Weges. Es ist noch dunkel, das passt zu dem Namen „Ostermorgen“, aber hoch am Himmel steht eine hell leuchtende Scheibe, ein schimmernder Himmelskörper, zu dem hin sich die Bäume wie ein umgekehrter Trichter öffnen. Was ist es? Der Mond – oder die Sonne? Der Himmel ist so gelb-orange-rötlich gefärbt, dass alles auf die Morgenröte deutet. Aber dann kann die Sonne nicht hoch am Himmel stehen. Der Maler Caspar David Friedrich hat – wie übrigens oft – keine naturalistische Darstellung im Sinn gehabt, sondern eine symbolische, und mit ihr hat er auf eine Ungleichzeitigkeit hingewiesen. Am frühen Morgen steht die Sonne nicht hoch am Himmel; auf dem Bild aber tut sie es. Will der Maler andeuten, dass sich die Szene bereits zu einem hellen Licht hin öffnet, dass die Frauen auf dem Weg zum Grab dieses Licht aber noch nicht sehen können? Sie werden ja keinen Leichnam finden, sondern im Inneren der geöffneten Grabeshöhle

---

1 https://upload.wikimedia.org/wikipedia/commons/d/d0/Caspar_David_Friedrich_-_Ostermorgen.jpg.

einen Hinweis bekommen. „Was sucht ihr den Lebenden bei den Toten? Er ist nicht hier, er ist auferstanden.“[2]

Jetzt, auf ihrem Weg hinunter zu den Gräbern und in die Tiefe des dunklen Weges vor ihnen, wissen die Frauen das noch nicht. Aber auch wenn sie es erfahren, wird ihnen nicht sogleich die Sonne aufgehen. So schnell geht das ja nicht mit dem Wechsel von Todesschmerz zu Lebensfreude. Nur für uns, die wir das Bild vor Augen haben, ist das Himmelslicht schon sichtbar, das den Morgen des dritten Tages symbolisiert. Es wird der Augenblick kommen, in dem die drei Frauen ihre Augen aufheben und sehen, dass es nicht mehr so ist, wie es zwei Tage zuvor war: „Und es kam eine Finsternis über das ganze Land bis zur neunten Stunde, und die Sonne verlor ihren Schein …“[3]

Am Ostermorgen hat die Sonne ihren Schein wiedergefunden, ja, sie steht am frühen Morgen hoch am Himmel. Die Frauen werden anfangen, es zu sehen, und die anderen auch, die um den toten Jesus trauern und entsetzt sind über das, was mit ihm geschehen ist. Es wird eine Zeit dauern, bis sie es sehen können. Aber jene Sonne, die am frühen Morgen hoch am Himmel steht, ist ja eine andere als die, die sich morgens über den Horizont erhebt und am Abend wieder hinter ihm versinkt. Diese Sonne wird nicht mehr untergehen. Alles wird anders sein, als man es kennt. Was man kennt, ist: dass die Toten tot und begraben sind.

Dieser Tote aber ist nicht mehr in seinem Grab, er erscheint den Lebenden und spricht mit ihnen, und wer die Augen aufhebt, sieht die Sonne am hohen Himmel stehen. – Eine vergleichbare Erfahrung machen Menschen nach dem Tod eines Anderen, der ihnen sehr viel bedeutet, eines *unersetzlichen Anderen.*[4] Es geht hinab in die Tiefe, die Sonne verliert ihren Schein, und alles, was man jetzt noch tun kann, ist, zum Grab zu gehen und dem Toten nahe zu sein. Es gibt einfach keinen Weg mehr in die Gegenrichtung, ins Leben, in die Welt. Es wäre verrückt, die Augen aufzuheben und zu schauen, ob vielleicht eine Sonne am Himmel steht. Selbst wenn andere sie dort sehen, ich kann es nicht, und ich will es auch nicht. Ich

2 Lk 24,5 f.
3 Lk 23,44 f.
4 Peter Sloterdijk, Sphären II. Globen, Frankfurt (Suhrkamp) 2008, 161.

hänge an meiner Trauer, ich will sie mir nicht nehmen lassen, von keinem Menschen und von keiner Naturerscheinung. Denn in der Intensität meines Schmerzempfindens drückt sich die Liebe zu diesem unersetzlichen Anderen aus, der nicht mehr am Leben ist. Ich werde an ihn gebunden sein, bis nach und nach die Kräfte zunehmen, die mich wieder ins Leben ziehen wollen. – In einer frühen Erzählung hat Heinrich Böll, damals ein 32-Jähriger, diesen Prozess beschrieben. „Steh auf, steh doch auf", heißt diese Erzählung von 1950. Sie ist deutlich geprägt von den Bildern der Nachkriegszeit; es ist beinahe, als wäre der Krieg gerade erst zu Ende gegangen. Der Ich-Erzähler steht einige Wochen nach der Beerdigung einer Frau an ihrem Grab, die Blumen sind längst unansehnlich geworden, der Deckel des billigen Sarges scheint schon eingebrochen.

„‚Steh auf', sagte ich leise, ‚steh doch auf', und meine Tränen mischten sich mit dem Regen, diesem eintönig murmelnden Regen, der schon seit Wochen niederrann." In demselben Augenblick, als er das sagt, fürchtet der Erzähler plötzlich, der Wunsch könne in Erfüllung gehen, die Tote aus dem Grab steigen. Und dann:

„Ich bückte mich nieder, um den schmutzigen Grabschmuck von der klebrigen Erde aufzuheben, da spürte ich plötzlich, wie hinter mir ein Schatten aus der Erde brach, jäh und heftig, so wie aus einem zugedeckten Feuer manchmal die Flamme hochschlägt. Ich bekreuzigte mich hastig, warf die Blumen hin und eilte dem Ausgang zu." Der Schatten verfolgt ihn, er hat Angst und geht, läuft immer schneller: fort von hier.

„Ich spürte weder Kälte noch Feuchtigkeit, ein wildes Fieber jagte mein Blut bis in die äußersten Spitzen meiner Glieder, und zwischen der Angst, die mich von hinten her anwehte, spürte ich jene seltsame Lust von Krankheit und Trauer …"

In der menschenleeren Vorstadt, einem Gebirge aus Trümmern, hält der vom Schatten Verfolgte einige Male an, aber immer staut sich das Dunkle hinter ihm, um ihn dann mit sanftem und zwingendem Druck weiterzuschieben. Mit unsichtbaren Seilen ist er an eine Last gebunden, die ihm die Last der ganzen Welt zu sein scheint.

„Wie ein verzweifeltes Tier warf ich mich in die drosselnde Schnürung: meine Beine schienen in der Erde zu versinken, während ich noch Kraft fand, meinen Oberkörper aufrecht zu halten; bis ich plötzlich spürte, dass ich nicht durchhalten konnte, dass ich den Halt verlor, ich tat einen Schrei und warf mich noch einmal in die gestaltlosen Zügel – ich fiel vornüber aufs Gesicht, die Bindung war zerrissen, eine unsagbar köstliche Freiheit hinter mir, und vor meinen Augen eine helle Ebene, auf der nun sie stand, sie, die dort hinten in dem kümmerlichen Grab unter schmutzigen Blumen gelegen hatte, und nun war sie es, die mit lächelndem Gesicht zu mir sagte: ‚Steh auf, steh doch auf …', aber ich war schon aufgestanden und ihr entgegengegangen …"[5]

Eine „helle Ebene" sieht der Ich-Erzähler nun vor sich, und die Tote, die eben noch hinter ihm war und ihn ins Dunkle zog, lockt ihn lächelnd zu sich hin, ins Leben. Was der junge Heinrich Böll auf nicht einmal drei Seiten schildert, ist eine Auferstehungsgeschichte. Ihre Ähnlichkeit mit biblischen Ostererzählungen geht erstaunlich weit. Die Tote ist nicht mehr unter dem eingesunkenen Grabhügel, sie steht auf einer hellen Ebene. Aber auch er, der sie dort sieht, erlebt eine Auferstehung von den Toten. Sein Weg geht nicht mehr immer weiter hinab in die Tiefe. Über der düsteren Nachkriegs-Stadtlandschaft steht nun ein Himmelslicht, und er nimmt es wahr. Wochen sind vergangen seit dem Tag des Begräbnisses. Wie lange mag es gedauert haben, bis jene Frauen und Männer, denen Jesus ein *unersetzlicher Anderer* war, aufhörten, den Lebenden bei den Toten zu suchen? Bis sie eine helle Ebene vor sich sahen und dort ihn? Vielleicht waren es Monate oder Jahre. Von *vierzig Tagen* ist einmal die Rede.[6] Das ist eine unbestimmte Angabe, eine symbolische Zahl. Sie steht für eine Zeit, deren Dauer niemand übersehen kann, wenn er an ihrem Anfang steht.

Caspar David Friedrichs Gemälde „Ostermorgen" ist bestimmt von der Gleichzeitigkeit der Erscheinungen, die außerhalb des Bildes, „im Leben" also, nacheinander passieren. Wir gehen nicht einen dunklen Weg hinab in die Tiefe und sehen gleichzeitig die Sonne hoch am Himmel leuchten. Vielleicht ahmt Friedrich ein Modell nach, das auf alten Bildern oft zu finden ist: alles auf einmal, die Gleichzeitigkeit des Ungleichzeitigen.

---

5 Heinrich Böll, Steh auf, steh doch auf, in: Gesammelte Erzählungen I, Köln 1981, 188–190.

6 Apg 1,3.

Könnte der Maler es so gemeint haben? Hat er symbolisch zusammengebracht, was sich tatsächlich nacheinander ereignet, hat er eine lange Zeitdauer komprimiert zu einem Augenblick? Dann müssten jene, die das Bild betrachten, es dekomprimieren. Ihre Aufgabe wäre es, den „Ostermorgen" so zu lesen, dass über dem Weg, der in die Tiefe führt, schon die Mittagssonne steht – allerdings als ein Licht, das jetzt noch nicht zu sehen ist. Das in eine spätere Zeit scheint. Dann stellt das Gemälde den Todesschmerz im Licht jener *unsagbar köstlichen* Freiheit dar, von der Bölls Erzählung „Steh auf, steh doch auf" berichtet. Dabei nötigt es die drei Frauen oder die Betrachter des Bildes nicht, das Himmelslicht so zu deuten, als würde es alles jetzt verwandeln. Die Tiefe bleibt dunkel, aber man kann schon ahnen, dass die Tiefe nicht das Ende der Wege ist.

Es ist nicht klug, und es ist nicht aufrichtig, von diesem eigenartigen Licht zu schweigen. Erfreuliche Geschichten sollen nicht unterschlagen werden, selbst wenn ein Rest von Skepsis bleibt. Ein Gedicht von Reiner Kunze enthält beides: die Freude und die Skepsis. „Ostern":

Die glocken läuteten,
als überschlügen sie sich vor freude
über das leere grab
Darüber, dass einmal
etwas so tröstliches gelang,
und dass das staunen währt
seit zweitausend jahren
Doch obwohl die glocken
so heftig gegen die mitternacht hämmerten –
nichts an finsternis sprang ab [7]

Im Gedicht ist es der Augenblick nach dem Ende des Karsamstags. Eben hat die Kirchturmuhr zwölf geschlagen, und nach einer kleinen Pause hat sich das Läutewerk der drei oder vier Glocken in Bewegung gesetzt. „Als überschlügen sie sich vor Freude",

7 Reiner Kunze, Ostern, in: Gedichte, Frankfurt am Main [Insel] 2001, 218.

so kommt es dem Dichter vor. Wie große Kinder, die Rad schlagen, einen Überschlag nach dem andern machen oder einen Abhang hinunterpurzeln. So etwas tut man, wenn man in sehr ausgelassener Stimmung ist oder sich in solche Stimmung bringen will, am liebsten mit anderen zusammen. Die Glocken schwingen weit ausholend hin und her, das geht nicht synchron, sondern durcheinander, und es tönt so gewaltig, dass man meint, das Gebälk der Glockenstube ächzen und knarren zu hören und den ganzen Turm schwanken zu sehen. Feierlich mutet der Klang der Glocken an. Aber dem Dichter ist noch anders als feierlich zumute. Er meint zu hören, dass die Glocken sich *vor Freude überschlagen.* Er lässt uns nicht wissen, ob er diese Freude teilt oder vielleicht nur den Wunsch hat, sie möge von den sich überschlagenden Glocken auf ihn übergreifen. Was ist es, das die Glocken so antreibt, als überschlügen sie sich vor Freude? Es ist, sagt er, die Freude über das leere Grab. Und dass einmal etwas so Tröstliches gelang. Und dass *das Staunen währt seit zweitausend Jahren.*

Einmal. Dieses eine Mal ist es passiert, dass ein Grab, in dem ein Toter lag, leer gefunden wurde. Und es ist kein Zweifel: Das Grab war nicht leer, weil man den Toten fortgeschafft, den Leichnam geraubt hätte. Nein: Der Tote, der darin lag, ist auf die eigenen Füße gekommen und aus dem Dunkel des Todes ins Licht des Lebens geschritten. Das *war* einmal, kann man sagen, aber man kann auch anders betonen: Das war *ein*mal, *ein* Mal ist es passiert! Einmal gelang etwas so Tröstliches. Noch ist kein anderer je wieder so wie dieser Tote aus seinem Grab hervorgegangen, noch gibt es nur dieses eine Mal. Aber es begründet die Möglichkeit, dass nun – und darum – auch andere Tote ins Leben zurückkehren. Dass *etwas so Tröstliches* gelang, ist Grund genug, dass das Staunen währt seit zweitausend Jahren. Denn etwas Erstaunlicheres ließe sich nicht denken. Aber – ja, nun kommt das *Doch* in Kunzes Ostergedicht. Die letzten drei Zeilen lauten so:

Doch obwohl die glocken
so heftig gegen die mitternacht hämmerten –
nichts an finsternis sprang ab

Ich bleibe bei den Sprachbildern. Die Glocken, so heißt es, *hämmerten gegen die Mitternacht.* Das ist nicht nur eine Zeitangabe, die über den gedehnten Augenblick dieses Glockengeläuts informiert: den Beginn des Ostermorgens. Jetzt überschlagen sich die Glocken nicht mehr, sie hämmern. Das Spielerische, das ansteckend Ausgelassene des Anfangs verwandelt sich in einen drängenden, eindringlichen, ja aggressiven Akt. Die Mitternacht – der Punkt, an dem die Finsternis am tiefsten ist – soll zerschlagen, zertrümmert werden! Denn sie ist ja nun aufgehellt; über den Wegen, die zu den Toten und zum Tod hinabführen, steht eine Mitternachtssonne. Müsste die Freude über das leere Grab nicht den Impuls auslösen, dass unsereiner nichts mehr hinnimmt, was tötet oder den Tod bringt?

Nichts an Finsternis sprang ab, sagt der Dichter, der hier in die Rolle des Sehers im antiken Drama geht. Die Glocken hämmern gegen die Mitternacht, und die Mitternacht ist der Stein vor des Grabes Tür. Wie verzweifelt greifen sie diesen Felsen an, wollen ihn zertrümmern, zerschlagen. Aber es gelingt nicht. *Nichts an Finsternis sprang ab.* Die Glocken hämmern, die Menschen aber leben, vom Tod fasziniert, wie erstarrt ihrem Tod entgegen. Mehr als das Staunen darüber, dass einmal etwas so Tröstliches gelang, kommt nicht zustande. Die Verwunderung wird nicht zum Trost.

Nicht Häme, nicht Zynismus, nein: Schmerz ist es, was dieses Gedicht bestimmt. Der Schmerz darüber, dass jede Mitternacht mit der Tiefe ihrer Dunkelheit von neuem die Gewalt des Todes sichtbar macht. Wäre es doch so, dass wir sehen könnten, was wir glauben wollen: dass ein Spott aus dem Tod geworden ist, dass er erschlagen liegt wie der Riese Goliath, dass man über ihn lachen kann, weil er nichts mehr vermag. Wäre es doch so, dass jene, die singen: „Christ ist erstanden!", auch und in demselben Atemzug sagen: *Yes, we can!* Wir können, wir werden allem widerstehen, was tötet oder den Tod bringt. Lasst uns den dumpfen, gewalttätigen Tod töten. Er soll auf uns nicht mehr zählen können.

Aber – und dies ist ein Doch sozusagen in umgekehrte Richtung – es bleibt wahr, dass einmal *etwas so Tröstliches gelang.* Die Geschichte von einem, der von den Toten auferstand, hat eine enorme Kraft. Man merkt es, wenn man sich vorzustellen versucht, es gäbe sie nicht. Alles, wirklich alles liefe dann auf den Tod zu. Aber Christus ist auferstanden. Er ist wahrhaftig auferstanden. Amen.

Klaus Eulenberger

Verzeichnis der Autorinnen und Autoren

Pfr. i.R. Manfred Bauer
Theresienstraße 14
01097 Dresden
manfred.bauer@onlinehome.de

Pfn. Beate Bentrop
An der Christuskirche 2
48165 Münster
zocher-bentrop@arcor.de

Pfr. Matthias Blume
(Theologischer Vorstand des Evangelischen Diakonissenhauses Berlin Teltow Lehnin)
Lichterfelder Allee 45
14513 Teltow
matthias.blume@diakonissenhaus.de

Pfn. Eva Böhme
Hauptstraße 74
792905 Sulzburg
eva.maria.boehme@t-online.de

Pfn. Dr. Helke Döls
Heerengasse 8
CH-7208 Malans
helke.doels@malans-reformiert.ch

Pfr. Klaus Eulenberger
Gut Daudieck 2
21640 Horneburg
k.eulenberger@icloud.com

Pfn. Barbara Gorgas
Tietzstraße 36
13509 Berlin
barbara.gorgas@berlin.de

Pfr. Jochen M. Heinecke
Landespolizeipfarrer in Thüringen
jochen.heinecke@ekmd.de

Pfr. Dr. Frank Hiddemann
Biermannplatz 4
07548 Gera
hiddemann@gmx.de

Landesbischof i. R.
Dr. Christoph Kähler
Feuerbachstr. 9
04105 Leipzig
familiekaehler@gmx.de

Pn. Dr. Wiebke Köhler
Langer Wall 16A
37574 Einbeck
wiebke.koehler@email.de

Dr. Sebastian Kuhlmann
Götte 1
48683 Ahaus
dr.sebastian.kuhlmann@gmail.com

Prof. Dr. theol. Georg Lämmlin
Studienleiter für Wirtschaftsethik
Global Governance und Europa
Evangelische Akademie Bad Boll
Akademieweg 11 (201)
73087 Bad Boll
georg.laemmlin@ev.akademie-boll.de

Pastor Dr. (Ministry/Princeton TS)
Volkmar Latossek
An der Stadtkirche 9
29221 Celle
volkmar.latossek@stadtkirche-celle.de

Dr. Ulrich Löffler
Evangelischer Oberkirchenrat
- Religionspädagogisches Institut -
Blumenstr. 1–7
76133 Karlsruhe
Ulrich.Loeffler@ekiba.de

Pfr. Jochen Maurer
Am Zipfelbach 12
71336 Waiblingen
jochen.maurer@web.de

Pfn. Dr. Isolde Meinhard
Burgschmietstr. 12
90419 Nürnberg
isolde.meinhard@fau.de

Pfr. Arnd Morgenroth
Kirchplatz 3
98660 Themar

Pfn. Kathrin Oxen
Leiterin des Zentrums
für evangelische Predigtkultur
Markt 4
06886 Wittenberg
kathrin.oxen@wittenberg.ekd.de

Pfr. Christian Willm Rasch
Auf der Heide 31
32051 Herford

Pfn. Simone Rasch
Auf der Heide 31
32051 Herford

Pfr. Jürgen Schilling
Fritz-Koch-Straße 36
99817 Eisenach

Pfn Ruth-Elisabeth Schlemmer
Andreasstraße 16
99084 Erfurt
r.e.schlemmer@gmx.de

Pastor Christian Schoberth
Hartwig-Hesse-Straße 28
20257 Hamburg
c.schoberth@freenet.de

Pfn. Sabine Schwenk-Vilov
Breitenbacher Str. 1
66903 Altenkirchen
sabine.schwenk@gmx.net

Prof. Dr. theol. Helmut Schwier
Lehrstuhl für Neutestamentliche und Praktische Theologie
Universitätsprediger
Theologisches Seminar
Kisselgasse 1
D-69117 Heidelberg
helmut.schwier@pts.uni-heidelberg.de

Pfr. Dr. Dieter Splinter
Landeskirchlicher Beauftragter für den Prädikantendienst der Evangelischen Landeskirche in Baden an der Evangelischen Hochschule Freiburg
Buggingerstraße 38
79114 Freiburg
dieter.splinter@ekiba.de

Pfr. Friedrich Teubner
Am Alten Gymnasium 10
16816 Neuruppin
FTFritz@aol.com

PD Dr. Wolfgang Vögele
Erzberger Str. 98
76133 Karlsruhe
wolfgangvoegele1@googlemail.com

Pn. Christine Voigt
Am Kirchberg 8
99826 Bischofroda
christine-d.voigt@web.de

Pfr. i. R. Karlheinz Weber
Ernst-Böckel-Straße 10
99817 Eisenach
kh.web@web.de

Pfr. Kornelius Werner
Hermann-Danz-Str. 52
39444 Hecklingen
kornelius.werner@kircheanhalt.de

Dekanin Dorothee Wüst
Stiftsstraße 2
67657 Kaiserslautern
dorothee_wuest@web.de